Mütter mißbrauchter Mädchen

Eine Studie über sexuelle Verletzung und weibliche Identität

Eva Breitenbach

Centaurus-Verlagsgesellschaft
Pfaffenweiler 1992

Umschlagabbildung:
Vigée-Le Brun, *Madame Vigée-Le Brun et sa fille*, 1789

Die Autorin: Dr. Eva Breitenbach war mehrere Jahre in einem autonomen Frauenhaus tätig. Beratung und Fortbildung zur Thematik »sexuelle Gewalt«. Lehrtätigkeit an der Fachhochschule für Sozialwesen Braunschweig. Derzeit wissenschaftliche Mitarbeiterin an der Universität Osnabrück.

Die Deutsche Bibliothek — CIP-Einheitsaufnahme

Breitenbach, Eva:
Mütter mißbrauchter Mädchen: eine Studie über sexuelle Verletzung und weibliche Identität / Eva Breitenbach. — Pfaffenweiler : Centaurus-Verl.-Ges., 1992
   (Forschungsberichte des BIS ; Bd. 3)
   Zugl.: Osnabrück, Univ., Diss., 1991
   ISBN 3-89085-675-6
NE: Berliner Institut für Sozialforschung und Sozialwissenschaftliche
   Praxis: Forschungsberichte des …

ISSN 0937-2016

© *CENTAURUS-Verlagsgesellschaft mit beschränkter Haftung, Pfaffenweiler 1992*

Satz: Centaurus-Satz
Druck: Difo-Druck GmbH, Bamberg

Inhalt

Einleitung

Die sexuelle Ausbeutung von Kindern ist in den letzten Jahren ein öffentliches Thema, ein Skandal, ein 'Modethema' geworden. Galt sexueller Mißbrauch zuvor als Tat eines pathologischen Erwachsenen an einem ihm fremden Kind, so steht jetzt die sexuelle Ausbeutung in der Familie im Blickpunkt des Interesses. Das gesellschaftliche Schweigen über sexuellen Mißbrauch der Töchter durch ihre Väter ist aufgehoben.

Mittlerweile hat sich eine breite Medienöffentlichkeit und eine beruflich orientierte und motivierte Fachöffentlichkeit der Problematik bemächtigt. Ist bei ersterer eine Tendenz erkennbar, das Thema anhand erschütternder, extremer Einzelfallberichte und anhand von Zahlenangaben von teilweise dunkler Herkunft zu skandalisieren, so zeigt sich bei letzterer die Tendenz, die Problematik auf die Erarbeitung geeigneter Präventions- und Interventionsstrategien zu reduzieren. Beiden gemeinsam ist die strikte Trennung der Gruppe der Betroffenen von der Gruppe der Nichtbetroffenen und die Ausgrenzung der Realität sexueller Ausbeutung aus der gesellschaftlichen Normalität. Beide Umgehensweisen mit sexuellem Mißbrauch können auch als Versuch angesehen werden, die Verstörung, die das Thema auslöst, in den Griff zu bekommen und die beunruhigende Realität sexueller Ausbeutung möglichst ohne Beschädigung der Geschlechterbeziehungen zu bewältigen.

Die wissenschaftliche Aufarbeitung der Problematik steckt bislang in der BRD, anders als in den USA, noch in ihren Anfängen; repräsentative empirische Studien fehlen gänzlich. Ebenso fehlt eine systematische Aufarbeitung und kritische Diskussion der theoretischen Konstruktionen. Es gibt Literatur aus dem therapeutischen und aus dem kriminologischen Bereich, feministische Analysen sexueller Gewalt und eine Fülle von Erfahrungsberichten betroffener Frauen. Letzteren ist ein großer Teil des bisherigen Wissens über die Realität sexueller Ausbeutung zu verdanken.

Meine Entscheidung, eine Studie über die Mütter sexuell mißbrauchter Mädchen zu schreiben, hat mehrere Wurzeln. Einen entscheidenden Anstoß bildete meine mehrjährige Arbeit in einem Frauenhaus. Dort kam ich - wenn auch selten, oft blieb es bei Vermutungen, noch öfter wahrscheinlich wurden wir Mitarbeiterinnen überhaupt nicht aufmerksam - in Kontakt mit Frauen, deren Töchter von ihrem Ehemann sexuell mißbraucht worden waren, und ich kam in Kontakt mit den betroffenen Mädchen selbst.

Warum schweigen die Mütter zu der sexuellen Verletzung ihrer Töchter? Wissen sie nichts von der sich oft über Jahre erstreckenden sexuellen Ausbeutung, dulden sie die Übergriffe, unterstützen sie sie sogar? Der Augenschein spricht gegen die Frauen, denen es nicht gelingt, ihre Kinder zu schützen; sie sind die Zielscheibe wütender öffentlicher Schuldzuweisungen - auch seitens ihrer Töchter.

Es gibt bereits viel Material über die Mütter inzestuös mißbrauchter Mädchen, und zwar vornehmlich aus der Sicht der Täter, der Opfer und der Therapeuten und Erforscher der Täter und Opfer. Dagegen finden sich nur wenige Arbeiten, die sich

mit den Erfahrungen der Mütter betroffener Mädchen selbst befassen. Bei der Beschäftigung mit der Inzestliteratur über die 'Mütter' fällt auf, wie stark emotional
aufgeladen sie ist, voller Bedürftigkeit, Enttäuschung, Verlangen und Zorn. Auf der
anderen Seite stehen Aussagen zur Verteidigung der Mütter, zur Widerlegung der
Anklagen. Die Mütter sind ins Zentrum der Täter - Opfer - Debatte geraten.

Deutlich für mich waren die Sprachlosigkeit und die Hilflosigkeit der Frauen
angesichts der Situation, die Schwierigkeit damit und die Angst davor, die eigene
Realität sichtbar werden zu lassen. Auffällig waren ebenfalls das Schweigen zwischen Müttern und Töchtern, die gegenseitige Unsicherheit über Motive und Gefühle, die gegenseitigen Anklagen und die Angst, angeklagt zu werden und die
Ähnlichkeiten in den mütterlichen und den töchterlichen Biographien. Gerade
Mütter und Töchter scheinen es sehr schwer zu haben, sich zu verstehen, obwohl
sie das gegenseitige Verständnis wünschen und brauchen. Den Frauen dabei zu helfen, sich zu verstehen, sich zu streiten, sich zu unterstützen oder sich in Ruhe zu
lassen, ist notwendig und schwierig zugleich, besteht doch leicht die Gefahr, in
blinde Parteilichkeit oder in blinde Empörung zu verfallen, die Widersprüche nicht
auszuhalten, den Verrat der Frauen an ihren Töchtern nicht auszuhalten, sich auf
eine Seite - meist die der Opfer - zu begeben. Doch damit ist weder den betroffenen
Frauen noch den betroffenen Mädchen geholfen.

Und schließlich, weshalb sollten die Mütter, verstrickt in Beziehungen mit Täter
und Opfer, das schaffen, was diese Gesellschaft bislang nicht schaffte, nämlich die
Wahrnehmung des Elends sexuell mißbrauchter Kinder und die aktive Hilfe für sie,
die Bekämpfung der gesellschaftlichen und individuellen Ursachen dieses Elends?
Wie sollten die Frauen eine Art patriarchatsfreier Insel der Seligen im kleinen
errichten? Ich will die Mütter sexuell mißbrauchter Mädchen keineswegs idealisie-
ren oder ihre Verantwortung schmälern - aber auch nicht ihre persönliche Tragödie.
Sie fügen ihren Töchtern Schmerzen zu. Manche verraten ihre Töchter und sich
selbst, weil sie abhängig sind von Männern, ökonomisch und psychisch, weil ihre
eigene Identität von männlicher Bestätigung, männlichen Werten und dem Glauben
an intakte Mann - Frau - Beziehungen abhängt oder einfach, weil es leichter für sie
ist.

Aber ich denke, es ist an der Zeit, nicht nur die Täter, die Opfer und die eigenen
Phantasien von Mütterlichkeit nach den Müttern zu befragen, nach ihrer Situation,
ihren Wünschen und Schwierigkeiten, ihrem Widerstand und ihrer Resignation,
sondern sie selbst. Dies könnte nicht nur den Frauen helfen, sondern auch ihren
Töchtern. Die Situation von Müttern und Töchtern weist nicht nur Gegensätzlichkeiten auf, sondern auch Ähnlichkeiten und Potentiale zur Verständigung. Eine
solche Verständigung zwischen Frauen bildet letztendlich eine Voraussetzung zur
Veränderung ihrer gemeinsamen Realität sexueller Ausbeutung.

Eine zweite Wurzel meines Interesses an diesem Thema besteht in der Frage der
Vermischung von Sexualität und Gewalt (und von Liebe und Gewalt) in der Realität der Geschlechterbeziehungen ebenso wie in ihrer Symbolik. Beides, die Normalität sexueller Gewalt und die Gewaltförmigkeit 'normaler' Heterosexualität,

durchzog wie ein unsichtbarer roter Faden meine Arbeitserfahrungen im Frauenhaus, wie auch die Erfahrungen meiner Arbeit mit Frauengruppen. Hier zeigt sich ein merkwürdiges Muster von Wissen um die Gewalt und der gleichzeitigen Verleugnung dieses Wissens, ein Nicht-wissen-Dürfen. Besonders prägnant wird diese Mischung aus Wissen und Verleugnung bei der Problematik des Vater - Tochter - Inzests.

Die sexuelle Ausbeutung eines Kindes durch den eigenen Vater/Stiefvater ist eine der brutalsten Formen sexueller Gewalt, vielleicht die brutalste. Die (Leidens)-Geschichten der Betroffenen zeigen in aller Schärfe die tiefgreifenden Auswirkungen sexueller Gewalt auf die seelische und körperliche Gesundheit und die Identität der Opfer. Die Existenz des Vater - Tochter - Inzests, begriffen als die sexuelle Verletzung eines Kindes durch die Person, die in der gesellschaftlichen Symbolik liebevollen Schutz und Fürsorge verkörpert, den Verzicht auf die eigene Macht gegenüber Schwächeren - Kindern - , rührt an tiefe gesellschaftliche Tabus.

Gleichzeitig verweist der Vater - Tochter - Inzest auf die gesellschaftlichen Strukturen und Familienstrukturen, die ihn ermöglichen und die Täter meist unbehelligt lassen, und er verweist auf Bilder von Liebe und Sexualität, die ihn 'normal' und attraktiv erscheinen lassen. Er verweist auf die Organisation des Geschlechterverhältnisses als Gewaltverhältnis und verschleiert es gleichzeitig durch das Inzestverbot.

Diese Doppelbödigkeit, Mehrdeutigkeit läßt gerade auch diejenigen ohne Instrumentarium zur Beurteilung und zum Handeln, die in ihrer schwierigen Beziehungssituation zwischen Täter und Opfer zum Handeln aufgefordert sind: die gleichzeitig unbeteiligten und tief verstrickten Mütter der betroffenen Mädchen. Ihre Situation, ihre Erfahrungen, ihre Gedanken und Gefühle bieten einen Schlüssel zum Verständnis der Inzestproblematik als individueller Katastrophe und als Ausdruck der Normalität sexueller Ausbeutung von Frauen.

Abschließend möchte ich etwas zum Aufbau der Arbeit sagen. Deren Kernstück ist die Darstellung und Interpretation meiner Gespräche mit sechs Müttern betroffener Mädchen. Am Anfang stelle ich die Methode vor.

Ich gehe von der Situation der befragten Frauen aus, ihren Möglichkeiten, den Inzest wahrzunehmen und mit ihrem Wissen umzugehen.

Weiter frage ich danach, mit welchen Vorstellungen von Sexualität und dahinterliegenden Vorstellungen von Weiblichkeit, von Männlichkeit und von den Beziehungen zwischen den Geschlechtern die Frauen die sexuelle Ausbeutung ihrer Töchter wahrnehmen und beurteilen. Dies ist auch die Frage nach dem Zusammenhang von normalen und gewaltförmigen sexuellen Beziehungen .

Prägnant wird die Normalität der Gewalt in Sexualitätskonzepten, in denen die sexuelle Beziehung zwischen Frau und Mann in Kategorien von Objekt und Subjekt, Passivität und Aktivität, Seele und Körper, Verletzung und Angriff thematisiert und dies als Ausdruck der Natur der Geschlechter betrachtet wird. Konstruktionen dieser Art finden sich in der Inzestliteratur wie in den Aussagen der Befragten.

Einen wichtigen Bereich der Interpretation bildet die Frage nach der Beziehung zwischen Mutter und Tochter, nach den Anteilen, die diese Beziehung tragen und denen, die sie gefährden. Insbesondere war es mir hier wichtig, zu untersuchen, welche Veränderungen die sexuelle Ausbeutung der Tochter in der Mutter - Tochter - Beziehung nach sich zieht und unter welchen Bedingungen es den Müttern möglich ist, ihre Töchter zu unterstützen und das Geschehene selbst zu verarbeiten.

Im ersten Teil stecke ich den Rahmen meines Themas unter verschiedenen Gesichtspunkten ab.

Ein Schwerpunkt meiner Interpretation ist die Frage nach dem Zusammenhang von Weiblichkeit und sexueller Gewalt. Das erste Kapitel beschäftigt sich deshalb mit diesem Zusammenhang. Ich verwende die Ergebnisse der Erforschung einer Beziehungsform, in der sich Gewalt offen zeigt: der sadomasochistischen Beziehung. Meine These ist, daß diese Extremform sexueller Herrschaftsbeziehung Rückschlüsse auf die subtilen Gewaltformen der heterosexuellen Praxis und ihrer Auswirkungen auf die Identität von Frauen zuläßt.

Des weiteren setze ich mich mit dem aktuellen Forschungs- und Diskussionsstand zur Problematik sexuellen Mißbrauchs auseinander. Was die theoretischen Ansätze angeht, so kann nicht von einem formulierten Forschungsstand gesprochen werden, vielmehr von verschiedenen, teilweise widersprüchlichen und diffusen Deutungen. Ich skizziere die meiner Ansicht nach wichtigsten theoretischen Konstruktionen. Daran anschließend stelle ich Ergebnisse der empirischen Inzestforschung vor.

Am Schluß steht die Diskussion des Frauen- und Mutterbildes, das sich in der Inzestliteratur zeigt - und das sich in den Aussagen der befragten Frauen wiederfindet.

Ich habe meine Interviews bereits 1987 im Rahmen meiner Dissertation durchgeführt. Damals war es ungeheuer schwierig, betroffene Mütter zu finden, die bereit waren, mit mir zu sprechen. In den Beratungsstellen, die ich kontaktierte, war das Problem nicht aufgetaucht, in den Frauenhäusern nur vereinzelt. Die "Müttergruppe" bei Wildwasser in Berlin war erst im Entstehen begriffen. Die Mütter waren noch nicht in der Öffentlichkeit aufgetaucht, und ich hatte die Befürchtung, mein Vorhaben würde daran scheitern, daß ich keine Gesprächspartnerinnen finden würde.

Inzwischen ist das anders geworden. Betroffene Mütter suchen Hilfe in den Beratungsstellen, es gibt Müttergruppen, es gibt allmählich Literatur über die Problematik der Mütter, die ein differenziertes Bild zeichnet und Konzepte für die Arbeit mit ihnen entwickelt, und es gibt Erfahrungsberichte der Frauen selbst.

An meiner Arbeit, die unter anderen Voraussetzungen entstanden ist, zeigt sich die schnelle Entwicklung der letzten Jahre. An dieser Stelle möchte ich mich bei den GutachterInnen meiner Dissertation, Prof. Dr. Hildegard Müller-Kohlenberg, Prof. Dr. Hans Oswald und insbesondere Prof. Dr. Carol Hagemann-White, für ihre Unterstützung bedanken.

Der Zugang: Weibliche Identität und Sexualität

Sexuelle Verletzung als Teil weiblicher Identität

In diesem Kapitel geht es um die Zusammenhänge zwischen sexueller Verletzung und weiblicher Identität, um Verletzung als Bestandteil der Identität von Frauen. Hierzu möchte ich vorab anmerken, daß mich bei der Verfassung dieses Kapitels des öfteren Zweifel erfüllten, die mich im übrigen beharrlich während der gesamten Arbeit begleiteten. Ich meine das unbehagliche Gefühl, mich mit einem längst überholten Thema zu beschäftigen. Dem Zeitgeist jedenfalls, wie er sich in den Medien äußert, hinke ich hoffnungslos hinterher. Demnach haben die Frauen die sexuelle Freiheit in Phantasie und Realität längst als selbstverständliches individuelles Recht für sich erkämpft und sich anderen Problemen zugewandt, wie z.B. der Sicherung ihrer Karriere. Gleichzeitig ist das Thema "sexueller Mißbrauch" höchst aktuell. Es scheint sich um zwei völlig verschiedene Welten zu handeln: auf der einen Seite die Welt selbstbewußter lustvoller weiblicher Sexualität, auf der anderen Seite die finstere Welt sexueller Gewalt. Mit Sicherheit gibt es beide Welten. Mißtrauisch macht, daß sie so getrennt erscheinen. Warum melden sich die Mütter nicht mit ihren lustvollen Erfahrungen und ihrem Selbstbewußtsein zu Wort, wenn die Verletzungen ihrer Töchter mit der "Natur" des Mannes und der Verantwortung des Mädchens gerechtfertigt werden? Und wie kommt es überhaupt zu sexueller Gewalt in derartigem Ausmaß, wenn die sexuelle Revolution bereits stattgefunden hat? Haben es nur einige Frauen und Männer noch nicht begriffen? Oder haben die Produzenten des Zeitgeists etwas nicht begriffen? Ich denke, daß beide weiblichen Erfahrungen, die der selbstbestimmten Lust und die der sexuellen Verletzung Möglichkeiten derselben Normalität sind. Mein Versuch, die Normalität der sexuellen Verletzung auszuloten, wurzelt auch in der Hoffnung, die Möglichkeiten selbstbestimmter weiblicher Sexualität und lustvoller Geschlechterbeziehungen wahrscheinlicher werden zu lassen.

Was ist sexuelle Verletzung, wenn man mehr darunter versteht als die Folgen eines massiven physischen Übergriffs? Sobald der Blick brutale Gewalttaten verläßt und sich der Normalität mit dem Ziel zuwendet, auch subtile sexuelle Übergriffe - "Alltagsgeschichten" - aufzufinden, erfährt die Kategorie des sexuellen Angriffs bzw. der sexuellen Verletzung eine enorme Ausweitung: Belästigungen auf der Straße und am Arbeitsplatz, eine Kleiderordnung, die Frauen zu Sexualobjekten stilisiert, die Gefährdung und Einschränkung der Bewegungsfreiheit aller Frauen durch die Drohung sexueller Übergriffe, Pornographie, eine sexuelle Praxis, die sich, vorsichtig ausgedrückt, an dem orientiert, was Männer für ihre Bedürfnisse halten, Sexualitätstheorien und eine Moral, die Frauen ein eigenständiges Begehren absprechen, eine Sozialisation, die Mädchen beizeiten an ihre sexuelle Minderwertigkeit und ihre Verfügbarkeit gewöhnt usw. So wichtig ich es einerseits finde, diesen Gesamtzusammenhang im Blick zu behalten, so unfruchtbar kann andererseits eine solche Ausweitung sein, die letztendlich zu der Sackgasse führen kann, daß eben alles irgendwie mit allem zusammenhängt und die außerdem die Gefahr unzulässiger Verharmlosung sexueller Gewalterfahrungen in sich birgt: ein Pfiff ist nicht dasselbe wie ein Überfall auf der Straße, eine Vergewaltigung ist nicht dasselbe wie ein lustloser Geschlechtsverkehr, und eine repressive Erziehung ist nicht dasselbe wie das Trauma des Inzests.

Und doch gibt es einen Zusammenhang, der in der Verbindungslinie von der alltäglichen Belästigung auf der Straße zur Vergewaltigung deutlich wird. Dieser Zusammenhang besteht in den gemeinsamen Botschaften aller Formen sexueller Gewalt, auch der subtilen. Die Alltagsbelästigung als harmlose, unpersönliche, gewöhnliche Normalität droht mit der Gewalt, die die Vergewaltigung wahrmacht. Die Drohung, daß die Gewalt eskalieren kann, daß jederzeit die Grenze überschritten werden kann, ist spürbar für jede Betroffene. Die vielfältigen gegensätzlichen Ratschläge an Frauen, Belästigungen zu begegnen - wechseln Sie die Straßenseite, lernen Sie Wendo, wirken Sie selbstbewußt, lassen Sie sich nie auf Auseinandersetzungen ein - illustrieren das Willkürliche der Drohung. Übermittelt wird eine Botschaft mit Doppelcharakter: Einerseits entsteht der Eindruck, nur aufgrund des Geschlechts gefährdet zu sein, andererseits liegt die Vermutung nahe, Angriffe hätten etwas mit dem jeweiligen weiblichen (Fehl-)Verhalten zu tun - zu selbstbewußt, zu wenig selbstbewußt, zu aufreizend, zu provozierend blaustrümpfig - letztendlich also verantwortlich zu sein. Alltagsbelästigung gewöhnt die Frau an ihre Gefährdung und an ihren Status als Unperson, als jemand, die jederzeit auf ihr Geschlecht reduziert werden kann, wobei das, was dieses Geschlecht ausmacht, nicht von ihr selbst definiert wird. Auf jeden Fall steht die Definition des Geschlechts "weiblich" in Verbindung mit Demütigung, Entwertung, Beeinträchtigung.

"Das Unpersönliche daran machte es aber nicht weniger, sondern stärker verletzend. Denn in gewisser Hinsicht fühlte man sich als Person nicht nur beleidigt, sondern ausgelöscht. Egal, wer man war, für diese Menschen war man ein Objekt ohne Empfindungen, ohne den gesellschaftlichen Status eines Erwachsenen, ohne das Recht auf Integrität und freie Bewegung. Man wurde geduzt, angegrinst, angefaßt und diskutiert." (Benard/Schlaffer, 1987, S. 50)

Spuren direkter oder symbolischer Gewalt finden sich auch in den gewöhnlichen Geschlechterbeziehungen. Negative sexuelle Erfahrungen in freiwilligen sexuellen Beziehungen, z.B. in der Ehe, erhalten ihre Schärfe zum einen aus der Andersartigkeit der Erwartungen: Dort, wo Frauen Erfüllung suchen, Ergänzung, Liebe, finden sie Gleichgültigkeit und latente Brutalität. Zum zweiten ist der Bereich der Sexualität nach wie vor ein ebenso intimer wie tabuisierter, ein sprachloser Bereich. Dort, wo sich Herrschaftsverhältnisse unkontrolliert und subtil zeigen, können sie nicht thematisiert werden. Es ist ein Wagnis, die eigenen Erfahrungen, das Unbehagen, die Enttäuschung, die Verletzung wahrzunehmen, zu betrachten, darüber zu sprechen. Ein Wagnis auch deshalb, weil dies einen Bruch unausgesprochener Regeln hinsichtlich der Geschlechterbeziehungen und der Familie darstellt. So können verletzende Erfahrungen nicht wirklich begriffen, eingeordnet und bewältigt werden. Drittens schließlich erhalten sexuelle Verletzungen in (Liebes-)Beziehungen ihre Bedeutung durch die Bedeutung der Sexualität insgesamt, die als "sozialer und individueller Verknüpfungsträger zwischen Mann und Frau" aufgefaßt werden kann (Brauckmann, 1984, S.80). "In der Sexualität symbolisiert sich auf geradezu mystische Weise die soziale Wertsetzung der Frau durch den Mann." (ebd., S. 88)

Als sexuelle Verletzung bezeichne ich einmal die Folgen eines physischen sexuellen Übergriffs für die Betroffene. Dieser macht die Frau gegen ihren Willen und körperlich erfahrbar zum Objekt fremder - meist männlicher - Gewalt und negiert sie als Person. Objekt fremder (sexueller) Wünsche zu sein, verfügbar zu sein, als Subjekt negiert zu werden, dies wird Frauen jedoch über die tatsächliche körperliche Erfahrung hinaus über vielfältige Symbole vermittelt, die eine nahezu zwangsläufige, gleichzeitig unsichtbare und unbestimmte Verbindung oder Gleichsetzung von Verfügbarkeit und Objektivierung mit dem Geschlecht nahelegen und damit physische sexuelle Übergriffe vorbereiten. So verstanden ist sexuelle Verletzung auch die Folge eines symbolischen Angriffs. Bestandteil und Resultat der Verletzung ist die Ver- und Zerstörung des weiblichen Begehrens, des Begehrens sowohl des Mädchens als auch der erwachsenen Frau. Sexuelle Verletzung kann als Prozeß der Entsubjektivierung der Frau aufgefaßt werden, eine Entsubjektivierung, die Bestandteil der heterosexuellen Praxis ist.

Es geht hier jedoch nicht darum, das sei an dieser Stelle betont, Frauen zu einer Gruppe passiver Opfer zu reduzieren und zu stilisieren. Vielmehr kommt es mir darauf an, zu zeigen, daß Frauen sexuelle Verletzungen in einem Prozeß in ihre Identität einarbeiten, der nicht nur passives Erdulden umfaßt, sondern vielfältige Strategien, die es erlauben, eine positive, lebbare Vorstellung von "Frau" und "Mann", positive, lebbare Beziehungen - und damit letztendlich das "Geschlechtermißverhältnis" (Thürmer-Rohr, 1987) - aufrechtzuerhalten und immer wieder neu zu konstruieren.

Anmerkungen zum Begriff der weiblichen Geschlechtsidentität

Identität beinhaltet die Gewißheit eines Selbst, das gleichzeitig autonom ist und abhängig von anderen, das in Beziehungen eingebunden ist. In der Interaktion vergewissert sich das Individuum seiner Identität und konstruiert sie gleichzeitig. Identität ist ein Prozeß, innerhalb dessen das Subjekt immer wieder neue Erfahrungen integrieren muß, in dem es sich in der Spannung von Autonomie und Bedürftigkeit, von Nähe und Distanz, vom Streben nach Unabhängigkeit und dem gleichzeitigen Wunsch nach Anerkennung bewegt. Die Wahrnehmung und Verarbeitung der Erfahrungen des Erwachsenenalters erhalten Orientierung und Richtung aus den grundlegenden Erfahrungen der Kindheit (vgl. Benjamin, 1985, Krappmann, 1982).

Die sexuelle Interaktion, die Sexualität, ist ein wesentlicher Bereich, in dem sich die geschlechtliche Identität auch der erwachsenen Frau formt und ausdrückt. Es ist jedoch schwierig, das "Phantom weibliche Sexualität" (Sichtermann, 1986) und das Phantom "Geschlechtsidentität" (be)greifbar werden zu lassen. Eine "sichere", "unverletzte" Geschlechtsidentität läßt sich als Utopie beschreiben, mit Hilfe der - in meinem Zusammenhang sexuellen - Erfahrungen erfassen, die sie voraussetzt und der Kompetenzen, die sie beinhaltet.

Eine entscheidende Kompetenz ist sicherlich die Kenntnis der eigenen Lust (und Unlust), des eigenen Begehrens. Dies setzt voraus, daß eine Frau eigene, selbstbestimmte Wünsche entwickeln kann und daß sie in ihrem Begehren, mit ihren Wünschen Anerkennung findet. Es setzt weiter die Möglichkeit voraus, diese Wünsche Erfahrung werden zu lassen. Schließlich ist es notwendig, die Möglichkeit lustvoller, selbstbestimmer Sexualität als Normalität ansehen und einfordern zu können, sie als Teil der Persönlichkeit integrieren zu können und nicht ausschließlich als an einen (bestimmten) Mann gebunden, an dessen Zustimmung und Kompetenz zu erleben.

Eine weibliche Sexualität in diesem Sinne impliziert ein gutes Verhältnis zum eigenen, zum weiblichen Körper. Sie findet ihren Ausdruck nicht ausschließlich in der zwangsweisen Bindung an den Mann und in der Konkurrenz zu anderen Frauen, sondern in der freigewählten Beziehung zu Männern und Frauen oder als lustvolle, folgenlose Selbstinszenierung.

Einen Aspekt der Schwierigkeiten dieses sexuellen Entwicklungsprozesses hat Barbara Sichtermann beschrieben: "Das weibliche Begehren ist ein gebrochener, zerstückelter, verbogener, entstellter Trieb. Schon während er sein Objekt noch sucht, wird er gehemmt, umgeleitet, zum Schweigen, zur Flucht genötigt. Nicht nur, weil Frauen wie gesagt subjektive Schwierigkeiten haben, Objekte zu bilden, sondern auch, sondern vornehmlich, weil die potentiellen Objekte dem Ergriffenwerden zähen Widerstand bieten - bis hin zum schlichtwegigen Ignorieren des Versuchs, sie zu ergreifen. Das weibliche Unvermögen, Objekte zu bilden, ist nicht nur eine geschichtlich bedingte Verkümmerung, weil Lernmöglichkeiten fehlten, sondern auch eine stets aktuell, stets erneut zugefügte Verstümmelung, weil sich die Objekte, die da zu erfassen wären, gegen die Isolierung, gegen den Zugriff, die Betrachtung, die Entlassung wehren. Sie tun dies quasi reflexhaft, und ein ganzer Überbau von Normen, Moralen, Gebräuchen und - wenn ich so sagen darf - sozialen Stimmungslagen legitimiert sie darin. Das sind Prozesse, die ablaufen, ohne daß die Beteiligten wüßten, was sie der (ohnehin reduzierten) Objektivierungsfähigkeit der Frau damit antun." (ebd., S. 74)

Eine sichere Geschlechtsidentität könnten Frauen mit Hilfe einer Sexualität entwickeln - und als Mütter an ihre Töchter weitergeben -, in der Autonomie und Verschmelzung, Zugriff und Hingabe, Kontakt und Würde, respektvoller und spielerischer Umgang miteinander für beide Geschlechter möglich sind. Dies ist als individuelle Identitätsleistung und in vielen sexuellen Beziehungen sicherlich

Realität; als Normalität, in der sich die Geschlechter selbstverständlich bewegen, ist es Utopie.

Die "dunkle Seite" der Sexualität und der Zusammenhang von sexueller Gewalt und Identität sind in zahlreichen Forschungen über den Zugang der sexuellen Übergriffe untersucht worden. Die Ergebnisse belegen eindrucksvoll die Verletzung bis hin zur Zerstörung der Identität betroffener Frauen als psychische Folge sexueller Übergriffe. Es geht dem Täter nicht in erster Linie um sexuelle Befriedigung, sondern um Unterwerfung und Demütigung, eine Botschaft, die das Opfer erreicht und darüber hinaus eine Wirkung auf Frauen hat, die selbst nicht Opfer sexueller Gewalt geworden sind. Sexuelle Gewalt zielt weniger auf die Sexualität, als vielmehr mit Hilfe von Sexualität auf die Identität der Opfer - und stützt die Identität der Täter.

Erstaunlicherweise ist trotz dieses Wissens und trotz des mittlerweise bekannten Ausmaßes von sexuellen Gewalttaten gegen Frauen und Mädchen der umgekehrte Schritt nicht vollzogen worden, sexuelle Übergriffe in ihrer Bedeutung für die Konstituierung weiblicher Identität systematisch zu erforschen. Der Tatbestand sexueller Verletzungen hat in Sozialisationstheorien und in Theorien zur weiblichen Identitätsentwicklung und zum weiblichen Geschlechtscharakter bisher wenig Beachtung gefunden. Dies gilt auch für Theorien, die, ausgehend von einer feministischen Perspektive, die psycho-sexuelle Entwicklung des Mädchens betrachten. Ebensowenig hat er in Theorien menschlicher Sexualität Eingang gefunden (vgl.Pagenstecher, 1987, 1988).

Der Frage, inwieweit die sexuelle Verletzung Bestandteil weiblicher Geschlechtsidentität ist und wie diese Identität in der Heterosexualität hergestellt wird, gehe ich in den folgenden Abschnitten weiter nach. Es ist die Frage danach, wie die Verletzung Eingang in die Identität der Frau findet. Ich biete keine geschlossene Theorie an, eher sind es Teile eines Mosaiks, Theoriestücke zur weiblichen Geschlechtsidentität über verschiedene Zugänge, konzentriert um den Schwerpunkt der Heterosexualität.

Ich beginne mit Prengels "Versuch über diskursive, sozialhistorische und pädagogische Ausgrenzungen des Weiblichen" (1984, 1987). Bei diesen Ausgrenzungsprozessen des Weiblichen spielt die sexuelle Gewalt gegen Frauen in offen brutaler und subtiler Form historisch wie gegenwärtig eine wichtige Rolle. Prengel zeigt, wie die Allgegenwärtigkeit sexueller Angriffe die individuelle Entwicklung und Persönlichkeit beeinflußt.

Bindung heißt für Frauen immer auch Bindung an ihre Unterdrücker - und Unterdrückung, Verletzung, ist selbst ein Instrument, um Bindung herzustellen. Wie tiefgehend die Vorstellungen von Liebe und von Liebesbeziehungen zwischen Männern und Frauen mit Gewalt durchmischt sind, machen die Arbeiten Brückners (1983, 1987) deutlich. Brückner zeigt, wie Männer und Frauen darauf angewiesen sind, sich in ihrer Gegensätzlichkeit und Reduziertheit zu bestätigen und gleichzeitig die fehlende Ergänzung im anderen zu suchen. Diese Suche nach dem Gegensatz und der Ergänzung ist von Zwang und Gewalt begleitet.

Wie weit die Gewaltsamkeit in diesem Prozeß gehen kann, stellt Benjamin in ihrem Essay über die Phantasie der erotischen Unterwerfung dar.

Sexuelle Gewalt und die Ausgrenzung des Weiblichen

Weiblichkeit ist auf vielfache Weise an Orte von Unterdrückung und Gewalt gebunden, an Reduzierung und Ausgrenzung. "Weiblichkeit ist in der Konstituierung der bürgerlichen Gesellschaft, aber nicht nur hier, der Gegenstand von Projektions- und Ausgrenzungsprozessen par excellence." (Prengel, 1984, S. 50) In die "Denkfigur der Ausgrenzung" faßt Prengel Gleichmachung, Verdrängung und Projektion (ebd. S. 12). Ihre Analyse der Ausgrenzung des Weiblichen ist in eine Analyse der "Ausgrenzungen der abendländischen Rationalität" (ebd., S. 99) und ihrer Funktionen eingebettet. Eine dieser Funktionen ist die Herstellung der Identität des männlichen bürgerlichen Subjekts und als Gegenstück und Ergänzung die Herstellung des weiblichen Objekts im Gegensatzpaar der "Geschlechtscharaktere" (vgl. auch Dane, a.a.O, Hagemann - White, 1985, Hausen, 1987).

Worauf es mir hier ankommt, ist der Aspekt der "Ausgrenzung der weiblichen Produktivität und Sinnlichkeit" (Prengel, 1984, S. 50). Prengel beleuchtet den gewalttätigen Charakter dieses Prozesses, die "Traumatisierungen weiblicher Leiblichkeit im Patriarchat" (1987). "Patriarchale Macht wurde und wird manifestiert durch Eingriffe an den Körpern weiblicher Kinder und Erwachsener". (ebd., S. 51) Als Beispiele nennt sie u.a. die Witwenverbrennungen in Indien, die europäische Massenvernichtung von Frauen in den Hexenverfolgungen der Neuzeit, den sexuellen Mißbrauch von Kindern.

Dies ist für Prengel der historische und soziale Kontext, in dem Weiblichkeit gesehen werden muß, in dem bestimmte Aspekte von Weiblichkeit, wie der Selbsthaß und die Verachtung des eigenen Körpers von Frauen erst verstanden werden können. Beides, Selbsthaß und Selbstverachtung, findet sie wieder in der therapeutischen Arbeit mit Frauen. "Weibliche Selbstverachtung ist weder zufällig noch vereinzelt-exzeptionell noch krankhaft oder marginal, sondern ihre Installation in den Körpern/Gefühlen/Gedanken der Frauen hat System unter dem Patriarchat und bestimmt die weibliche Normalität." (ebd., S. 107) Prengel betont die Zerstörung der weiblichen Sexualität, des Begehrens im Patriarchat. "Die Geschichte des Patriarchats ist eine Geschichte der Zerstörung und Ignoranz der lustvollen organischen Potentiale und sexuellen Wünsche der Frauen. Die männliche Vorherrschaft ließ den Frauen keinen Raum, eigene körperliche Wünsche zu artikulieren und kaum eine Chance, diese zu befriedigen." (1984, S. 53)

Für die Herstellung und Aufrechterhaltung des Geschlechterverhältnisses als Herrschaftsverhältnis und der untergeordneten Position von Frauen spielen für Prengel die Ausgrenzungen des widerständigen Lebendigen, worunter sie auch die weibliche Sexualität zählt, eine bedeutende Rolle. Die sexuelle Zurichtung trifft

Frauen nicht nur in ihrer Sexualität, sondern in ihrer ganzen Persönlichkeit und beeinflußt ihre soziale Situation. Prengel sieht dabei zum einen den Zusammenhang der gewalttätigen wie der subtilen Formen sexueller Gewalt.

Zum zweiten macht sie auf den Zusammenhang von gesellschaftlicher und eigener Unterdrückung aufmerksam: "Der Streifzug zu einigen Manifestationen patriarchaler Gewalt läßt die beiden korrespondierenden Linien durch gewaltsame Eingriffe Verdrängung des Weiblichen einerseits und Selbstunterdrückung der Frauen als Resultat patriarchaler Machtverhältnisse und patriarchaler Pädagogik andererseits prägnant werden." (1987, S. 112)

Aber Prengel thematisiert Weiblichkeit nicht nur in Kategorien von Unterwerfung und Ausgrenzung, sondern auch in solchen von Selbstbestimmung und Widerstand.

Insbesondere unter Bezug auf Irigaray spricht sie unter anderem von der Geschlechterdifferenz, der Geschlechterspannung. Worin bestehen diese Geschlechterdifferenz und -spannung und was ist das "Weibliche"? Prengel versteht das Verlangen der Geschlechter nach einander als Ausdruck der Geschlechterspannung. Das "Weibliche" drückt sich für sie in einer "weiblichen Erotik" aus, die aus der Leiblichkeit der Frau entsteht und deshalb anders ist als die männliche. "..die orgastischen Fähigkeiten der Frau, die lustvollen körperlichen Veränderungen wie Anschwellen der Brustwarzen, der großen und kleinen Labien, der Klitoris, die Veränderngsfähigkeit der Scheide, die Empfindungsfähigkeit der sichtbaren und der nicht sichtbaren Organe und die Dauer der weiblichen Lüste." (ebd., S. 112)

Nicht gemeint ist die Geschlechterdifferenz der phallozentrischen hierarchischen gegenwärtigen Geschlechterorganisation, in der Männlichkeit "der einzig gültige Wert ist", im Gegenteil, durch diese wird die Geschlechterspannung zerstört. "Mit der Ausgrenzung der weiblichen Sexualität wird zugleich männliche Sinnlichkeit verdrängt und der zweigeschlechtliche sexuelle Genuß unmöglich gemacht. Denn Genuß ist erst möglich, wenn es ein Geschlecht nach dem anderen verlangt, wenn die Geschlechterspannung nicht mehr verdrängt wird." (1984, S. 119)

Im übrigen schlägt Prengel vor, der Versuchung, die weiblichen Anteile zu suchen, zu definieren und damit Frauen festzulegen, zu widerstehen und - vorläufig zumindest - auf eine "Identifizierung" zu verzichten. (Sie selbst übt diesen Verzicht zugunsten eines durchaus schillernden Weiblichkeitsbegriffs.) "Aber könnte nicht das Denken selber die Identifikationen, die es gewinnt, auch sprengen, in einem permanenten Prozeß, der nie zu einem Ziel käme?" (ebd., S. 89)

Das (selbst)zerstörerische Potential in weiblichen Bildern von der Liebe

Wie sehr die individuellen Phantasien von Liebe (und die Liebesbeziehungen
selbst) von der komplementären und hierarchischen Organisation des Geschlechterverhältnisses geprägt und mit Gewalt durchmischt sind, läßt sich den Forschungen Brückners (1983) entnehmen. Brückner findet Bilder von Weiblichkeit, Männlichkeit und Liebe, die sich in das "Selbstbild der guten Ehefrau und Mutter", dem
"Bild vom Einssein in der Beziehung" und dem "Bild vom starken Mann" fassen
lassen.[1] "Ein Resultat ihrer Arbeit ist, daß die kulturellen Vorstellungen keineswegs nur eine oberflächliche Orientierung sind, bewußt zu steuern oder wie
eine Haut abzustreifen, sondern daß sie sowohl die Ebene der Vorbilder und Vorstellungen als auch die sprachlos leibliche Ebene des Erlebens und Fühlens prägen." (Hagemann-White/ Hermesmeyer-Kühler, 1987, S. 27)
    Die gute Ehefrau und Mutter - man könnte auch sagen Ehefrau gleich Mutter -
zeichnet sich durch Selbstlosigkeit, grenzenloses Verstehen und aufopfernde Mütterlichkeit aus, die sich auf den Ehemann bezieht. Dieser Mann wird als gleichzeitig bedürftig und stark angesehen; durch stetiges Befriedigen seiner Bedürftigkeit
verhilft die Frau ihm zu seiner Stärke. Für das Scheitern der Beziehung und für die
schlechte Behandlung, die sie erfährt, übernimmt die Frau die Verantwortung. Das
Gefühl von Schuld verstärkt sich mit wachsender Wut auf den Mann, einer Wut,
die nicht ausgedrückt werden kann, oft nicht einmal empfunden werden darf. "Für
diese sich anstauenden Aggressionen gibt es für Frauen keine gesellschaftliche
Form des Auslebens: Statt wütend zu sein, sind sie leidend, statt haßvoll erduldend
- gelähmt von der Angst vor dem eigenen Haß, der nicht empfunden werden darf."
(Brückner, a.a.O., S.67)
    Hagemann-White und Hermesmeyer-Kühler weisen darauf hin, "daß die Anfor-
derungen an Frauen nicht so eindeutig sind, wie es das Rollenklischee von der auf-
opferungsbereiten und unterwürfigen Frau uns weismachen will. So könnte z. B.
die allzu selbstlose und opferwillige Frau keinen Haushalt führen, der Eigenver-
antwortlichkeit und Entscheidung verlangt" (ebd., S. 26). Daß die abhängigen,
fremdbestimmten Anteile der weiblichen Identität sich im "privaten" Bereich der
Liebe konzentrieren, daß es sich um "Beziehungsschwächen" handelt, die im Gegensatz zu "Lebensstärken" stehen, belegt Brückner in ihrer Arbeit über weibliche
Identitätsstrukturen (1987). Die Erwartungen, die an Frauen gestellt werden, sind
zutiefst widersprüchlich und darüber hinaus mit den Forderungen verbunden, zum
einen den Widerspruch nicht zu thematisieren und zum zweiten, die aktiven, eigenständigen Anteile nicht oder möglichst gefällig in Liebesbeziehungen einzubrin-
gen.
    Die Dynamik des Einsseins in der Beziehung kennzeichnet Brückner als Ver-
such, "dem Idealbild von Liebe, ganz ineinander aufzugehen und einander zu gehö-

---

1   Ort ihrer Forschungen ist ein autonomes Frauenhaus, in dem sie mitarbeitet. Sie analysiert da-
    bei sowohl ihre eigenen Erfahrungen und ihr Erleben als auch die Erfahrungen der Frauen-
    hausbewohnerinnen.

ren, nachzukommen" (1983, S. 76). Sie beschreibt das Scheitern der Symbiose-
wünsche in gewalttätigen Beziehungen, die in die komplemantäre Rollenverteilung
eingebunden sind, mit beklemmender Genauigkeit. Auch hier betont sie die Nähe
zur "Normalität": "In der Dynamik gewalttätiger Beziehungen öffnen sich vulkan-
artig die Beziehungswünsche und -ängste, die in uns allen stärker oder schwächer,
mehr oder weniger quälend , vorhanden sind. Wir beobachten ein Schauspiel, das
uns trotz seiner Fremdheit an uns selbst erinnert und uns schaudern läßt. .... Der
Verlust eines getrennten Selbst ist für beide wahr, aber diese Wahrheit ist gemäß
der traditionellen Rollen zweigeteilt und läßt die Frau den schwereren Teil tragen:
Er löst seine Abhängigkeitsangst dadurch, daß er ihr Leben beherrscht und
manchmal sogar jede ihrer Bewegungen mißtrauisch kontrolliert, während sie sich
passiv ergibt und bisweilen sogar aufgibt, dadurch selbst aber auch an der fatalen
Dynamik der Beziehung teilhat." (ebd., S. 76f.)

Das Bild vom starken Mann symbolisiert die Vorstellung, durch die Beziehung
zu einem als unabhängig, mächtig, abenteuerlustig etc. imaginierten Mann - ob der
konkrete Mann dies alles tatsächlich ist, ist dabei nicht entscheidend - selbst Unabhängigkeit, Macht, Abenteuer zu finden. Dieses Muster findet sich offensichtlich
nicht nur in sadomasochistischen oder gewalttätigen Beziehungen, sondern an der
Basis der gewöhnlichen Sehnsüchte und Liebesvorstellungen. Hagemann - White
beantwortet die Frage nach der Attraktivität der Männer für Frauen so: "Wie aber,
wenn das, was uns beeindruckt hat, genau dies war: daß er etwas hat, was wir nicht
haben? Wenn die Tatsache seines Zugangs zu anderen Machtquellen seinen Reiz
ausmacht, wenn ich mich - je nach Geschmack - von seiner lockeren Sponti-Ma-
nier oder seinen gescheiten Reden oder seinem kräftigen, sportlich trainierten Körper angezogen fühle? Wenn das, was mich am Mann sexuell und emotional reizt,
in Wahrheit nur ein Symbol für seinen Anteil an einer Macht ist, von der ich prinzipiell ausgeschlossen bin, und die genau die Macht zu meiner Unterdrückung
wäre? Dann müßte ich mir eingestehen, daß ich die Chance meiner Lust gerade in
der innigen Nähe zu einer Männergewalt erhoffe, die ausgerechnet mich von ihren
destruktiven Ausübungsformen ausnimmt. Das nennt Frau dann: Liebe." (ebd.,
1986, S.80)

Sadomasochismus als Paradigma der sexuellen Geschlechterbeziehungen

Wenn die alte radikalfeministische Annahme stimmt, daß das Patriarchat nicht vor
der Sexualität haltmacht, sondern sich in die sexuellen Geschlechterbeziehungen
besonders nachhaltig einmischt, wenn also, um das in diesem Zusammenhang ver-
schwommene Wort Patriarchat konkret werden zu lassen, Unterdrückung, Entwertung und Gewalt emotional wie im Verhalten in die Sexualität eingehen, dann
könnte es sinnvoll sein, eine Sexualität zu untersuchen, in der das Herrschaftsverhältnis offen gelebt wird, um von dort Rückschlüsse auf die Normalität der

Sexualität und die Identität der Geschlechter zu ziehen. Man könnte annehmen, daß das, was sich im Sadomasochismus offen ausdrückt, sich in wie auch immer reduzierter Form in der "normalen" Sexualität ebenfalls finden läßt. Damit wird nicht ausgesagt, daß Frauen immer oder meistens Masochistinnen seien oder Männer meistens oder immer Sadisten.[2] Der Wunsch nach Selbstüberwindung, Auflösung, Unterwerfung ist ebenfalls sicherlich kein ausschließlich oder überwiegend weiblicher Wunsch.[3] Im folgenden geht es nicht um sadomasochistische Sexualpraktiken, sondern um Aspekte von Herrschaft und Unterwerfung in der Sexualität und um Tendenzen der weiblichen und männlichen Geschlechtsidentität.

Jessica Benjamin (1985) untersucht Phantasie und Realität der erotischen Unterwerfung und die erotische Herrschaft als "Einheit von Rationalität und Gewalt, die unsere Kultur fundamental bestimmt, die manchmal körperlich ausgedrückt wird." (ebd., S. 10). Ihr Thema ist die zugrundeliegende psychische Dynamik. Die Frage der möglicherweise unterschiedlichen Qualität von Phantasie und Realität läßt sie dabei offen. In der erotischen Herrschafts- bzw. Unterwerfungsbeziehung findet Benjamin einen Zugang zum Verständnis der männlichen und der weiblichen Geschlechtsidentität und "eine neue Perspektive auf das Problem der Naturbeherrschung" (ebd., S. 22). Die Autorin sieht einen Zusammenhang zwischen erotischen Gewaltphantasien und dem "Prozeß fortschreitender Rationalisie-

---

2 Die "Frage nach einer weiblichen Neigung zum Masochismus" (Benjamin, 1985, S. 24) bleibt unklar in der Analyse Benjamins, auf die ich mich hier beziehe. Sicherlich nicht zutreffend ist die enge Verbindung von Frau - Sein und sexuellem Masochismus, die sich in der Psychoanalyse ebenso findet wie in Alltagstheorien. Sexueller Masochismus zumindest scheint weit häufiger bei Männern anzutreffen zu sein. "Die Masochismus-Diskussion ist ein besonders deutliches Beispiel für das Funktionieren von Tabus im Bereich von Wahrnehmung und Interpretation sexuell-sozialer Inhalte. Die "Arbeitsteilung" weiblich - passiv - masochistisch und männlich - aktiv - sadistisch ist so tief im Normalverständnis verankert, daß erstens die meisten Diskussionen und Untersuchungen erst am Punkt dieser Vorentscheidung ansetzen, und zweitens, selbst gegenteilige Feststellungen, Widerlegungen oder Problematisierungen dieses Verständnisses entweder uminterpretiert oder aus der Wahrnehmung verdrängt werden." (Benard/Schlaffer, 1979, S. 63) Benard und Schlaffer belegen dagegen so eindrucksvoll die enge Verbindung von Mann - Sein und Masochismus, daß sie sich zu der Frage veranlaßt sehen, ob "Männer vielleicht doch in den Tiefen ihrer Männerseele geborene Masochisten" seien (1987, S. 239).
Benjamin untersucht jedoch ausdrücklich die weibliche Phantasie der erotischen Unterwerfung und zwar anhand der "Geschichte der O" von P. Reage (die schon in diversen Masochismusanalysen aufgegriffen wurde). Gleich zu Beginn schreibt sie einschränkend: "Aber die Sklavin der Liebe ist nicht immer eine Frau, sie ist auch nicht immer heterosexuell". (ebd,. S. 10) Trotzdem widerspricht sie einer Kritik, die die Geschichte der O "einfach als eine weitere Geschichte von Frauen als Opfer interpretiert" (ebd., S. 14) und die Freiwilligkeit der Unterwerfung O's anzweifelt. "Und zudem wird die Geschichte vom Frauenstandpunkt aus erzählt, sowohl von dem der Frau, die sich unterwirft, wie von dem des Phantasie - Lebens der Autorin, die erst kürzlich wiederum den Leser/inne/n die Authentizität der Unterwerfungswünsche persönlich bestätigt hat." (ebd., S. 14)
3 Im übrigen kann man annehmen, daß die Bilder erotischer Herrschaft und Unterwerfung, auch wenn sie sich der gängigen Geschlechtssymbole bedienen, beiden Geschlechtern erlauben, ihre jeweiligen Sehnsüchte zu phantasieren.

rung und Individualisierung der Kultur" (ebd., S. 11). Ihrer Aufassung nach kann man "von männlicher Rationalität sprechen. Ihr Wesen ist der instrumentelle Bezug auf die Welt, im Denken und im Handeln, in der Verweigerung von Fürsorge, Einfühlung und Wechselseitigkeit in unseren sozialen Beziehungen." (ebd.,S. 22)

Mir geht es hier in erster Linie um Benjamins Identitätstheorie, die sie aus ihrer Analyse der erotischen Unterwerfung gewinnt, wobei sie von der weiblichen masochistischen Position und der männlichen sadistischen Position ausgeht. Benjamin thematisiert die Verbindung von Masochismus und Sadismus mit den (geschlechtsspezifischen) Schwierigkeiten des frühkindlichen Loslösungsprozesses, des kindlichen Kampfes um Unabhängigkeit und Anerkennung.

Die psychologischen Wurzeln erotischer Gewaltphantasien liegen in den Erfahrungen von Intimität und Trennung in der frühen Kindheit. "Um Menschen zu werden, müssen wir von denen anerkannt werden, die uns als Kleinkinder versorgen. In unserer Gesellschaft ist es gewöhnlich die Mutter, die diese grundsätzliche Anerkennung gibt. Sie reagiert auf unsere Kommunikationsversuche, Handlungen und Gesten, so daß wir lernen können, ihnen eine Bedeutung zuzuschreiben. Durch ihre Anerkennung lernen wir, daß die Bindung an einen anderen Menschen so überlebensnotwendig ist wie das Essen." (ebd., S. 10) Auf diesem Hintergrund der mütterlichen Präsenz erwirbt das Kind Identität im Prozeß der Unterscheidung von Selbst und Nicht - Selbst. Benjamin spricht von "Differenzierung" oder, unter Bezug auf Mahler (1980), von "Loslösung und Individuation". Der "zentrale Konflikt der Loslösung" besteht in der "Ambivalenz zwischen dem Wunsch, eine autonome Identität zu etablieren und dem Wunsch, von anderen anerkannt zu werden. Auch die unabhängigen Handlungen des Kindes erfordern ein anerkennendes Publikum und bestätigen so seine Abhängigkeit von anderen" (ebd., S. 11). In welcher Weise der Differenzierungsprozeß des Kindes bewältigt wird, hängt zum einen mit den Reaktionen seiner Bezugspersonen zusammen, zum anderen mit den diesbezüglichen gesellschaftlichen Angeboten.

Die unauflöslichen Spannungen zwischen den gegensätzlichen Impulsen von Selbstbehauptung und gleichzeitiger Anerkennung des anderen und durch den anderen, die beide zusammen den kindlichen Prozeß der Individuation tragen, bleiben zentraler Konflikt auch der erwachsenen Identität. Gelungene Individuation bestünde darin, die Ambivalenz von Abhängigkeits- und Unabhängigkeitsstreben aushalten und leben zu können. Dies ist möglich für eine Person mit klaren und sicheren, aber gleichzeitig elastischen und durchlässigen Ich - Grenzen, für ein Ich, das sich schützen, aber auch im Kontakt verlieren kann. Dabei handelt es sich um eine schwierige und komplexe Identitätsleistung und eine, die nicht ein für alle mal erreicht wird. Die kindliche Entwicklung bildet zwar die Grundlage für diese Identität, diese muß aber, gerade weil es sich nicht um eine statische, sondern um eine balancierende Identität handelt, immer wieder neu erarbeitet werden (vgl. Krappmann, a.a.O.).

Die sadomasochistische Beziehung bietet die Möglichkeit einer anderen "Lösung": die Aufspaltung der Gegensätze. Im folgenden werde ich die gegensätzlichen Merkmale der masochistisch -weiblichen und der sadistisch - männlichen Identität und Suche nach Identität, wie Benjamin sie erarbeitet hat, darstellen. Die unvermeidliche Vereinfachung komplexerer Zusammenhänge nehme ich dabei in Kauf. Zunächst eine Anmerkung zu der zugrundeliegenden psychischen Dynamik.

"Gemeinsames Projekt" beider Beteiligten ist der Kampf gegen die Mutter. Die Masochistin versucht, sich durch Hinwendung zum Mann von der Mutter abzugrenzen und muß dabei die Mutter in sich selbst entwürdigen. Sie läßt zu, daß ihr weibliches Selbst verletzt bzw. zerstört wird. Der männliche Part läßt sich ebenfalls als Zurückweisung der Mutter, auch der internalisierten Mutter begreifen, als Zurückweisung und Rache an allem, was sie repräsentiert (vgl. Stoller, 1979). Der Differenzierungsprozeß verwandelt sich bei der Masochistin in Unterwerfung, bei einem Sadisten in Herrschaft; diese Herrschaft kann begriffen werden als "Revolte gegen die Differenzierung".

Zusammengefaßt läßt sich das Bild der masochistischen Frau durch folgende Kriterien kennzeichnen: Abhängigkeit, Fremdbestimmung, Beunruhigung durch den eigenen autonomen Willen, Verzicht auf einen eigenen Willen, Betonung von Bindung, Wunsch nach Zugehörigkeit zu einem größeren Ganzen, Angst vor Trennung und Verlassenheit, Ziel, den anderen festzuhalten, Unvereinbarkeit von eigenem Willen und Lust, Versuch, das eigene Selbst durch Teilhabe an der Herrschaft eines idealisierten anderen zu stützen und gleichzeitig zu verlieren, Versuch, Anerkennung des Selbst durch den mächtigen anderen und Verzicht auf das Selbst zu erreichen, die kindliche Erfahrung von Hilflosigkeit und Einsamkeit, weil das Streben nach Autonomie bestraft und behindert wurden: Suche nach dem realen Selbst und gleichzeitige Angst, es zu finden.

Das Gegenstück bildet das Bild des Sadisten: Unabhängigkeit, Autonomie, Selbstbestimmung, Verletzung eines fremden Willens, Betonung von Getrenntheit und Unterschied, Betonung einer abgegrenzten, rationalen Subjektivität, Angst vor Kontrollverlust, Angst vor Verschmelzung, Unmöglichkeit, die Lebendigkeit eines anderen anzuerkennen, Versuch, die Anerkennung des eigenen Selbst durch Herrschaft über einen anderen zu erreichen, Reduzierung des anderen durch Überbetonung des Unterschieds zu ihm, Absolutheit des eigenen Willens, die kindliche Erfahrung, daß die eigene Autonomie kein Gegenüber fand bzw. zerstörerisch wirkte: Suche nach dem realen anderen und gleichzeitige Angst, ihn zu finden.

Die Spaltung der zusammengehörigen Impulse - die Verweigerung der Anerkennung der Subjekthaftigkeit anderer, die Verleugnung der eigenen Abhängigkeit bzw. die Vermeidung der Autonomie, des eigenen Willens - ist nicht nur ein Kriterium der sadomasochistischen Beziehung, sondern eine "Lösung" des Identitätskonflikts, die unsere Kultur mit der Struktur der Geschlechterbeziehungen anbietet oder erwartet.

Diese Spaltung bedeutet, daß beide Beteiligten zusammengehören. In ihrer Gegensätzlichkeit, in ihrer Komplementarität sind sie aufeinander angewiesen. Gleichzeitig sind sie auf die Gegensätzlichkeit selbst angewiesen, die sie immer wieder bestätigen und herstellen. Für die Aufrechterhaltung der zerbrechlichen

Identitäten ist die Konstruktion der Gegensätzlichkeit, meistens in der Zweigeschlechtlichkeit ausgedrückt und durch den Phallus symbolisiert, überlebensnotwendig.[4]

Eine Schwierigkeit von Herrschaft als Mittel der Differenzierung besteht darin,
daß die Kontrolle des anderen nie vollständig sein darf. Das Objekt, das keinen
Widerstand mehr leistet, ist nicht mehr in der Lage, Herrschaft zu bestätigen. "Der
unbefriedigte Erschöpfungszustand, der eintritt, nachdem aller Widerstand gebro-
chen ist, zeigt, daß der Zirkel geschlossen wurde, daß die Beziehung zu derselben
Leere zurückkehren muß, der sie zu entfliehen suchte." (ebd., S. 14) Eine Lö-
sungsmöglichkeit dieses Problems besteht darin, den Prozeß von Herrschaft und
Unterwerfung gleichzeitig zu leugnen und immer wieder neu zu inszenieren. Diese
Struktur findet sich in der "normalen" Heterosexualität.

Unterdrückung und Anziehung, Unterwerfung und Liebe haben dieselben Wur-
zeln, nämlich eine zwanghaft komplementäre, hierarchische und gewaltförmige
Zweigeschlechtlichkeit. Diese Wurzeln lassen sich auffinden und finden ihren
Ausdruck in den geschlechtsspezifischen Prozessen der Identitätsfindung in der
Kindheit, in unseren Bildern von Liebe und Sexualität, in gewalttätigen sexuellen
Beziehungen, seien sie nun freiwillig oder unfreiwillig, in gewalttätigen oder ganz
normalen Liebesbeziehungen. Von dieser Perspektive aus ergibt sich ein Zugang
zu geschlechtsspezifischen Identitätsstrukturen. Eine geschlechtsspezifische Iden-
tität, die vom Scheitern des frühkindlichen Differenzierungsprozesses geprägt ist,
findet einen Ausdruck und eine (unzulängliche) Möglichkeit zur Bewältigung des
Scheiterns in einer Sexualität, die von männlicher Herrschaft und weiblicher
Unterwerfung gekennzeichnet ist. Umgekehrt wird sie jedoch mit Hilfe dieser
Sexualität auch ihrerseits konstruiert und reproduziert.

Eine Sexualität, die auf Herrschaft und Unterwerfung beruht und diese zum Ziel
hat, zeichnet sich durch die Negierung der Subjekthaftigkeit der unterworfenen
Person aus, ihres Begehrens, ihrer Würde, ihrer Autonomie wie ihrer Bedürftigkeit,
durch ihre psychische wie physische Verletzung, die immer eine Grenzverletzung
ist. Die sexuellen Handlungen folgen einem festgelegten Ritual; zumindest rekru-
tieren sie sich aus einem bestimmten Repertoire. Betont wird der Unterschied zwischen den Beteiligten, der mit einer Bewertung versehen ist.

Alle diese Kriterien sind in der Heterosexualität auffindbar, und zwar nicht nur
in ihren gewalttätigen Ausprägungen. Mit Hilfe dieser Sexualität werden Männlichkeit und Weiblichkeit und eine unversöhnliche Zweigeschlechtlichkeit konstruiert. Sie kann als eine gigantische Inszenierung zur Herstellung von Geschlechtsidentität angesehen werden. Die Herstellung der weiblichen Geschlechts-

---

4   Zur kulturellen Konstruktion der Zweigeschlechtlichkeit vgl. Hagemann-White, 1989b,
     Hirschauer, 1989.
     Die Notwendigkeit, Gleichheit und Differenz über die Zweigeschlechtlichkeit zu definieren
     und abzusichern, findet auch einen Ausdruck in der Schwierigkeit von Frauen, ihre Verschie-
     denheit positiv zu besetzen.

identität ist dabei ein Prozeß der Entsubjektivierung der Frauen, ein Prozeß der Verletzung.

Die Tatsache der Inszenierung selbst muß, soll die Herstellung der hierarchischen Organisation der Geschlechter funktionieren, verleugnet werden. Eine Aufkündigung des Geschlechterabkommens durch die Frauen rührt an die Grundlagen der gesellschaftlichen Organisation und der individuellen Identität.

Deutungen sexueller Beziehungen zwischen Kindern und Erwachsenen - eine Skizze

Der Mensch und seine Frau - die kulturanthropologische Diskussion von Inzesttheorien

Wenn von "Inzest" die Rede ist, ist immer auch die Rede von seiner Tabuisierung. Was letztere angeht, so hat es besonders in neueren Beiträgen, die "Tabuisierung" mit "Schweigen über Inzest" gleichsetzen, oft den Anschein, als sei die Rede von der Tabuisierung zum Zwecke der Enttabuisierung nicht viel mehr als ein pflichtschuldig abgespultes Modewort zu einem Modethema. "Das Schweigen brechen" ist in diesem Zusammenhang zu einer penetranten Beschwörungsformel geworden. Die Gefahr der Verschleierung entsteht erneut, wenn nicht mehr deutlich gemacht wird, was dieses "Tabu" denn eigentlich sei, wer tabuisiert, welches die Orte der Tabuisierung sind und wem diese nützt und ob schließlich alles, was mit dieser gefälligen Kategorie assoziiert wird, tatsächlich ein Tabu ist. Das Tabu selbst wird zum handelnden, waltenden und wirkenden Subjekt; seine Akteure verschwinden dahinter.

Innerhalb der Kulturanthropologie, die dem Inzesttabu eine "Starrolle" (Messelken, 1974) zukommen ließ, sind die Begriffe höchst unklar. "Inzesttabu" bezeichnet nicht, wie gewöhnlich angenommen wird, das unterschiedslose Verbot von sexuellen Beziehungen innerhalb der Kernfamilie. Vielmehr stehen uneinheitliche Definitionen und Erklärungsmodelle ungeklärt nebeneinander (vgl. Vivelo, 1981). Zudem liegt vielen Inzesttheorien das Paradigma einer bestimmten inzestuösen Beziehung zugrunde, wobei die kulturanthropologischen Theorien oft, wenn auch nicht klar ausgesprochen, den Mutter - Sohn - Inzest zum Ausgangspunkt ihrer Überlegungen nehmen (vgl. Rijnaarts, 1988). Der Vater - Tochter - Inzest gilt ihnen als häufiger, jedoch vom Standpunkt der Gesellschaftstheorie her für irrelevant.

Die Mehrheit der Inzesttheoretiker geht von der Universalität der Inzestverbote innerhalb der Kernfamilie und oftmals auch von der Universalität dieser Familienform aus, obwohl sie gleichzeitig vielfältiges historisches und ethnologisches Material über die Verletzung der Inzestverbote vorlegt (vgl. Bischof, 1985). Die These von der Universalität gibt dem Thema erst seine Bedeutung.

Es gibt jedoch auch TheoretikerInnen, die zwar nicht an der Existenz von Heiratsregeln für alle Gesellschaften zweifeln, wohl aber an der Universalität von Inzestverboten (vgl. Göttner - Abendroth, 1988, Vivelo, a.a.O., Rijnaarts, a.a.O.).[1]

---

1   Zu erwähnen sind hier ebenfalls die Untersuchungen von Florence Rush (1984), die für zahlreiche historische wie gegenwärtige Kulturen inzestuöse Beziehungen, die sie ebenso wie Rijnaarts als sexuelle Gewalt gegen Frauen auffaßt, nachweist.

Innerhalb der Kulturanthropologie und Soziologie werden Inzestverbote im wesentlichen unter dem Gesichtspunkt ihrer sozialen Funktion diskutiert.[2] In der vorherrschenden Deutung gelten sie als Voraussetzung von Exogamie, und Exogamie wiederum wird als Form gesellschaftlicher Kommunikation, als eine Art "Tauschgeschäft" angesehen (vgl. Bischof, a.a.O).

Ein exponierter Vertreter dieser Theorie ist Claude Levi-Strauss.[3] Nach Levi-Strauss sind Inzestverbote Heiratsregeln für Männer in bezug auf Frauen, und zwar Verbote bestimmter Frauen ebenso wie Vorschriften, bestimmte Frauen zu heiraten.

Die Levi-Strauss'sche Theorie vom Frauentausch ist ausgesprochen aufwendig, vielschichtig und materialreich empirisch belegt. Sie setzt zahlreiche Vorannahmen voraus, auf die ich hier nicht eingehen möchte. Vereinfacht zusammengefaßt lautet sie so:

Das Grundgesetz des gesellschaftlichen Lebens ist das "Gesetz des Tauschs". Der Tausch stellt eine Form von Kommunikation dar, angestrebt wird die Reziprozität, eine ausgewogene Bilanz von Geben und Nehmen für alle am gesellschaftlichen Tausch Beteiligten. Von besonderer Bedeutung dabei ist der Tausch von Frauen durch Männer auf dem Wege der Heirat.[4] Durch diesen Tausch verbinden

---

2   Bei meiner Durchsicht der Familiensoziologie, in der das Inzestverbot rezipiert wird, war ich schockiert über die Selbstverständlichkeit, mit der Männer als Menschen gesetzt und Frauen als Personen negiert werden. Ebenfalls schockierend fand ich die scheinbare Sachlichkeit und Kälte, mit der das Thema einerseits abgehandelt wird. - Ein Beispiel dafür ist William Goode (1976), der Inzest in einem Kapitel über "Legitimität" und "Illegitimität" von Geburten behandelt. Als zentrales Problem sieht er die "soziale Plazierung" eines Kindes an. Andererseits leben hinter dieser Sachlichkeit finster-schwüle Phantasien weiter.
So bemerkt Rene König in dem von ihm herausgegebenen "Lexikon Soziologie" (1967) zum Vater-Tochter-Inzest: "...; außerdem gibt es gewisse Kreise, wo etwa die Frauen früh altern wie oft bei bäuerlicher Bevölkerung, bei denen oft die Kohabitation zwischen Vätern und Töchtern toleriert wird, wenigstens bis zu einem gewissen Alter. Hat das Mädchen das Alter erreicht, in dem es sich üblicherweise verlobt, so hört dieser Verkehr auf. Normalerweise findet sich inzestuöser Verkehr in desorganisierten Familien, bei denen die Tochter dem Vater eventuell sogar durch die Mutter zugeführt wird.
Im übrigen eröffnet gerade letzteres eine neue Deutungsmöglichkeit, indem sich zeigt, daß dies Inzestverbot darum besteht, um sozial disruptive Verhältnisse zu verhindern, welche vor allem die Familie als Kooperationseinheit in Vendetta-Gruppen und Blutfehden sprengen würden. Einzig wo diese nicht mehr besteht, kann dann die Mutter Sexualverhältnisse zwischen Vater und Tochter dulden." (ebd., S. 36)
3   Er entwickelt sie in seinem materialreichen Werk "Die elementaren Strukturen der Verwandtschaft" (1981). Zwei Kernstücke dieser Theorie sind das Inzesttabu in seiner Eigenschaft als Ursprung der Kultur und das Kommunikationsmodell "Frauentausch". Ich beziehe mich hier auf Levi Strauss, weil ich denke, daß in seiner Theorie die verschiedenen Aspekte der Inzesttheorien in ihrer Absurdität und Frauenverachtung unnachahmlich zur Geltung kommen.
4   Er unterscheidet hauptsächlich den eingeschränkten Tausch, den Michael Oppitz (1975) als "Oszillation"von Frauen beschreibt, und den verallgemeinerten Tausch, nach Oppitz die "Rotation" von Frauen. Die Elementarstruktur von Verwandtschaft, an der Levi-Strauss viele seiner Untersuchungen vornahm, ist die verbreitete sogenannte "Kreuz - Vettern - Basen - Heirat", wobei die Heirat mit der matrilateralen Kreuzcousine, also die Heirat eines Mannes

sich getrennte, einander ansonsten möglicherweise feindlich gesonnene Gruppen, ergeben sich vielfältige vorteilhafte ökonomische, kulturelle und soziale Verbindungen, entsteht "Gesellschaft".

Der Tausch von Frauen ist für Männer mit einem Verzicht verbunden, nämlich mit dem Verzicht auf die Frauen ihrer Familie, auf die Mütter, die Schwestern, die Töchter und bestimmte Grade von Cousinen. Der psychoanalytischen Theorie des ödipalen Konflikts folgend geht Levi-Strauss davon aus, daß insbesondere der Verzicht auf die Mutter ein Verzicht auf die Erfüllung eines heftigen Wunsches ist. Insgesamt erscheint die Wahl von Frauen außerhalb der Familie als Resultat gesellschaftlicher Notwendigkeit, unabhängig von oder sogar entgegen den individuellen männlichen Wünschen.

Letztendlich kommt es aber nicht auf die konkreten Frauen an. Als Tauschobjekte und Symbole des Bündnisses zwischen den Männern muß die konkrete Verschiedenheit von Frauen hinter ihre prinzipielle Vergleichbarkeit und Austauschbarkeit zurücktreten (vgl. Nöllecke 1985, Oppitz, 1975)

Frauen, sagt Levi-Strauss, sind "Zeichen" sie sind "Tauschgüter", sie sind Objekte männlicher Begierde - sie sind eben Frauen. "Frau" ist etwas, das nicht weiter erklärt werden muß, das gleichzeitig leer scheint und bereit, mit vielfältigen Bedeutungen gefüllt zu werden.

Auf den ersten Blick sieht es so aus, als wäre das Thema "Frauen als Menschen" bei den Inzesttheorien einfach irrelevant. Die Inzestproblematik scheint ein Konflikt zwischen Männern um den Besitz "Frau" zu sein. Inzestverbote und das männliche Recht auf Frauen außerhalb der eigenen Familie stellen den Beitrag von Männern zu einem individuellen und gesellschaftlichen Waffenstillstand zwischen Männern dar. Inzest ist dann quasi ein Eigentumsdelikt. Eine zentrale Rolle spielt der Verzicht auf die Mutter als ursprüngliches Objekt der Begierde (vgl. Rijnaarts, a.a.O.).

"Vom Ort des Mannes aus" (Nöllecke, a.a.O., S. 179), dem Blickwinkel der Inzesttheorien, treten Frauen als Subjekte nicht in Erscheinung. Ihre Position wird festgeschrieben auf ihren Objektstatus, ihre Funktion als Tauschware im männlichen Sozialgefüge. Sie werden als historische und individuelle Persönlichkeiten verleugnet.

Und genau hier zeigt es sich, daß es sehr wohl um Frauen geht: Die Konstruktion des Inzesttabus setzt den Anfang der Kultur da, wo die Frau als Subjekt verschwindet.

Damit erweist sich das Thema als brisant, es rührt an die selbstverständlichen Grundlagen patriarchaler Kultur.

Das Gesagte läßt sich am Umgang mit der Inzestproblematik selbst plastisch machen. Wenn Frauen als Subjekte unsichtbar bleiben, bleibt auch unsichtbar, was inzestuöse Beziehungen für sie bedeuten. Ihre Bewertung von Inzest, individuelle

---

mit der Tochter des Bruders seiner Mutter da, wo sie zur Regel wird, "das ideale Muster für den verallgemeinerten Tausch" darstellt (ebd., S. 95). Die Cousine spielt als erwünschte wie als verbotene Kandidatin eine große Rolle im Hochzeitskarussell der Inzestliteratur.

weibliche Erfahrungen, Verletzungen, Anklage gegen die Akteure des Inzest und seine MittäterInnen finden in dieser Sicht des Inzests keinen Platz. Sie sind nicht vorhanden. Damit ist auch der Anteil der Täter nicht vorhanden. Die Schuld der Männer, der Täter bleibt verborgen, und es entsteht die Frage, ob nicht hier, bei der Schuld der Väter, der Männer, das "Tabu" im eigentlichen Wortsinne zu finden ist. (vgl. Weiler, 1985)[5] Dieser Frage wird in der empirischen Studie weiter nachgegangen werden.

"Sex by age eight or else its too late" -
Sex mit Erwachsenen als positives Erlebnis für Kinder

Pädophilie und inzestuöser Mißbrauch unterscheiden sich in mehrerer Hinsicht. Inzestuöse Väter sind oft keine Männer mit ausgeprägten pädophilen Neigungen (vgl. Hirsch, 1987). Sie mißbrauchen ihre Töchter nicht, weil diese Kinder sind, sondern weil sie für sie in sexueller Hinsicht Frauen sind.

Was macht den ausbeuterischen Charakter sexueller Kontakte zwischen Kindern und Erwachsenen aus? Für einen Teil der zur Debatte stehenden sexuellen Kontakte sind eindeutige Kriterien, die sie als sexuelle Ausbeutung ausweisen könnten, nicht zu finden. Es ist vielmehr notwendig, die innere Befindlichkeit, die Haltung der Beteiligten zu berücksichtigen - eine komplizierte Größe -, und es ist für alle mit der Problematik Befaßten unumgänglich, ihrerseits eine Wertung, eine Haltung zu entwickeln.

Vor allem ist entscheidend, ob und wie bei der Analyse sexueller Beziehungen zwischen Kindern und Erwachsenen - in aller Regel Männern - die Kategorien der Macht und des Machtmißbrauchs berücksichtigt werden.
Die Befürworter sexueller Beziehungen zwischen Kindern und Erwachsenen plädieren für das Recht des Kindes auf Entfaltung seiner Sexualität. Kindliche Sexualität wird dabei - mit erstaunlicher Linearität und entgegen entwicklungspsychologischer Erkenntnisse - auch als Wunsch nach Sexualkontakten mit Erwachsenen aufgefaßt. Gefragt werden müsse, von wem die Initiative für sexuellen Kontakt ausgehe und ob die Beziehung mit Gewalt verbunden sei. Freiwillige und gewaltfreie Sexualkontakte werden als positiv für das beteiligte Kind angesehen (vgl.

---

5   "In dem ursprünglichen Sinn (ist) des Wortes 'Tabu' steckt nicht nur das klare Verbot einer bestimmten Handlung, sondern auch das Verbot, eine bestimmte Sphäre zu berühren, sei es, einen Ort zu betreten, einen Gegenstand anzufassen, über eine Sache zu reden oder über ihren Sinn nachzudenken. Der Kern des Verbotenen ist auf magische Weise mit weiteren Verboten - z. B. sich ihm zu nähern - umlagert. Kommt man doch mit ihm in Berührung, so hat man nicht ein schlechtes Gewissen, sondern empfindet Angst, Ekel oder Scham." (Bahrdt, 1987,S.60)

Bornemann, 1985, Gröning 1989), den Gegnern solcher Kontakte wird oft autoritäres Besitzdenken gegenüber Kindern und Sexualfeindlichkeit unterstellt.[6]
Die angeführten Kriterien der Gewaltlosigkeit und der Initiative des Kindes, d.h. die Freiwilligkeit und Erwünschtheit des sexuellen Kontakts, sind allerdings nicht so eindeutig festzumachen, wie die Autoren es darstellen. Das Problem der Freiwilligkeit in sexuellen Beziehungen und Liebesbeziehungen dürfte eines der kompliziertesten in der Sexualitätsdiskussion überhaupt sein, nicht nur in der Sexualität zwischen Kindern und Erwachsenen. Was die Frage der Gewaltfreiheit angeht, so wissen wir inzwischen, daß gerade dann, wenn die Beteiligten sich kennen, der Erwachsene nicht darauf angewiesen ist, seine Wünsche mit offener Gewalt oder massivem psychischem Druck durchzusetzen, sondern daß ihm subtilere Mittel zur Verfügung stehen. In besonderem Maße gilt das für den Vater, der seine Tochter sexuell mißbraucht. (Wenn der Erwachsene beispielsweise die Erfüllung der Bedürfnisse des Kindes nach Liebe und Anerkennung mit sexuellen Verpflichtungen verknüpft, so ist es möglich, daß das Kind sich als eine Person erlebt, die die Sexualität mit dem Erwachsenen sucht. Wir wissen auch, um ein zweites Beispiel zu nennen, daß manche Kinder, die früh Sexualität mit Erwachsenen leben mußten, später ihrerseits sexuelle Kontakte mit Erwachsenen suchen oder versuchen, andere, oft jüngere Kinder sexuell auszubeuten.) Jörg Michael Fegert (1987) bezeichnet jeden sexuellen Kontakt zwischen Kindern und Erwachsenen aufgrund des strukturellen Machtgefälles zwischen ihnen - der Generation und in den meisten Fällen auch des Geschlechts - als Mißbrauch. In besonderem Maße gilt das für die Familie, wo er von "Pseudopartnerschaft" spricht.
Die Freiwilligkeit des sexuellen Kontakts und seine positiven Auswirkungen werden oft mit Hilfe der Äußerungen der inzwischen erwachsenen Betroffenen über ihre Kindheit erfaßt. Die subjektiven Aussagen Betroffener sind als alleiniges Bewertungskriterium ungenügend, wenn sie die soziale Situation der Befragten - z.B., welche Konzepte zur Interpretation ihrer Erfahrungen ihnen zur Verfügung stehen - ebenso außer acht lassen wie ihre individuelle Psychodynamik (vgl. Finkelhor, 1979).

---

6   "Hinter der scheinheiligen Fassade der Sorge um das Wohl des geschändeten Kindes verbirgt sich in allen diesen Büchern (feministischen Veröffentlichungen zum Thema sexueller Mißbrauch, Anm.der Verf.) eine neue, eine gefährlich reaktionäre Form der Leibfeindlichkeit. Denn unter dem Vorwand, das Kind vor Vergewaltigung zu schützen, wird ihm in Schriften dieser Art das Recht auf eigene, autonome Sexualwünsche und deren Erfüllung abgesprochen. Damit werden fast hundert Jahre der Sexualreform, der Sexualpädagogik und des Kampfes um die Befreiung des Kindes von sexuellen Restriktionen rückgängig gemacht." Bornemann verweist auf eigene empirische Untersuchungen, die ihn zu folgenden Ergebnissen führten: "Weder psychische Störungen noch sexuelle Schäden irgendwelcher Art ließen sich als Folgen solcher Beziehungen feststellen, wenn die Initiative vom Kind ausgegangen war und wenn der Ältere weder Gewalt noch psychischen Druck auf das Kind ausgeübt hatte. Ich vermag deshalb den heute so populären Horror-Stories von den gravierenden und unvermeidlichen Spätfolgen einer sexuellen Beziehung zwischen einem Kind und einem Erwachsenen ebensowenig Glaubwürdigkeit abzugewinnen wie dem ähnlichen Mythos von den rückenmarkschädigenden Folgen der Masturbation." (Bornemann, 1985, S. VIII)

Diane Russell belegt in ihrer Studie zum sexuellen Mißbrauch, daß die einfache Formel "erwünschter Kontakt gleich positives Erlebnis" nicht gilt. Die Tatsache, daß ein Mädchen einem sexuellen Kontakt mit positiven Gefühlen begegnete - was in sehr wenigen Fällen zutraf -, hieß nicht, daß er nicht traumatisch für sie war und psychische Beeinträchtigungen mit sich brachte. In besonderem Maße galt dies für inzestuöse Kontakte, denen das Mädchen ambivalent gegenüberstand (Russell, 1986).

Ausgesprochen schwierig zu erfassen ist die Frage der "Initiative" des Kindes. In der Situation selbst ist es der Erwachsene, der das Verhalten des Kindes beurteilt, und er tut dies geleitet von seinen Wünschen und Einstellungen. Gerade die Mädchensozialisation ist davon gekennzeichnet, nicht-sexuelle Äußerungen des Mädchens zu sexualisieren (vgl. Hagemann - White, 1989). Im übrigen bedeutet ein wie auch immer gearteter Wunsch eines Kindes nicht, daß der Erwachsene nicht trotzdem die Verantwortung für die eigene Entscheidung behält.

Inzest als Symptom. Das Konstrukt der "Inzestfamilie"

Familientheoretische Konzepte haben im derzeitigen wissenschaftlichen Diskurs wie auch im Diskurs der (Fach-)Öffentlichkeit über den Vater - Tochter - Inzest beträchtlichen Einfluß.

Als hauptsächliche Repräsentantin dieser Position kann die systemische Familientheorie und -therapie angesehen werden, die iherseits auf einer allgemeinen Theorie sozialer Systeme beruht (vgl. Kriz, 1985, Giesen, 1975). Systemtheoretisch beeinflußte Denkmuster finden sich auch in der tiefenpsychologischen und vereinzelt in der feministisch orientierten Literatur.

Das Familiensystem wird als Interaktionszusammenhang oder als Beziehungsnetzwerk angesehen, in dem die Aufgaben des Systems anhand bestimmter Muster organisiert werden. Die "Inzestfamilie" ist kein "gesundes Familiensystem" (Larson, 1983), sondern krank oder zerrüttet. Symptom, Ausdruck der Krankheit ist der Vater - Tochter - Inzest. Der Begriff "Inzestfamilie" ist dabei durchaus wörtlich zu nehmen: alle Familienmitglieder gelten als direkt oder indirekt beteiligt am inzestuösen Geschehen.[7]

---

7   "Einige Autoren betonen, daß sexueller Mißbrauch von Kindern nicht Ursache, sondern vielmehr Folge schwerer allgemeiner Störungen in der Familie sei und die sexuelle Ausnutzung ein weiteres Symptom dieser Störungen darstelle. Das bedeutet, daß bereits vor Auftreten des sexuellen Mißbrauchs in der Familie bestimmte Beziehungsstrukturen und Normen herrschen, die häufig gerade dadurch, daß sie unausgesprochen bleiben, äußerst mächtig sind und einzelne Familienmitglieder sowie die Familie als Ganzes in ihrer Funktion erheblich beeinträchtigen." (Rust, 1986, S. 15)

"Inzestfamilien" werden meist durch drei Merkmale charakterisiert: eine unbefriedigende eheliche Sexualität, eine einseitige Machtverteilung in der Familie und "Rollenkonfusion" zwischen den Generationen (vgl. Lechmann, 1988).[8]

Die Frage, warum eine Familie und ihre Mitglieder derart zerüttet sind, wird mit dem Hinweis auf die zerrütteten Herkunftsfamilien der erwachsenen Familienmitglieder beantwortet. Die Beziehungsstörungen desolater Persönlichkeiten, deren Symptom der Inzest ist, oder der Inzest selbst werden von Generation zu Generation weitergegeben.

Insgesamt halte ich die "unendliche Geschichte" der von Generation zu Generation weitergegebenen Zerrüttung bestenfalls für eine Beschreibung der Verhältnisse - das ist ihre Stärke, die Elemente davon für die therapeutische Arbeit mit Inzestopfern nützlich macht -, aber nicht für deren Erklärung. Familien existieren nicht außerhalb der Gesellschaft mit ihrer patriarchalen Organisation der Geschlechterverhältnisse. Das Modell von der zerrütteten "Inzestfamilie" erhält seinen Sinn nur im Zusammenhang mit einer Fiktion von der "gesunden Familie", die sich von der "Inzestfamilie" grundsätzlich unterscheidet. Wie diese "gesunde Familie" als für alle Beteiligten gleichermaßen erquickliche Lebensform allerdings aussieht, läßt sich aus den Texten nur erschließen, ob sie die gesellschaftliche Normalität darstellt, ist fraglich.

Das Modell der Normalfamilie funktioniert in den familientheoretischen Ansätzen als regulative Idee. Diese enthält das Recht des Kindes auf eine ihm gemäße Entwicklung in der Familie, was den Schutz vor Inzest und vor Gewalt ebenso einschließt wie den Schutz vor unangemessenen Erwartungen und Aufgaben. Über diese Idee und ihre regulative Funktion herrscht ein breiter gesellschaftlicher Konsens.

Verhängnisvoll ist meiner Ansicht nach zweierlei. Erstens wird die Idee der Familie gleichgesetzt mit ihrer Realität. Zweitens werden die Grundlagen des Modells nicht transparent und der Diskussion zugänglich gemacht. Unhinterfragt bleiben zum Beispiel oft die geschlechtsspezifische Arbeitsteilung und die Konzepte von Sexualität.

---

8   Das Konstrukt der "Rollenkonfusion" in der "Inzestfamilie" findet sich in der familientheoretischen Inzestliteratur oft eingebettet in die Vorstellung einer "Grenzproblematik". "Inzestfamilien errichten besonders starre Grenzen zwischen sich und ihrer Umwelt, um auf diese Weise das Inzestgeheimnis zu wahren, indem Familienmitglieder von nahen persönlichen Kontakten außerhalb der Familie isoliert werden. Derart starre Grenzen forcieren die soziale Isolation und zwingen so die Familienmitglieder, sich auf die Familie als zentraler Quelle für die Befriedigung ihrer Bedürfnisse zu stützen. Diese oft strenge Isolierung von anderen fördert unangemessene Abhängigkeitsverhältnisse sowie Verwischung von Grenzen innerhalb der Familie. Die extrem große Abhängigkeit der Familienmitglieder voneinander trägt dazu bei, daß wichtige Generationsgrenzen und damit Rollenverteilungen unter Familienmitgliedern verwischt werden. Wenn zwischen den Rollen der Erwachsenen und denen der Kinder nicht klar unterschieden wird, entstehen Erwartungen an die Kinder, Erwachsenenrollen zu übernehmen, angefangen von Arbeiten im Haushalt bis hin zur Befriedigung sexueller Bedürfnisse der Eltern. Kinder erhalten die Aufgabe, alle unbefriedigten Bedürfnisse der Erwachsenen zu stillen; Sexualität ist dabei nur eines von vielen." (Larson, a.a.O., S.105f)

Durchaus nicht eindeutig ist sicherlich die Bewertung der Sexualität der weiblichen Kinder in der Familie. Wenn die Tochter als sexuelles Wesen erscheint, verliert sie möglicherweise ihren Kindstatus, der ihr das Recht auf Schutz vor sexuellen Kontakten mit Erwachsenen einräumt. Aufgrund des Konzepts von der Passivität weiblicher Sexualität und weiblicher Sexualität als Hingabe/Unterwerfung, erscheinen der sexuelle Zugriff des Vaters, die erzwungene Teilnahme der Tochter an sexuellen Handlungen als gelebte (und gewollte) Sexualität des Mädchens.

Hinweise auf eine solche Deutung finden sich in den Aussagen betroffener Frauen, in den Aussagen ihrer Mütter, aber auch in den Aussagen von Wissenschaftlern und Therapeuten.

Die Konzepte von der klaren Aufteilung der Rollen und Funktionen als Gegensatz zur "Rollenkonfusion", die verhindern sollen, daß Kinder in der Familie ausgebeutet werden, lassen oft die Ausbeutung der Frauen innerhalb dieser Organisation außer acht. Diese Ausbeutung zeigt sich in der geschlechtsspezifischen Arbeitsteilung, die Frauen die alleinige Verantwortung für die emotionale Versorgung der Familie und die Erziehung der Kinder zuweist. Sie findet einen prägnanten Ausdruck in den Vorstellungen von der sexuellen Verpflichtung der Frau gegenüber ihrem Ehemann.

Daß gerade die Tochter in die "Erwachsenenrolle" gerät und in der Familie emotional ausgebeutet wird - was sicherlich zutrifft -, hängt wohl weniger mit der individuellen Unfähigkeit ihrer Mutter zusammen, als damit, daß die Tochter als weiblicher Mensch, als Frau, ebenso wie die erwachsene Frau in der Familie in die Gefahr gerät, als unerschöpfliche Quelle von Emotionalität (und Sexualität) angesehen zu werden - auch von ihrer Mutter. Gerade weil ihre Ausbeutung mit ihrem Frau - Sein zu tun hat, halte ich es für unzulässig - und im übrigen für verharmlosend -, sexuelle Ausbeutung durch den Vater mit allen möglichen anderen familiären und individuellen "Störungen" durcheinanderzumischen oder gleichzusetzen. Bei dieser Vermischung verschwindet, ob beabsichtigt oder nicht, das (Geschlechts-)Spezifische der Problematik, und es verschwindet oft die Verantwortung der Täter für die sexuelle Ausbeutung ihrer Töchter und für das, was sie dadurch ihren Ehefrauen, den Müttern dieser Töchter, zufügen. An ihre Stelle tritt die Verantwortung der Frauen, der Tochter oder - häufiger - der Mutter und Ehefrau.

Einen Zusammenhang von Familienstrukturen und sexuellem Mißbrauch gibt es allerdings insofern, als die Familienorganisation dem Vater den sexuellen Zugriff auf seine Tochter erleichtert. Er hat die Möglickeit, sexuelle Übergriffe ganz allmählich in die Beziehung zu seiner Tochter und in den Familienalltag zu integrieren, und er ist durch seine Stellung als Vater und Ehemann geschützt. Seine Frau wird eventuelle Hinweise nicht wahrnehmen können, weil sie in ihrem Familienmodell nicht vorkommen - ein Familienmodell, das dem der Familientheoretiker sicher nicht unähnlich ist.

Schon wieder Freud. Psychoanalyse und Inzest

Psychoanalyse und Inzesttheorien stehen in engem Zusammenhang zueinander. Das gilt für den klinischen ebenso wie für den kulturanthropologischen und den soziologischen Bereich. Psychoanalytische Theorien haben ebenfalls in die Alltagsvorstellungen über den Inzest Eingang gefunden (und umgekehrt).

Ein Kernstück der psychoanalytischen Ursachenerklärung des Inzests bildet der Ödipuskomplex, dessen Entstehungsgeschichte mit sexuellem Mißbrauch eng verbunden ist (vgl. Masson, 1986, Rijnaarts, a.a.O.).

In den Anfangsjahren seiner therapeutischen Tätigkeit (1895/1896) - nach einer Ausbildungszeit in Paris, die ihn höchstwahrscheinlich mit sexuellem Mißbrauch von Kindern in der Familie in Kontakt brachte (vgl. Masson, a.a.O.) - entwickelte Freud die "Verführungstheorie" zur Erklärung hysterischer Symptome seiner in der Mehrzahl weiblichen Patienten. Sehr viele von Freuds Patientinnen berichteten ihm von sexuellen Übergriffen in ihrer Kindheit, sehr oft von Übergriffen durch den eigenen Vater. Freud war zunächst von der Wahrheit dieser Schilderungen und von den traumatischen Folgen sexueller Ausbeutung überzeugt, widerrief die Verführungstheorie jedoch bereits nach einem Jahr.

An ihre Stelle tritt die Theorie des ödipalen Konflikts, die Freud in den folgenden Jahren immer weiter ausarbeitet. Ausgangspunkt ist die männliche Entwicklung.[9]

Kurz gefaßt besagt der Ödipuskomplex, daß das männliche Kind auf einer bestimmten Entwicklungsstufe - der phallischen, zwischen dem dritten und sechsten Lebensjahr - seine Mutter sexuell begehrt und seinen Vater als Rivalen betrachtet. In dieser Zeit onaniert das Kind - verbotenerweise. Irgendwann sieht der kleine Junge eine nackte Frau, wahrscheinlich seine Mutter oder seine Schwester. Deren Penislosigkeit erschreckt ihn zutiefst, er empfindet die Frauen als kastriert. Seine Entdeckung hat mehrere Konsequenzen. Eine davon ist eine gewisse Verachtung für die penislose Mutter/Frau (die auch dem erwachsenen Mann bleibt, wie Freud wußte), eine andere ist die Furcht, wegen der verbotenen Onanie und wegen des ebenfalls verbotenen Begehrens nach der Mutter und der daraus folgenden Rivalität mit dem Vater, von diesem kastriert zu werden. Um der Kastration zu entgehen, unterwirft sich der kleine Junge den Gesetzen des Vaters: er internalisiert seine Verbote und Gebote, die hinfort sein Über - Ich bilden, er verzichtet innerlich auf die Mutter. Einen Ersatz für sie wird er als Erwachsener in einer anderen Frau finden.

Die Entwicklung des kleinen Mädchens verläuft anders, aber auch hier ist die Entdeckung der weiblichen Penislosigkeit entscheidend. "Das Weib anerkennt die Tatsache seiner Kastration und damit auch die Überlegenheit des Mannes und seine eigene Minderwertigkeit, aber es sträubt sich auch gegen diesen unliebsamen

---

9   Ein Grund für diese Wahl kann in Freuds damaliger Selbstanalyse gesehen werden. Das
    männliche Subjekt und damit auch die männliche Entwicklung als die maßgebliche zu be-
    trachten, war ihm im übrigen als Mann und Wissenschaftler selbstverständlich.

Sachverhalt." (Freud, 1986, S. 110) Wenn das kleine Mädchen entdeckt, daß die
Mutter ihr keinen Penis gegeben hat und auch selbst keinen besitzt, daß also sie
beide kastriert sind, wendet es sich voller Wut und Enttäuschung über die Mutter
von dieser ab und dem Vater zu. Sie hegt die Hoffnung, von ihm einen Penis zu erhalten oder - dieser Wunsch entsteht später - als Ersatz für den Penis ein Kind von
ihm zu bekommen, am liebsten eines mit Penis. Der "Kastrationskomplex" ist also
beim Mädchen nicht Folge, sondern Ursache des Ödipuskomplexes. Allerdings
dauert nach Freud die präödipale Phase beim Mädchen länger als beim Jungen, und
das Mädchen gibt sein "erstes Liebesobjekt", die Mutter, nie vollständig auf (vgl.
ebd.).

Der Ödipuskomplex kann mit allem, was er impliziert bzw. wofür er die
Grundlage bildet, nämlich für die Theorien über die "sexuelle Konstitution" der
Geschlechter, über die Bedeutung der Wunschphantasien und der Phantasietätig-
keit überhaupt und über den Ursprung der Neurosen, als Kernstück der Psychoanalyse angesehen werden. "Wenn man die Verführungstheorie aufrechterhält,
dann bedeutet das die Preisgabe des Ödipuskomplexes und damit der gesamten
Bedeutung der bewußten wie der unbewußten Phantasien. Danach hätte es meines
Erachtens keine Psychoanalyse mehr gegeben." (A.Freud, 1981, zit. nach Masson,
a.a.O., S.136/137)

Aus welchen Gründen Freud die Verführungstheorie zugunsten des ödipalen
Konflikts aufgab, darüber gibt es verschiedene Vorstellungen. Eine Erklärung ist
die Ablehnung der Verführungstheorie durch die maßgeblichen wissenschaftlichen
Kreise. Eine andere, kompliziertere Erklärung liegt in Freuds Loyalität zu seinem
Freund Fließ und steht in Zusammenhang mit einem gemeinsamen Fall der beiden
Ärzte, dem Fall Emma Eckstein, der als dunkles Kapitel in die Geschichte der Psy-
choanalyse eingegangen ist (vgl. ebd.). Eine dritte und für mich überzeugende ist
die, die Marianne Krüll entwickelt hat, nämlich, daß Freud seinen Vater und alle
Väter schützte und durch die Erfindung des Ödipuskomplexes ein gehorsamer
Sohn blieb. "Nur die Verführungstheorie gab er zu einem Zeitpunkt auf, als er im
Verlauf seiner Selbstanalyse den eigenen Vater als einen Verführer, als pervers
hätte beschuldigen müssen." (ebd., 1979, S. 76)[10]

Welches auch immer Freuds Gründe gewesen sein mögen, seine Kollegen und
Nachfolger waren (und sind) von seiner neuen Theorie überzeugt, und zwar mit

---

10   In einem Brief an seinen Freund Wilhelm Fließ (im September 1897) nennt er verschiedene
     Gründe, unter anderem diesen: "Dann die Überraschung, daß in sämtlichen Fällen der Vater
     als pervers beschuldigt werden mußte, mein eigener nicht ausgeschlossen, die Einsicht in die
     nicht erwartete Häufigkeit der Hysterie, wo jedesmal dieselbe Bedingung erhalten bleibt, wäh-
     rend doch solche Verbreitung der Perversion gegen Kinder wenig wahrscheinlich ist." (zit.
     nach Masson, S. 130/131) Was nicht sein darf, kann nicht sein, heißt das, und das, was nicht
     sein darf, ist die Beschuldigung der Väter - einschließlich des eigenen. In seinem Brief
     schreibt Freud, er fühle sich mit den neuen Erkenntnissen entgegen seiner eigenen Erwartun-
     gen sehr wohl, er verspüre "mehr das Gefühl eines Siegs als einer Niederlage." (zit. nach ebd.,
     S. 132) Es ist der Sieg des Mannes über die Kinder und Frauen, der ihm erneut seinen Platz
     unter den ehrenhaften Wissenschaftlern sichert.

größerer Sicherheit als Freud selbst es war, der, wie Masson ausführt, immer wieder Zweifel daran hatte, ob die Verführungstheorie nicht doch der Wahrheit entspricht.

Klarer sichtbar als die Ursachen sind die Folgen der Preisgabe der Verführungstheorie zugunsten des Ödipuskomplexes. Die aggressiven und die sexuellen Impulse liegen jetzt nicht mehr beim Erwachsenen, beim Vater, sondern beim Kind. Inzesterlebnisse können ins Reich der Phantasie verlegt werden. Wo das nicht möglich ist, können zumindest der Wunsch und die Initiative auf die Seite der Tochter verlagert werden. Damit erfahren der Schutz der Täter und die Verleugnung der Verletzungen der Opfer ihre wissenschaftliche Untermauerung in der Theorie des ödipalen Konflikts.[11]

Gegen unseren Willen. Feminismus und sexuelle Ausbeutung

Initiatorin der Initiativen gegen die sexuelle Ausbeutung von Mädchen war die Frauenbewegung, durch die mit der Frauenhausbewegung seit Mitte der siebziger Jahre Gewalt gegen Frauen öffentlich gemacht und bekämpft wurde: Mißhandlung von Frauen, Vergewaltigung, auch in der Ehe, sexuelle Belästigung am Arbeitsplatz, Frauenhandel und Zwangsprostitution und schließlich das "bestgehütete Geheimnis" der sexuellen Ausbeutung von Kindern.

Feministische (und in ihrer Folge feministisch beeinflußte sozial - aufklärerische Publikationen) betonten dabei den Zusammenhang von individueller und struktureller Gewalt gegen Frauen. Individuelle Gewalttätigkeit wird in Zusammenhang mit den patriarchalen Geschlechterverhältnissen begriffen. Sie gilt dabei nicht ausschließlich als extremer Ausdruck von Unterdrückung oder als "Unfall" des Systems, sondern als Instrument zu seiner Aufrechterhaltung. Dieser Punkt, die Zurichtung der Frauen (und der Männer) und die Organisation des Geschlechterverhältnisses durch Gewalt, ist insbesondere im Zusammenhang mit Vergewaltigung

---

11   Psychoanalytisches Gedankengut, das in die (Alltags-)Inzesttheorien Eingang gefunden hat, ist jedoch nicht nur der Ödipuskomplex, sondern ebenfalls die Kopplung weiblicher Sexualität mit Masochismus, Passivität und Verfügbarkeit, die Kopplung der männlichen Sexualität mit Gewalt und Triebhaftigkeit und die Theorie der sexuellen Gegensätzlichkeit der Geschlechter. Aber die Psychoanalyse bietet auch andere Möglichkeiten des Zugangs zur Problematik sexueller Gewalt. Einmal sind Psychoanalytiker zu nennen, die die Verführungstheorie wiederaufnahmen und weiterentwickelten, insbesondere Ferenczi (1932). Zum zweiten sind feministische Theoretikerinnen zu nennen, die in kritischer Aufarbeitung der Psychoanalyse über das (sexuelle) Geschlechterverhältnis, die weibliche und die männliche Geschlechtsidentität und über die besonderen Schwierigkeiten der Mutter - Tochter - Beziehung alternative Deutungen entwickeln.

herausgearbeitet worden (vgl. Breitenbach, 1983, Brownmiller, 1980, Millett, 1974)[12].

In der feministischen Perspektive betrifft sexuelle Ausbeutung jede Frau und jedes Mädchen als Drohung und/oder Realität. Die individuelle Katastrophe des Inzests wird als Teil der gesellschaftlichen Katastrophe des Geschlechterverhältnisses angesehen. Dementsprechend richtet sich der Blick nicht auf individuelle oder familiäre Pathologie, sondern auf soziale Normalität (die allerdings durchaus pathologische Züge aufweist). Wesentliche Analysekategorien sind Macht und Geschlecht.

Sexuelle Ausbeutung von Mädchen wird nicht in erster Linie - oder auch überhaupt nicht - als Sexualverbrechen angesehen. "Sexueller Mißbrauch an Mädchen ist kein Sexualdelikt, wie es viele - auch oben zitierte Autoren - darstellen, sondern ein Gewaltdelikt. Sexuelle Übergriffe geschehen nicht aus sexuellem Notstand durch einen pathologischen Täter, sondern werden geplant; die Gelegenheiten werden vom Täter arrangiert und ausgenutzt. Täter sind ganz normale Männer." (Steinhage, S. 5)

Diese Aussage bezieht sich auf die Motivation des Täters: sexueller Mißbrauch der Tochter gilt hier als Ausdruck des selbstverständlichen Besitzanspruchs des Vaters, seiner Verfügungsgewalt über das Mädchen, ist Mißbrauch der väterlich - männlichen Macht, der die Demütigung, Entwertung, Schädigung des Opfers gleichgültig hinnimmt oder lustvoll bezweckt, nicht die unkontrollierbare Überwältigung durch sexuelle Begierde. Das Konstrukt der "sexuellen Not" des Täters wird vor allem deshalb zurückgewiesen, weil es den Mann von der Verantwortung für seine Tat entlastet oder freispricht - er ist Opfer des mächtigen Triebes - und weil sich in dieser Sichtweise quasi folgerichtig der Taterklärungen und Lösungen suchende Blick auf diejenigen richtet, die das sexuelle Begehren auslösen - die Töchter - und auf diejenigen, die eigentlich für die sexuelle Versorgung des Mannes zuständig sind - die Ehefrauen.

Von der Seite der betroffenen Mädchen und Frauen her betrachtet, spricht einiges dafür, die Betonung bei der Analyse sexueller Gewalt nicht auf die sexuelle Seite zu legen, sondern den Aspekt der Entwertung, Demütigung und Objektivierung des Opfers durch sexuelle Übergriffe in den Mittelpunkt zu stellen. Dieser Aspekt steht im Mittelpunkt der Aussagen betroffener Frauen. Die psychischen Folgen von sexueller Ausbeutung betreffen nicht nur oder hauptsächlich die Sexualität, sondern die gesamte Identität. Folge sexueller Ausbeutung ist etwas, das man als tiefe existentielle Unsicherheit auffassen könnte, in extremer Ausprägung als Unsicherheit über die eigene Lebensberechtigung. Insofern ist sexueller Miß-

---

12   Diese Auffassung, die in einigen zugespitzten Ausprägungen dazu führte, die soziale und individuelle Situation von Frauen von ihrem (sexuellen) Opferstatus her zu begreifen und die in der Folge eine "Inflationierung" des Opferbegriffs mit sich brachte, stieß jedoch auch auf heftigen Widerspruch. (vgl. Thürmer - Rohr, 1987)

brauch tatsächlich nicht in erster Linie ein Angriff auf die Sexualität, sondern ein Angriff auf die gesamte Person eines Mädchens oder einer Frau.

Eine Analyse, die an die Stelle der männlichen Triebhaftigkeit lediglich männliche Gewalttätigkeit, geplante und möglicherweise lustvolle Unterdrückung setzt - und dieser männlichen Sexualität eine friedliche, aggressionsfreie und sanfte weibliche entgegensetzt -, greift allerdings ebenfalls zu kurz. Beide Auffassungen versperren die Möglichkeit einer tiefergehenden Auseinandersetzung mit aggressiven, bedrohlichen, leidenschaftlichen Anteilen in der Sexualität in ihrer Bedeutung und in ihrem Ausdruck für beide Geschlechter. Eine solche Auseinandersetung ist die Voraussetzung der Abgrenzung dieser Elemente von Sexualität gegen sexuelle Gewalt.

Um sexuelle Gewalt zu analysieren, scheint es mir unverzichtbar zu sein, sie als Sexualität aufzufassen. Die "reine" Sexualität, die nichts ist und sein will als sexuell, ist ohnehin weit eher Fiktion als Realität. Im sexuellen Kontakt mischen sich - erfreulicherweise - sexuelle und nichtsexuelle Bedürfnisse, Wünsche und Gefühle. Sexualität ist Instrument verschiedenster "Botschaften". Gerade diejenigen Botschaften von Gewalt, Verachtung, Entwertung, Demütigung und Gleichgültigkeit auszuklammern, nicht als Sexualität zu betrachten, versperrt ebenso Möglichkeiten zum Verständnis der männlichen (und weiblichen) Sexualität wie die "Dampfkesseltheorie" des männlichen Triebes. "What this analysis fails to recognize is that males are socialized to sexualize power, intimacy, and affection, and sometimes hatred and contempt as well." (Russell, a.a.O., S.393) Wenn gewaltvolle Sexualität als Sexualität betrachtet wird, ist es möglich, diejenigen Anteile in der "normalen" Sexualität zu untersuchen, die sie in die Nähe von sexueller Gewalt rücken, Anteile, die selbst Gewalt sind oder Gewalt erleichtern.

Außerdem wird so die Frage möglich, was gerade das Instrument der Sexualität, den Ort Sexualität so geeignet und anfällig macht für Gewalt.

Nur mit Berücksichtigung dieser Themen ist es möglich zu verstehen, was die individuellen und gesellschaftlichen Konstruktionen von Sexualität und ihre sexuellen Erfahrungen für alle Frauen bedeuten, nicht nur für die Opfer massiver sexueller Gewalt und welche Rolle die Sexualität bei der Konstruktion und Aufrechterhaltung des Geschlechterverhältnisses als Herrschaftsverhältnis spielt.

Sexuelle Ausbeutung von Mädchen in der Familie

Der empirische Zugang zur Inzestproblematik. Opfer und Täter

Das Kapitel dient dazu, - sehr knapp - einen empirischen Rahmen für mein Thema zu schaffen; es konzentriert sich dementsprechend auf Daten zum Vater-Tochter- bzw. Stiefvater-Stieftochter-Inzest.

In meiner Studie beschäftige ich mich nicht mit den Tätern und nur am Rande mit den Opfern inzestuöser Ausbeutung. Einige Angaben zu den Tätern werde ich hier als Teil des "empirischen Rahmens" einfügen. Den "Töchtern" der hier untersuchten "Mütter " habe ich im nächsten Kapitel einen Abschnitt gewidmet.

Die Frage, wieviele Kinder und Jugendliche insgesamt Opfer sexueller Übergriffe werden, läßt sich nur mit einigen Schwierigkeiten beantworten. In verschiedenen Prävalenzstudien schwanken die Angaben von unter einem Prozent bis über fünfzig Prozent, die betroffen seien (vgl. Fegert, a.a.O.). Bislang ungeklärt und heftig umstritten ist die Frage der Verteilung nach dem Geschlecht.

Nach neueren Untersuchungen wird derzeit davon ausgegangen, daß 20% bis 25% aller erwachsenen Frauen bis zu ihrem achtzehnten Lebensjahr Opfer sexueller Ausbeutung geworden sind (vgl. Fegert, a.a.O.).[1]

Die Täter sind fast ausschließlich Männer. Bislang wird der Anteil der Täterinnen auf 1% - 4% geschätzt (vgl. Lechmann, a.a.O.). Allerdings gibt es Stimmen, die den Anteil der Täterinnen höher einschätzen, und diese Stimmen mehren sich in jüngster Zeit.[2]

Gesichert scheint die Annahme zu sein, daß die meisten Täter zu den Bekannten bzw. Verwandten der Kinder und Jugendlichen gehören, nur etwa 10% der Täter sind Fremde (vgl. Lechmann, a.a.O.). Wie hoch der Anteil der Verwandten und Bekannten im einzelnen ist, darüber differieren die Angaben wieder erheblich.

Es läßt sich eine Tendenz erkennen, daß der sexuelle Mißbrauch im Nahbereich eines Mädchens, insbesondere durch den Vater/Stiefvater, mit größerer Wahrscheinlichkeit, häufiger und, was die sexuellen Handlungen angeht, weitgehender

---

1 Diese Angabe ist weniger aussagekräftig als es zunächst erscheint. Hier sind *alle* gezählten Übergriffe summiert, von einer einmaligen Belästigung einer Siebzehnjährigen durch einen Fremden beispielsweise bis zum jahrelangen Mißbrauch eines Mädchens durch den Vater. Über die realen Verhältnisse sagt diese Zahl für sich genommen wenig.
    Nach bisherigen Kenntnissen sind weniger Jungen als Mädchen von sexueller Ausbeutung betroffen, nach Lechmann (a.a.O.) zwischen 3% und 16%. Berichte aus Beratungsinstitutionen weisen jedoch auf eine steigende Anzahl betroffener Jungen hin. Bislang gibt es noch weniger Wissen als hinsichtlich der betroffenen Mädchen, was Ausmaß, Art und Folgen sexueller Ausbeutung von Jungen betrifft.
2 Vertreter der These von der häufigen weiblichen Täterschaft gehen davon aus, daß Mütter beispielsweise die Gelegenheit hätten, ihre Übergriffe als Fürsorge- und Pflegehandlungen zu tarnen und verwenden weiterhin z.T. einen Begriff von Mißbrauch, der Duldung von sexueller Ausbeutung einschließt (vgl. Finkelhor, 1984).

ist als der sexuelle Mißbrauch durch Fremde oder Bekannte (vgl. Kave-
mann/Lohstöter, 1984, Russell, a.a.O.). Anders ist es jedoch bei sexuellen Übergriffen, die mit der Ermordung des Kindes enden. Hier überwiegt der Anteil der
Fremdtäter (vgl. Trube - Becker, 1982).

Ein großer Teil der Studien über Inzest beruht auf kleinen und selektiven Untersuchungsgruppen aus dem klinischen und therapeutischen Bereich mit entspre-
chender theoretischer und therapeutischer Orientierung oder auf der Untersuchung
von angezeigten bzw. vor Gericht verhandelten Fällen sexueller Übergriffe. Studien mit großen und/oder repräsentativen Untersuchungsgruppen zu sexuellem
Mißbrauch in der Familie außerhalb des therapeutischen oder juristischen Bereichs
gibt es vor allem in den USA und in Großbritannien (vgl. z.B. Finkelhor, 1984,
Russell, a.a.O, Wyatt, 1985), in der Bundesrepublik dagegen (noch) überhaupt
nicht.

In den letzten Jahren konzentrierte sich das Interesse auf den intrafamilialen
Mißbrauch und insbesondere auf den Vater - Tochter - Inzest. Dieser wird inzwischen teilweise als die häufigste Form sexueller Ausbeutung angesehen, was ebensowenig zutrifft wie der alte Mythos vom fremden Triebtäter.

Diese Verschiebung hat mehrere Gründe. Mit der feministischen Aufarbeitung,
Veröffentlichung, Skandalisierung und Politisierung der Problematik der sexuellen
Ausbeutung von Kindern zentrierte sich die Diskussion um die Gewalt in der Familie und damit den inzestuösen Mißbrauch. Gleichzeitig richtete sich das Augen-
merk weg von Untersuchungen aus dem juristischen Bereich und hin zu solchen
aus dem therapeutischen, und dort wiederum tauchten vermehrt Frauen auf - bzw.
fanden jetzt die nötige Unterstützung - die extreme sexuelle Ausbeutung durch ihren Vater erfahren hatten. Die derzeitig starke familientherapeutische Strömung
trägt ebenfalls dazu bei, den Blick auf die Familie zu richten. Hier trifft sich die
von einem völlig anderen theoretischen und praktischen Hintergrund ausgehende
familientherapeutische Analyse mit der feministischen.

Die unterschiedlichen theoretischen Vorstellungen über sexuelle Gewalt und
über die gesellschaftliche Normalität, in der diese Gewalt entsteht, bestimmen den
empirischen Zugang zum Thema und beeinflussen die Ergebnisse und ihre Interpretation. Dieser empirische Zugang - die zugrundegelegten Definitionen und die
verwendeten Methoden - gestaltet sich jedoch auch über die Implikationen der jeweiligen theoretischen Positionen hinaus außerordentlich schwierig. Welche Bedeutung kommt der subjektiven Wahrnehmung der Betroffenen zu? Welche Formen von Kontakt werden als sexuell definiert? Welche Altersgrenzen bzw. Alters-
unterschiede zwischen den Beteiligten werden zur Feststellung von sexueller Ausbeutung herangezogen? Wie können die Folgen sexueller Ausbeutung für die Opfer
festgestellt werden? Mit welchen Methoden empirischer Forschung ist es möglich,
sich einem so tabuisierten und intimen, verdrängten und schwer erträglichen
Thema zu nähern und die gewonnenen Ergebnisse zu überprüfen? Unterschiedliche
Methoden produzieren hier höchst unterschiedliche Resultate (vgl. Finkelhor,
1986). Lechmann (a.a.O.) beschreibt folgende Tendenz: je konkreter und je per-

sönlicher Personen befragt und je mehr Fragen zum sexuellen Mißbrauch gestellt wurden, desto höher wurde die Prävalenzrate, desto mehr Personen konnten sich an derartige Erfahrungen erinnern bzw. sie veröffentlichen oder konnten ihre Erfahrungen als sexuelle Ausbeutung begreifen.

Darüber hinaus spricht vieles dafür, daß die jeweiligen Einstellungen der Forscher zum Thema, seien sie nun explizit formuliert oder nicht, einen entscheidenden Einfluß auf die Ergebnisse haben.

Die Befragten rekonstruieren ihre Biographie immer auch mit Hilfe der jeweiligen gesellschaftlichen Angebote und der Angebote der Fragenden. Gerade das Thema sexueller Mißbrauch ist dafür ein eindrucksvolles Beispiel. Das sprunghafte Ansteigen der Fälle von sexuellem Mißbrauch und insbesondere von inzestuösem Mißbrauch in den letzten Jahren ist möglicherweise auch darauf zurückzuführen, daß tatsächlich die Anzahl sexueller Übergriffe zugenommen hat.[3] Zum größeren Teil ist die gewachsene Zahl der Fälle jedoch auf das veränderte gesellschaftliche Klima zurückzuführen. Die "Erlaubnis", sich an (inzestuöse) Mißbrauchserlebnisse zu erinnern und sie zu thematisieren, wächst ebenso wie die Möglichkeiten, Hilfe zu finden.[4]

Was größere empirische Untersuchungen angeht, so hat in der BRD vor allem die nach wie vor häufig zitierte Längsschnittuntersuchung bei Opfern angezeigter Sexualkontakte in Niedersachsen von Michael Baurmann (1984) die Diskussion beeinflußt.[5]

---

3   Diese Ansicht vertritt Russell (a.a.O.) u.a. aufgrund der Ergebnisse ihrer Untersuchung. Sie nennt dafür mehrere Gründe. Eine Ursache sieht sie in der Zunahme von Kinderpornographie und Sexualisierung von Kindern. Auf die Sexualisierung auch sehr junger Mädchen in der Werbung und den Medien überhaupt macht auch Elisabeth Fey (1988) aufmerksam. Als zweites nennt Russell die sexuelle Revolution, mit der die Akzeptanz von sexuellen Beziehungen zu Kindern gestiegen ist. Eine dritte Ursache sieht sie mit Hinweis auf die Aussagen G. Steinems darin, daß viele Männer Bestätigung, Bewunderung und ein Gefühl von Macht bei Kindern suchen, weil sie dies bei Frauen nicht mehr bekommen. Schließlich nennt Russell die steigende Anzahl von Familien mit Stiefvätern als Ursache für die Zunahme inzestuösen Mißbrauchs: das statistische Risiko, vom Stiefvater mißbraucht zu werden, ist wesentlich größer als das Risiko, vom leiblichen Vater mißbraucht zu werden.

4   Ich gehe davon aus, daß sich in den nächsten Jahren mehr Frauen auch an sehr frühe Erlebnisse erinnern werden. Das "statistische" Durchschnittsalter der Betroffenen wird abnehmen. Von einer solchen Tendenz berichtet Wildwasser in Berlin: hier kommen im Durchschnitt zunehmend jüngere Kinder in die Beratung.

5   Baurmann untersuchte von 1969 - 1972 nahezu alle angezeigten "strafbaren Sexualkontakte" in Niedersachsen - insgesamt 8058 - mittels eines ausdrücklich opferorientierten Fragebogens, außerdem fanden Begleituntersuchungen statt.
    Er legt folgende Ergebnisse vor: Die Täter waren fast ausschließlich männlich (99,6%), vorwiegend im Alter von 25 bis 35 Jahren. Nicht nur waren die meisten Täter relativ jung, die jüngeren Männer waren auch gewalttätiger als die älteren. Ein Drittel der von Männern zwischen vierzehn und fünfundzwanzig Jahren begangenen Sexualdelikte war gewalttätig. Dagegen waren es bei den Tätern über fünfundvierzig Jahren nur noch 7,2%.
    Die Opfer waren zu 80 -90% weiblich, davon zwei Drittel zwischen sieben und dreizehn Jahren. Die betroffenen Altersgruppen sind allerdings je nach "Deliktart" verschiedene. Beim se-

Viele Autoren jonglieren mit der "Dunkelziffer" (vgl. z.B. Kavemann/Lohstöter, 1984, 1985).
Die Dunkelfeldberechnungen aufgrund angezeigter Fälle sind allerdings zweifelhaft. Zum einen gibt die Kriminalstatistik selbst keine zuverlässige Auskunft über die Häufigkeit sexueller Übergriffe. "Angaben der polizeilichen Kriminalstatistik sagen nichts über die tatsächliche Häufigkeit des angezeigten Deliktes aus. Sie spiegeln lediglich die Anzeigebereitschaft der Bevölkerung wider sowie die Bereitschaft der Polizei, derartige Anzeigen aufzunehmen. Beides braucht miteinander nichts zu tun zu haben." (Weis, 1982, S. 45)
Zum zweiten macht Elke Heinsen darauf aufmerksam, daß die als "Dunkelziffer" verwendete Angabe von 1:20 ursprünglich das Verhältnis von bekannt gewordenen Tatverdächtigen zu tatsächlich Verurteilten meinte und nicht das Verhältnis von bekannten und tatsächlich begangenen Straftaten (vgl. ebd., 1982).
Insgesamt vielversprechender als die Beschäftigung mit Polizeistatistiken sind Studien mit großen Zufallsstichproben oder repräsentativen Stichproben.
Um den schwierigen empirischen Zugang zur Problematik zu beleuchten, habe ich mich dafür entschieden, nicht ein Fazit aus verschiedenen Studien zu geben, sondern die - sehr überzeugende, aber in der BRD zuwenig bekannte - Studie von Diane Russell, "The Secret Trauma. Incest in the Lives of Girls and Women" (1986) in einigen Ergebnissen zu rezipieren. Die Ergebnisse Russell's sind verallgemeinerbar. Wo sie sich vom derzeitigen Stand der Diskussion unterscheiden, weise ich darauf hin.

Russell definiert inzestuösen Mißbrauch wie folgt:

1. The respondent had to be less than eighteen years of age at the onset of the sexual contact or attempted contact.
2. Sexual contact of a physical nature had to have occurred or been attempted by a relative; exhibitionism and verbal propositions did not qualify as incestuous abuse.
3. Incest included sexual contact with all relatives, no matter how distant the relationship, no matter whether they were related consanguineally or not.

---

xuellen Mißbrauch (Baurmann legt die juristischen Definitionen zugrunde) waren die Opfer zwischen sieben und dreizehn Jahren alt, im Bereich der Vergewaltigung waren hauptsächlich junge Frauen zwischen vierzehn und zwanzig Jahren gefährdet. Sexueller Mißbrauch betrug 35,5% der angezeigten Straftaten, Vergewaltigung und Nötigung 6,3%; 23% waren exhibitionistische Delikte.
Der "Bekanntschaftsgrad" zwischen Täter und Opfer ist eine entscheidende Größe beim sexuellen Mißbrauch. Baurmann kommt nicht nur zu dem Ergebnis, daß sich in den meisten - angezeigten, nicht in den zur Verurteilung führenden - Fällen Täter und Opfer vor der Tat kennen, sondern daß auch mit zunehmendem Bekanntschafts- und Verwandtschaftsgrad die "Intensität" der sexuellen Handlungen und die Drohung mit oder Anwendung von Gewalt zunehmen.

4. If the relative with whom the respondent had sexual contact or who attempted sexual contact was five years or more older than the respondent, the experience qualified as abusive regardless of whether or not she considered it to be a neutral or positive experience.

5. If the relative was less than five years older than the respondent, the experience qualified as abusive if there was evidence that it was unwanted, for example, if it was initiated by the relative and caused the respondent some degree of distress or some long - term effects, either at the time or in retrospect." (ebd., S. 55)

Von den 930 befragten Frauen berichteten 38% über mindestens eine Erfahrung von sexuellem Mißbrauch vor ihrem achtzehnten Lebensjahr. 31%, 290 Frauen, berichteten über sexuelle Übergriffe außerhalb der Familie. (Die Definition von extrafamilialem Mißbrauch ist bei Russell enger gefaßt als bei inzestuösem Mißbrauch, nämlich "involving petting or genital sex" (ebd. S.60).) 16%, also 152 Frauen, berichteten über inzestuösen Mißbrauch. (Die größere Gesamtzahl gegenüber der ersten Angabe kommt dadurch zustande, daß einige Frauen sowohl innerhalb als auch außerhalb der Familie sexuelle Ausbeutung erfuhren.)

Im Gegensatz zu der inzwischen verbreiteten Meinung, sexueller Mißbrauch innerhalb der Familie sei immer ein Wiederholungsdelikt, berichteten 43% der Frauen, daß es sich um ein einmaliges Erlebnis handelte, "nur" in 34% der Fälle wiederholte sich die sexuelle Mißhandlung über einen Zeitraum von mehr als zwei Jahren, in 6% der Fälle über einen Zeitraum von mehr als zehn Jahren.

65% der Fälle verliefen ohne Gewaltanwendung. Bei 23% wurde der Mißbrauch als "very severe" eingestuft, d.h., er beinhaltete versuchte oder ausgeführte genitale, orale oder anale Vergewaltigung.

In 11% der Fälle begann die sexuelle Mißhandlung vor dem 5. Lebensjahr der Opfer, bei 19% im Alter zwischen sechs und neun, bei 41% im Alter zwischen zehn und dreizehn, und bei 29% im Alter zwischen vierzehn und siebzehn. Die beiden jüngsten Opfer waren zwei Jahre alt. Zwei Drittel der Mädchen waren zu Beginn des inzestuösen Mißbrauchs zwischen zehn und dreizehn Jahren alt. Russell nimmt an, daß die geringe Anzahl sehr junger Opfer mit Erinnerungsproblemen zu tun haben könnte.

Der Altersunterschied betrug in 16% der Fälle vierzehn Jahre oder mehr, in 39% der Fälle zwischen zwanzig und neunundzwanzig Jahren, 30% der Täter waren fünf bis neunzehn Jahre älter, 13% waren weniger als fünf Jahre älter und 2% waren im gleichen Alter oder jünger als ihre Opfer. (Die letztgenannten 15% würden von den meisten Forschern nicht als Fälle von sexuellem Mißbrauch eingestuft werden.)

In 68% der Fälle geschah der Mißbrauch im Zuhause des Täters, des Opfers oder im gemeinsamen Zuhause.

Weder bei den Tätern noch bei den Opfern und ihren Familien fand Russell soziale Faktoren, die sie wesentlich von anderen unterscheiden. Das einzige Ergebnis über die Herkunft: In der Gruppe mit dem höchsten Einkommen waren die Inzestopfer deutlich überrepräsentiert. Dies steht im Gegensatz zu anderen Untersuchungen.

Unter den Inzestopfern waren wesentlich mehr geschiedene Frauen als in der Kontrollgruppe. Viele vormals protestantische und katholische Frauen hatten sich von ihrer Religion abgewandt.[6] Doppelt soviele Frauen wie in der Kontrollgruppe waren nicht in einem festen Arbeitsverhältnis. Ihr sozialer Status unterschied sich im übrigen nicht von dem der Frauen der Kontrollgruppe, wie möglicherweise aufgrund ihrer Herkunft und Schulbildung zu erwarten gewesen wäre.

Keine der Frauen in Russells Untersuchung hatte nach ihren Aussagen den ersten sexuellen Kontakt mit dem Mißbraucher initiiert. Fast dreiviertel der befragten Frauen (74%) berichteten von Widerstand, von ihren Versuchen, den Mißbrauch zu beenden bzw. seine Eskalation zu verhindern. Die betroffenen Mädchen leisteten körperlichen Widerstand - so berichtet eine Frau, daß sie sich als Zehnjährige mit einer Rasierklinge zur Wehr setzte -, sie schrien, drohten, jemanden zu informieren, versuchten wegzulaufen oder - sehr häufig - dem Täter aus dem Weg zu gehen. Die Forscherinnen kamen zu dem Schluß, daß es in 44% der Fälle die Initiative des Opfers war, die den Mißbrauch beendete. Oft blieb der Widerstand der Mädchen jedoch erfolglos.

Aus den Berichten entsteht das Bild eines zähen, einsamen Kampfes der Betroffenen. Die Mutter des Mädchens wird auf beiden Seiten, auf der Seite des Täters wie der des Opfer, als symbolische Unterstützung herangezogen. Die Drohung seitens des Mädchens, die Mutter zu informieren, erwies sich in Russels Studie in vielen Fällen als effektive Strategie. Andererseits hinderte die Angst vor der Reaktion der Mutter manche Mädchen daran zu sprechen.

Allerdings ist sexueller Mißbrauch insgesamt nicht so geheim wie allgemein angenommen. Nur 5% der Frauen sagten aus, sie hätten ihre Erfahrungen nie jemandem mitgeteilt, und niemand wüßte davon. Die meisten, von denen es darüber Aussagen gab, hatten zu Beginn der Mißhandlung oder zu einem späteren Zeitpunkt zumindest versucht, sich jemandem anzuvertrauen.

Die Auswirkungen von inzestuösem Mißbrauch untersucht Russell zum einen mit Hilfe einer "subjective trauma variable", die sich zusammensetzt aus den Aussagen der Opfer über die Langzeitfolgen und über das Ausmaß, in dem sie sich zu der Zeit des inzestuösen Mißbrauchs durch diesen schockiert, verletzt, beeinträchtigt fühlten. Zum zweiten wurden die Folgen sexueller Ausbeutung mit Hilfe einer Reihe von Variablen, die die Lebensumstände der Frauen kennzeichneten, untersucht. Die Ergebnisse von "subjektiver" und "objektiver" Herangehensweise stimmten dabei in hohem Maße überein.

---

6   Ineke Jonker weist auf die besondere, bislang wenig beachtete Problematik von Inzest und Religion hin. Religiöse Mädchen, die sexuell mißbraucht werden, leben mit der Überzeugung, von Gott bestraft zu werden oder von ihm verlassen worden zu sein. Manche fühlen sich schuldig, weil ihnen etwas widerstrebt, das Gott zuläßt, also wünscht. (Vortrag auf dem internationalen Kongreß gegen sexuellen Mißbrauch in Zürich 1987)

Ich möchte hier nur einige der Ergebnisse anführen: Russell findet einen eindeutigen Bezug zwischen der Art des sexuellen Mißbrauchs und seiner Auswirkung auf das Opfer. Je weitgehender die sexuellen Handlungen waren, denen das Opfer ausgesetzt war, desto wahrscheinlicher war eine stark traumatisierende Wirkung. Ebenfalls gibt es einen solchen Zusammenhang zwischen Gewalttätigkeit und Trauma. Schließlich gibt es einen Zusammenhang zwischen traumatisierender Wirkung und der Person des Täters. Der Mißbrauch durch Vater/Stiefvater war für mehr als 80% der Frauen extrem traumatisch, gefolgt vom Mißbrauch durch Brüder (60%).

Erschreckend deutlich ist bei den "objektiven Variablen" das Phänomen der "Reviktimisierung". Frauen, die inzestuös mißbraucht worden waren, wurden mit doppelt so großer Wahrscheinlichkeit wie die anderen Frauen der Untersuchungsgruppe in ihrem späteren Leben erneut sexuell mißbraucht. Sie wurden auch mit größerer Wahrscheinlichkeit (dreimal so häufig) Opfer von Vergewaltigung oder Mißhandlung in ihrer Ehe. Viermal so häufig wie die übrigen Frauen der Untersuchungsgruppe wurden die vom Vater sexuell mißbrauchten Frauen dazu aufgefordert, sich für Pornographie zur Verfügung zu stellen bzw. pornographische Szenen in ihrer sexuellen Beziehung "nachzuspielen".[7]

Die Gruppe der Inzestopfer in Russells Studie unterschied sich von den anderen Frauen durch ihre Haltung und ihr Wissen über sexuelle Gewalt bis hin zu der Tatsache, daß sie mit größerer Wahrscheinlichkeit eine Frau, die vergewaltigt worden war, persönlich kannten (oder darum wußten).

Soweit Russells Ausführungen über die Opfer sexueller Ausbeutung in der Familie. Im folgenden werde ich noch einige Ergebnisse bezüglich der Täter referieren.

Vorab: In Russells Studie war die Mehrzahl der Täter nicht mit ihren Opfern verwandt. 11% waren Fremde, 60% Bekannte, 29% Verwandte. Insgesamt 5% waren Frauen. "We must be careful that we do not simply replace the old myth that perpetrators are usually strangers with a new one, that they are usually relatives." (ebd., S. 219)

Die größte Gruppe der Inzesttäter waren die Onkel der Mädchen (25%), gefolgt von den Vätern und Stiefvätern (24%) (0), dann folgten die Vettern (16%) und die Brüder (12%). 6% der Täter waren die Großväter der Betroffenen.

Das Durchschnittsalter der Täter betrug dreiunddreißig Jahre. Über ein Viertel von ihnen war unter achtzehn Jahren alt. Demnach ist sexueller Mißbrauch zu einem wesentlichen Teil ein Delikt jugendlicher Täter, auch dies im Gegensatz zur Alltagstheorie.

---

7   Diese Tatsachen sagen zum einen etwas über die Schwierigkeit dieser Frauen aus, sich zu wehren, in welcher Form auch immer. Sie zeigen weiter die Abhängigkeitssituation, in der sich viele Frauen, z.B. jugendliche Ausreißerinnen befinden, die sich den Luxus der Wahl oder der Verweigerung nicht leisten können. Und sie sagen etwas über die Fähigkeiten von Männern aus, Abhängigkeit und Hilflosigkeit auszunutzen bzw. sich davon angezogen zu fühlen. (Zum Problem der Reviktimisierung vgl. Finkelhor/Browne, 1985).

Statistisch signifikante Zusammenhänge bestanden zwischen der Person des Täters, seinem Verwandtschaftsverhältnis zum Opfer, der Häufigkeit des Mißbrauchs, seiner Dauer, dem Grad der Gewalttätigkeit und den sexuellen Handlungen.

Zu den "Wiederholungstätern" (elf Übergriffe und mehr) gehörten als größte Gruppe die Väter und Stiefväter, gefolgt von Großvätern. Die weiblichen Verwandten mißbrauchten ihr Opfer meist "nur" einmal. Die Dauer der Mißbrauchsbeziehung über mehr als ein Jahr war am wahrscheinlichsten, wenn der Täter der Großvater war, gefolgt von Onkeln, Vätern und Stiefvätern, also in Kontakten über die Generationsschranke hinweg.

Dagegen waren die Väter, Stiefväter, Onkel und Großväter diejenigen, die am seltensten körperliche Gewalt zur Durchsetzung ihrer Interessen zu Hilfe nahmen (oder nehmen mußten).

Inzestuösen Mißbrauch mit sehr weitgehenden sexuellen Handlungen verübten vor allem die Väter/Stiefväter, nie Großväter oder weibliche Verwandte. In einem Drittel der Fälle sagten die befragten Frauen, sie wüßten mit Bestimmtheit, daß der Täter auch noch andere Verwandte mißbraucht hat.

Soweit die allgemeinen Daten. Im folgenden befasse ich mich genauer mit dem Vater/Stiefvater - Tochter/Stieftochter - Inzest.

4,5% der befragten Frauen waren von Vater - Tochter - Inzest bzw. Stiefvater - Stieftochter - Inzest betroffen.

Nach Russell ergibt sich eine große Häufigkeitsdifferenz zwischen biologischen Vätern und Stiefvätern. Während jede sechste Frau, die einen Stiefvater als Hauptbezugsperson hatte (im Unterschied zu wechselnden Partnern der Mutter, die nur ein kurzes "Gastspiel" im Leben der Mädchen gaben), von ihm sexuell mißbraucht wurde, wurde "nur" jedes 43. Mädchen von ihrem biologischen Vater mißbraucht (ebd. S. 234). Daß ein Stiefvater für ein Mädchen einen "Risikofaktor" darstellt, wird in anderen Studien bestätigt.

Stiefväter und biologische Väter unterschieden sich auch in der Art und Weise, in der sie ihre Töchter sexuell ausbeuten. Der Anteil der Täter, die ihre Töchter "nur" einmal mißbrauchten, war kleiner (18% gegen 48% bei den biologischen Vätern), die Gruppe der Stiefväter, die dies zwanzigmal und häufiger taten, war wesentlich größer als bei den biologischen Vätern (41% gegen 12%), ebenso war die Zeitspanne, über die sich die Mißbrauchsbeziehung erstreckte, bei den Stiefvätern im Durchschnitt länger. Schließlich waren Tendenzen sichtbar, daß Stiefväter ihre Töchter häufiger bedrohen und in den sexuellen Handlungen weiter gehen als die biologischen Väter (und als alle anderen männlichen Verwandten).

Wo liegen die gesellschaftlichen und individuellen Gründe, aus denen heraus ein Mann zum Inzesttäter wird? Die Täterforschung hat den sozialen Hintergrund des Täters betrachtet, seine Biographie, insbesondere seine Familiengeschichte, seine Persönlichkeitsstruktur.

Der soziale Hintergrund der Täter, ihre Schichtzugehörigkeit, ihr Bildungsstand und ihre Berufstätigkeit, ihre Einkommensverhältnisse, ihre Religionszugehörigkeit etc., geben keine zufriedenstellenden Anhaltspunkte für die Ursachenerklärung. Nach meinem Eindruck gingen die Täterforscher in aller Regel von der Besonderheit dieser Männer und ihrer Familien aus. Ihr Ansatzpunkt ist nicht die Frage nach den Zusammenhängen individueller Täterschaft mit Strukturen männlicher Geschlechtsidentität, ihr Blick richtet sich nicht auf die augenfälligste Gemeinsamkeit von Inzesttätern: ihr Geschlecht.

Ich möchte mich hier nicht damit aufhalten, die offen oder versteckt sexistischen Muster vor allem der älteren Literatur erneut der Empörung zugänglich zu machen.[8]

Statt dessen möchte ich Kategorien anführen, die meiner Ansicht nach fruchtbare Ansätze für das Verständnis des männlichen Geschlechtscharakters und die Arbeit mit Tätern bieten können: Inzesttäter sind bereit, ihre Macht über Kinder auszunutzen, sie mit vielen ausgefeilten Strategien durchzusetzen, zu erweitern und möglichst dauerhaft zu etablieren, und sie ziehen Genuß aus der Abhängigkeit der Betroffenen. Die Täter zeichnet die Unfähigkeit oder der Unwille aus, die innere Realität und die Integrität ihrer Opfer wahrzunehmen und zu achten. Sie sind unfähig zu lebendigem und das Gegenüber respektierenden Kontakt. Sie sind der Überzeugung, daß ihre eigenen Bedürfnisse Vorrang vor denen anderer haben. Sie sind unfähig, Verantwortung für ihre Handlungen zu übernehmen und versuchen stattdessen, die Verantwortung außerhalb ihrer eigenen Reichweite zu verlagern, sich ihrerseits als Opfer zu sehen (vgl. Hirsch, a.a.O.). Schließlich verfügen sie über die Möglichkeit, ihre Sexualität mit Gewalt oder mit Gleichgültigkeit zu verbinden.

Die Töchter

Sexuelle Ausbeutung ist die Entwertung, Bedrohung, Verletzung, Negierung der betroffenen Frau oder des betroffenen Mädchens. Der Täter entsubjektiviert sein Opfer; im Akt der Vergewaltigung macht er aus einer Person ein Objekt seiner Wünsche. Die zentrale Botschaft an das Mädchen oder die Frau lautet, daß sie als Person mit Wünschen, Rechten, Grenzen, mit Identität nicht existiert und nicht existieren darf. Für das betroffene Mädchen, dessen Wille dem Willen des Täters entgegengesetzt ist, gibt es, da sie von ihrem Vater und ihrer Familie abhängig ist, oft nur die Möglichkeit, den eigenen Willen zu verdrängen oder zu verurteilen, d.h., den eigenen Willen ihrerseits zu vergewaltigen.

Ein Mädchen, das vom Vater vergewaltigt wird, konstruiert seine Identität in einer die gesamte Existenz durchdringenden Realität sexueller Gewalt. Dies ist ein Prozeß, der verletzend und zerstörerisch ist, der Widerstand und den Versuch, die

---

8   vgl. z.B. Forward/Buck, 1988, Justice/Justice, 1979, Maisch, 1968, zur Rezeption der Literatur vgl. Hirsch, a.a.O., Rijnaarts, a.a.O.)

eigenen Erfahrungen zu verstehen einschließt, zu bewältigen - auf welche Art auch immer - und mit diesen Erfahrungen zukünftig zu leben und zu handeln.

Jede Betroffene verarbeitet die Inzesterfahrung auf die ihr eigene individuelle Weise. Die psychischen und physischen Folgen sind vielfältig, alle verweisen sie auf tiefe Verstörung und Beeinträchtigung. Immer benannte Gefühle, die Frauen auch noch in ihrem erwachsenen Leben, nach der Beendigung des inzestuösen Mißbrauchs begleiten, sind mangelndes Selbstgefühl, Ängste, diffuse Lebens- und Todesangst, Ekel, Scham- und Schuldgefühle, Wut und Haß, die sich oft gegen die eigene Person richten (müssen), Mißtrauen gegen sich selbst und andere, Schwierigkeiten mit Kontakt und Beziehungen und sexuelle Probleme.

Depressionen, Süchte und tiefgreifende Schwierigkeiten mit den eigenen (sexuellen) Grenzen sind häufige Probleme der betroffenen Frauen (vgl. Armstrong, 1985, Kavemann/Lohstöter, 1984, 1985, Rush, a.a.O., Wirtz, a.a.O.).

Sexueller Mißbrauch durch den Vater, durch die Person, die das Mädchen eigentlich lieben und schützen sollte - und es oft genug "offiziell" auch tut -, schädigt oder zerstört grundlegende Instrumente, die zur Entwicklung und Aufrechterhaltung von Identität notwendig sind, nämlich das Instrument der Wahrnmnehmung und die Fähigkeit, flexible Grenzen aufzubauen. Die Folge ist eine tiefgehende existentielle Unsicherheit.

Im Leben eines sexuell mißbrauchten Mädchens existieren zwei Realitäten nebeneinander: die einsame Realität der sexuellen Gewalt und die "normale" Realität, in der es auf die andere keine Hinweise gibt, auch wenn beide dicht beieinander liegen oder sich überschneiden. Dies ist ein Grund, der es dem Mädchen schwer oder unmöglich macht, der eigenen Wahrnehmung zu trauen. Der zweite Grund liegt darin, daß das Mädchen aus verschiedenen Gründen gezwungen ist, die Gefühle, die durch die Übergriffe in ihr ausgelöst werden, zu verdrängen, umzulenken oder abzuspalten, in jedem Fall: in sich zu behalten. Es gibt in ihrer Situation keine Möglichkeit, ihnen adäquaten Ausdruck zu verleihen. Gefühle müssen abgespalten werden, weil sie unerträglich sind und weil sie keinen Ausdruck finden können. Sie müssen geleugnet werden, weil der, gegen den sie sich richten, der Vater ist, eine Person also, der eigentlich andere Gefühle gelten sollen. Möglicherweise ist das Mädchen emotional gezwungen, sich selbst für seine negativen Gefühle gegen den Vater zu beschuldigen. In jedem Fall geht die Fähigkeit verloren, Gefühle zu spüren, zuzuordnen und auszudrücken.

In engem Zusammenhang mit der Fähigkeit zur Wahrnehmung steht die Fähigkeit, Grenzen zu setzen oder fallenzulassen. Sie ist eine Voraussetzung für den Kontakt mit anderen und dafür, die eigene Person zu spüren. Sexueller Mißbrauch zerbricht auf brutale Art die Grenzen des Körpers und damit auch die seelischen Grenzen des Opfers. Als Folge dieser Verletzung errichten viele Frauen starre Grenzen um sich herum, die sie aus Angst, sie zu verlieren, nicht öffnen können. Das Ergebnis sind innere Isolation und Einsamkeit.

Sichtbar wird schon in dieser Skizze das zerstörerische Potential der inzestuösen sexuellen Ausbeutung (und jeder sexuellen Ausbeutung).[9]

Ursula Wirtz spricht von "Seelenmord" als einer möglichen Kennzeichnung von Inzest. "Seelenmord hat mit Unmenschlichkeit zu tun, mit der Vernichtung dessen, was einen Menschen ausmacht, mit einem Angriff auf die menschliche Würde und Identität. Aus diesem Grund finden wir die Bezeichnung Seelenmord besonders im Kontext jener Verbrechen, die wir als Holocaust kennen. ... Seelenmord hat immer mit Macht zu tun, mit dem Wunsch nach Vernichtung und Zerstörung der Persönlichkeit." (ebd., S. 20,)

Das Ausmaß von Zerstörung durch inzestuösen Mißbrauch ernstzunehmen, darf jedoch nicht dazu führen, die betroffenen Mädchen und Frauen zu einer Gruppe unheilbar Geschädigter zu stilisieren und sie damit aus der Gruppe der "anderen", der "normalen" Frauen auszugrenzen (und das Thema Männergewalt gegen Frauen ebenfalls aus der Normalität in Welten finsteren Grauens auszugrenzen). "Melodrama ist eine endgültige Fallgrube für dieses Thema. Schon sehen wir wandelnde, sprechende Inzestopfer über unsere Fernsehschirme geistern - sie reden mit gebrochener Stimme. Man fragt sich, ob sie nun für alle Zeiten die Narben an sich tragen werden. Sexueller Mißbrauch wird ins Außerirdische gerückt, als hätten wir, die wir ihn erfahren haben, die Grenze dieser Welt überschritten und sprächen von der anderen Seite - so als seien wir zu einem Dauerzustand von Tränen und Trauer verurteilt. Es ist eigenartig: es scheint, als suche man Vergeltung an den Objekten des verletzten "Tabus", nicht an den Verletzern". (Armstrong, a.a.O., S.258) Mädchen und Frauen, die von Inzest betroffen sind oder waren, sind Opfer, deren Persönlichkeit an zentraler Stelle angegriffen wurde, sie sind auch Frauen mit Widerstandskraft, Aktivität, Wissen und Lebensfreude.

Nach meiner Überzeugung ist es notwendig, beides zu sehen, und es ist notwendig, beides auszuhalten: das Grauen, das traumatische, zerstörerische des Inzests und seine Verbindung zur Normalität.

Und die Mütter? Wenn man sich die verzweifelte Situation des betroffenen Mädchens vor Augen hält, liegt es nahe, nach der Mutter zu fragen: sie war die ganze Zeit dabei, sie hat nicht geholfen. Der Haß sexuell mißbrauchter Mädchen auf die Mutter, die sie nicht geschützt hat, ist oft stärker als der Haß auf den Vater, der sie verletzt hat. Für mich ist dieser Mutterhaß der betroffenen Mädchen - und Frauen - etwas zutiefst ambivalentes. Einerseits ist er notwendig: die Mutter hat das Mädchen, ob absichtlich oder unabsichtlich, alleine gelassen, sie hat sie verraten, sie ist mit dem Mann zusammen, der das Mädchen verletzt bzw. verletzt hat. Sie hat die Frau verraten und sich dem Mann zugewandt. Und es ist eine Falle für Frauen, Verständnis zu haben, anstatt wütend zu sein, mit dem Verständnis für andere den Zorn auf sie zuzudecken, Verantwortung zu übernehmen für andere, auf

---

9   Niederländische Therapeutinnen sprechen von Inzestopfern als von "Schlachtopfern". Sie benutzen Therapieverfahren der "Traumaverarbeitung", die zur Behandlung der psychischen Störungen von Kriegsüberlebenden, "Kriegshelden" entwickelt wurden. (pers. Gespräch mit Judith Rothen)

Kosten der eigenen Person. Andererseits bedeutet Haß gegen die Mutter, daß die Konflikte zwischen den betroffenen Frauen verteilt und ausgehandelt werden: der Mann, der Täter, wird aus der Verantwortung entlassen. Hier wiederholt sich das destruktive Konzept der Solidarität mit dem Mann auf Kosten einer Frau.

Und schließlich: eine Frau, die ihre Mutter nur hassen kann, muß zu einem gewissen Grad auch sich selbst hassen.

Die Mütter

In der Inzestliteratur, v.a. aus dem klinischen Bereich, ist viel von der Mutter des Inzestopfers, der Ehefrau des Täters, die Rede. "Nach meinem Eindruck ist sie von allen Familienmitgliedern am besten untersucht worden, sie hat auch am meisten Aggressionen auf sich gezogen." (Hirsch, a.a.O. S.116) Letzterem kann nur zugestimmt werden. Die Aussagen über die Mütter sind oft unverhüllt feindselig, oft weitaus feindseliger als die über die Täter. Daneben exisitiert die Position, die Mutter sei aufgrund ihrer Stellung als Frau in der Männergesellschaft ebenso Opfer wie ihre Tochter und benötige entsprechende Hilfe, um sich aus ihrer Abhängigkeit zu befreien. Vor allem in neueren Publikationen zeigen Tendenzen, die Frauen weder blind zu verurteilen noch ebenso blind zu verteidigen. Schuldzuweisungen an die Mütter bleiben jedoch nach wie vor ein unübersehbares Muster in der Inzestliteratur.

Es scheint sehr schwierig zu sein, ein differenziertes Bild der Frauen zu zeichnen, eines, das sie weder zur Täterin noch zum passiven Opfer stilisiert. Bislang hat sich jedenfalls kaum jemand für sie als eigenständige Personen interessiert. Das Bild der Mutter und Ehefrau in der Inzestliteratur, das meist nicht zum Bild einer Frau wird, setzt sich im wesentlichen aus den Aussagen ihrer Töchter und ihrer Ehemänner über sie und den Deutungen von Wissenschaftlern und Therapeuten zusammen. Zwischen diesen Gruppen gibt es im Hinblick auf die Auffassungen über Mütter einen gewissen Austausch. So macht z.B. Finkelhor darauf aufmerksam, daß Wissenschaftler und Therapeuten das Bild der Mutter von den Opfern übernommen hätten (vgl. Finkelhor, 1979).[10] Das wird sehr deutlich, wenn die Mutter als Mitwisserin bezeichnet wird. Hierfür genügt oft die Annahme einer Frau, ihre Mutter müsse etwas von dem Inzest gewußt haben. Gleichzeitig übernehmen jedoch auch die betroffenen Frauen von ihren Therapeuten, aus der Literatur etc. Interpretationen des mütterlichen Handelns und Fühlens. "Gewiß, Inzest-

---

10 Dies wird gerade auch bei manchen Therapeuten, die parteilich gegenüber inzestuös mißbrauchten Frauen sind, deutlich. Es scheint, als würde die Betroffenheit über das, was Kindern in der Familie angetan wird - im Falle der sexuellen Ausbeutung durch den Vater -, auch bei ihnen schnell in Zorn über diejenigen verwandelt, die es nicht verhindert haben. Und wer wäre ein besserer Adressat dieses Zorns als die Mütter, die die Verursacherinnen sovieler kindlicher Verletzungen sind?

forscher, Sozialarbeiter und Therapeuten müssen die Gefühle sexuell mißbrauchter Töchter gegenüber ihren Müttern respektieren, sie sollten sich aber auch fragen, wie diese Gefühle entstanden sind. Auch Inzestopfer unterliegen dem Einfluß unserer Kultur, die Müttern das Unmögliche abverlangt, nämlich alles zu hören, alles zu sehen und ihre Kinder vor allem Übel zu bewahren." (Rijnaarts, a.a.O, S.166)

Die Beschäftigung der Experten - und der Opfer - mit der Mutter und Ehefrau kreist um die Frage, warum sie die sexuelle Ausbeutung ihrer Tochter durch den Vater nicht verhindert hat, ob sie es nicht konnte und wenn nein, warum nicht, oder ob sie es nicht wollte und wenn nein, warum nicht? Die Antworten konzentrieren sich auf ihre Macht und auf ihre Sexualität. "Sexualität" ist das, was sie dem Mann geben oder verweigern kann - wodurch sie Macht erhält -, was sie ihrer Tochter verbietet, verweigert und was im Mittelpunkt ihrer Rivalität mit der Tochter steht. "Macht" steht in Zusammenhang mit dem adäquaten Ausfüllen ihrer familiären Aufgaben, ihrer "Rolle". Die Ausführungen über ihre Persönlichkeit handeln von der Frage, ob sie über die emotionalen und sexuellen Möglichkeiten verfügt, um ihren familiären Aufgaben nachzukommen. Eine verneinende Antwort impliziert meist ein vernichtendes Werturteil über sie. Ein zentraler Punkt der Literatur ist das Schweigen der Mütter.

Das Schweigen der Mütter

"Wie kann die eigene Tochter in der eigenen Wohnung jahrelang mißbraucht werden, ohne daß die Mutter es wahrnimmt und einschreitet? Wir konnten es uns kaum vorstellen." (Kavemann/Lohstöter, 1984, S. 89) Viele Autoren - in Übereinstimmung mit der Alltagstheorie - können es sich nicht vorstellen. Sie gehen davon aus, daß sexuelle Ausbeutung der Tochter durch den Vater ohne die Duldung, Zustimmung, Beteiligung der Mutter - bewußt oder unbewußt - nicht stattfinden kann. Diese Überzeugung bestimmt ihre Interpretation der Geschehnisse.

Im Gegensatz dazu sind andere - oft, aber nicht immer feministisch orientierte Autorinnen - der Auffassung, in vielen Fällen wisse die Mutter nichts von der sexuellen Ausbeutung ihrer Tochter (vgl. Forward/Buck, a.a.O, Hildebrand, 1986, Armstrong, a.a.O., Rijnaarts, a.a.O.).

Ohne Zweifel gibt es Mütter, die die sexuelle Mißhandlung der Tochter durch einen Mann dulden, sie initiieren und/oder sich daran beteiligen, und es gibt Mütter, die selbst ihre Töchter sexuell ausbeuten. Nach bisherigem Wissensstand handelt es sich dabei um eine kleine Gruppe (vgl. Finkelor, 1984).

Die Inzestliteratur widmet sich vor allem der indirekten oder unbewußten Mitwisserschaft und Beteiligung der Mutter, sie wird als "silent partner" aufgefaßt, die den Inzest nicht sehen will, weil sie aus seiner Existenz Gewinn zieht (vgl. Forwawrd/Buck, a.a.O.). Mitwisserschaft oder vermutete Mitwisserschaft wird gleichgesetzt oder verbunden mit aktiver Beteiligung. Auch Unterlassen ist Beteiligung (vgl. Finkelhor, 1984, Forwawrd/Buck, a.a.O).

Ein konkreter Vorwurf an die Mutter lautet, sie hätte Hinweise für den sexuellen Mißbrauch übersehen bzw. übersehen wollen (vgl. Hirsch, a.a.O.). Wie die Frau das tun soll, wie sie den klaren, den mißtrauischen, den unerbittlichen Blick auf ihren Mann lernen und ausagieren und aushalten soll, das wird allerdings in der Inzestliteratur ausgeklammert, die ihrerseits auf eine beachtliche Tradition der Entschuldigung der Täter zurückblicken kann.

Die Anzeichen, die eine Mutter hätte sehen sollen, reichen von vergleichsweise harmlosen Phänomenen - sie hätte merken sollen, daß der Vater nur deshalb die Hilfe der Tochter im Keller wünscht, weil er sie dort sexuell mißbrauchen will (vgl. Hirsch, a.a.O. S. 119) - bis zu direkteren Anhaltspunkten - sie hat den Mann am Bett der Tochter gefunden, die Hände unter der Decke (vgl. Dorpat, 1982). "Mütter können geradezu quälend naiv sein", schreibt Rijnaarts. Manche Frauen bezeichnen sich auch selbst im nachhinein als naiv. "Hätte ich solche Szenen in anderen Familien erlebt, wäre mir unweigerlich ein Licht aufgegangen, aber so hatte ich nichts gesehen." (Dorpat, S. 88f, zit.nach Rijaarts, a.a.O., S. 162)

Sicherlich ist es wichtig zu fragen, wodurch die mütterliche Wahrnehmung strukturiert wird, was die Frau befähigt bzw. daran hindert, Zeichen zu sehen und zu deuten. Kann sie nichts sehen, weil sie nicht darauf gefaßt ist, in ihrem Ehemann einen Gewalttäter zu sehen? Kann sie es nicht, weil das Verbot, einen Mann und noch dazu den eigenen, anzuklagen, zu tief verinnerlicht ist, weil die Beschuldigung zu ungeheuerlich ist? Kann sie es nicht, weil sie ökonomisch abhängig ist, weil ihre Existenz mit der Familie verbunden ist und sie Angst hat vor dem Zusammenbruch ihres Lebens? Oder sieht sie nichts, weil es nichts zu sehen gibt? Die Antworten darauf sind bislang unbefriedigend.

Daß die Mutter von der sexuellen Ausbeutung ihrer Tochter wußte, davon sind viele Inzestopfer überzeugt, deren Haß auf die Mutter, die sie nicht geschützt hat, in manchen Phasen der Bewältigung des Geschehenen intensiver ist als der Haß auf den Täter, der sie verletzt hat. Andererseits wissen wir aus den Berichten sexuell mißbrauchter Frauen und aus Berichten derer, die mit betroffenen Kindern arbeiten, daß Kinder sich oft bemühen, das Geheimnis zu bewahren, auch und gerade vor der Mutter. Ein beträchtlicher Teil der präventiven Arbeit mit Kindern geht dahin, sie zu ermutigen, sich jemandem anzuvertrauen. Eine sexuell mißbrauchte Tochter wünscht sich oft beides: daß die Mutter es erfahren möge und daß sie es nicht erfahren möge. Für beide, Mutter und Tochter, ist die Situation mehrdeutig. "Die Tochter hat das Gefühl, 'die Mutter will mich nicht anhören', 'sie will davon nichts wissen'. Die Mutter dagegen wird später immer sagen, 'die Tochter hat mir nichts erzählt'." (Steinhage, S. 7)

"Meine Mutter hat doch immer alles bei mir bemerkt", sagte mir eine sexuell mißbrauchte Frau, deren Vater sie auf einem Wochenendausflug von Vater und Tochter vergewaltigt hatte. "Sie hat gesehen, wenn ich traurig war, wenn ich verliebt war. Und das sollte sie nicht gesehen haben?"

In vielen Fällen entwickelt sich der sexuelle Mißbrauch langsam, so daß der Anfang, die Überschreitung der Normalitätsgrenze schwer festzumachen ist. Der Täter strukturiert die Beziehung. Die Berührungen verändern sich, geeignete Situationen werden sorgfältig ausgesucht und in den Familienalltag, den der Täter genau kennt, integriert. Auch er versucht dafür zu sorgen, daß seine Frau wenig Möglichkeiten hat, etwas zu bemerken. Oft warnt er die Tochter davor, sich ihrer Mutter anzuvertrauen.

Trotzdem bleibt hier die Frage nach dem Anteil der Mutter, der das Mädchen daran hindert, sich ihr anzuvertrauen bzw. es ihr nicht möglich macht, sich gegen die Verletzung ihrer Integrität zur Wehr zu setzen.

Die "Schuldfrage" steht, was die Mutter angeht, oft im Zusammenhang mit ihrer Reaktion, wenn sie von dem Inzest erfährt.

Wieviele Mütter auf welche Weise von dem Inzest erfahren, ist schwer festzulegen. Ein Teil der Frauen findet es selbst heraus, andere erfahren es von ihren Töchtern, einige von dritten Personen, denen sich die Tochter anvertraut hat, die wenigsten vermutlich werden durch den Täter in Kenntnis gesetzt, viele erfahren nie etwas davon.

Wie reagieren Mütter? Wie es scheint, reagieren die meisten leider nicht so, wie es für die betroffenen Mädchen gut wäre. Es gibt Mütter, die trotz eindeutiger Anzeichen den Inzest verleugnen oder die Tochter beschuldigen und im Stich lassen. Vor allem die erste Reaktion der Mutter ist oft von ihrer eigenen Fassungslosigkeit bestimmt, ihrer eigenen Verletzung, ihrem Zorn, ihrer Enttäuschung, ihren eifersüchtigen Gefühlen und nicht so sehr davon, was für ihre Tochter sinnvoll wäre (vgl. Rijnaarts, a.a.O, Steinhage, a.a.O., Russell, a.a.O.).

Eine wahrscheinlich eher kleine Gruppe von Frauen beendet den Mißbrauch, indem sie sich eindeutig auf die Seite der Tochter stellt, sich vom Täter trennt, ihn möglicherweise anzeigt. Letzteres wird der Frau zum Teil als Rache ausgelegt.[11]

Ein vermutlich großer Teil der Mütter versucht, eine Art Kompromißlösung zu finden, nämlich den Mißbrauch innerhalb der Familie zu beenden. Beispielsweise versuchen Frauen, die Tochter nicht mehr mit dem Vater alleinezulassen oder sich auf irgendeine Weise zu versichern, daß der sexuelle Mißbrauch aufhört - was selten gelingt.

---

11 Überhaupt soll sich die Solidarität zwischen Mutter und Tochter in angemessenen Grenzen halten. "Ein Bündnis zwischen Mutter und Tochter nach Aufdeckung der inzestuösen Beziehung läßt auf jeden Fall erwarten, daß diese ein Ende findet und ist deshalb in Beratung und Therapie von Inzestfamilien durchaus anzustreben. Ein solches Bündnis kann aber auch sozusagen über das Ziel hinausschießen. "Gutheil u. Avery (1977) berichten von einem "sexistischen" Bündnis, wie die Autoren es nennen, das im Laufe der Familientherapie zwischen Mutter und Tochter gegen den Vater entsteht und das dazu dient, den eigenen Teil der Verantwortung, besonders den der Mutter, zu verleugnen, und vollständig dem Vater als Sündenbock der Familiengruppe anzulasten." (Hirsch, a.a.O., S. 131)

Die Sexualität der Mutter und Ehefrau

"Da der Vater eine sexuelle Beziehung zur Tochter eingeht, liegt die Fragestellung
nahe, ob die Mutter durch sexuelle Zurückweisung daran beteiligt ist." (Hirsch,
a.a.O., S. 117) Die These, daß ein Mann seine Tochter sexuell mißbraucht, weil
seine Ehefrau keine oder eine für ihn unbefriedigende Sexualität mit ihm lebt, ist in
der Inzestliteratur wie in der Alltagstheorie verbreitet, ist, wie Hirsch sagt,
"naheliegend".

Bei Ehefrauen wird Verweigerung, Frigidität, Anorgasmie und sexuelles Desinteresse konstatiert (vgl. z.B. Maisch, a.a.O.), oder es wird ihnen vorgeworfen, sie
würden die mit ihrer Rolle zusammenhängenden Aufgaben, zu denen auch die sexuellen zählen, auf ihre Töchter übertragen.[12]

Zum Teil widerlegen Angaben derselben Autoren - und die Angaben anderer
Autoren - ihre These von der sexuellen Not aus Mangel an ehelicher Betätigung als
Ursache inzestuösen Mißbrauchs (vgl. Herman 1981, Maisch a.a.O.).

Maisch (a.a.O.) erhielt seine Angaben über das Verhalten von Ehefrauen von
deren Männern, den Inzesttätern, eine Quelle, an deren unvoreingenommener
Stellungnahme zumindest Zweifel angebracht sind. Abgesehen von der Tatsache,
wie schnell derartige Aussagen einfach übernommen werden und abgesehen davon,
wie die fraglichen sexuellen Beziehungen wirklich aussehen - und welches die dahinterliegenden Sexualitätskonzepte der Forscher und ihrer Probanden sind - , finde
ich die Selbstverständlichkeit, die scheinbare Zwangsläufigkeit der Verbindung
zwischen der sexuellen Beziehung der Eheleute und dem Übergriff des Mannes auf
die Tochter in vielen Publikationen bemerkenswert. Dieses Deutungsmuster hat in-
des einige, meist nicht explizit formulierte Voraussetungen. Erstens: Für die sexuelle Versorgung eines Ehemannes ist die Ehefrau zuständig. Zweitens: Sexuelle
Schwierigkeiten in einer Ehe haben ihre Ursache in der Persönlichkeit der Frau.
Drittens: ein Mann hat das Recht darauf, auf irgendeine Weise die Möglichkeit sexueller Betätigung in der Familie zu erhalten. Viertens: Erhält er sexuelle Versorgung nicht von seiner Frau - und nur dann -, wendet er sich der nächsten Frau der
Familie zu, der Tochter, die im sexuellen Sinne also Frau ist (und damit auch für
seine Versorgung zuständig). Fünftens: Für dieses Verhalten des Mannes ist die
Frau (mit)verantwortlich.

Justice and Justice formulieren es prägnant: "She is frigid or wants no sex with
her husband. This is another way of bowing out her role as a wife and giving
reason to the husband to look elsewhere for sex." (ebd., S. 97)

Insgeamt ist die Theorie von der Vergewaltigung der Tochter aufgrund der
mangelnden sexuellen Versorgung durch die Ehefrau - bislang jedenfalls - empirisch nicht untermauert. Weder ist belegt, daß immer oder meistens Zurückweisung

---

12   Ganz folgerichtig gehört es zur Therapie von "Inzestfamilien", "die Eltern zu befähigen, eine
     befriedigende sexuelle Beziehung zu entwickeln, mit Hilfe einer Sexualtherapie." (Lar-
     son,1986,S.109) (Immerhin ist es hier die "Beziehung", die thematisiert wird, nicht nur das
     Verhalten der Ehefrau.)

stattfindet, noch, daß die Ehefrau trotz aller Bemühungen des Ehemannes unheilbar frigide und desinteressiert bleibt, noch, daß eine wie auch immer funktionierende Beziehung zwischen den Eheleuten - oder mit einer anderen Frau - einen Mann von der sexuellen Ausbeutung der Tochter abhalten könnte. Im Gegenteil gibt es Hinweise, die diese Thesen in Frage stellen. Schließlich ist die Frage unbeantwortet, warum ein Mann sich aus "sexueller Not" ausgerechnet der Tochter zuwenden sollte. Bislang ist auch nicht geklärt, ob er das in dieser Ausschließlichkeit tut. (Auch hier gibt es Hinweise, die dagegen sprechen.)

Bei den erörterten Aussagen scheint es sich eher um ideologische Konstrukte zu handeln als um halbwegs überzeugend belegbare Theorien. Jedoch sprechen ihre weite Verbreitung, ihre scheinbare Plausibilität und ihre enorme Haltbarkeit auch in der öffentlichen Diskussion dafür, daß es sich um Konstrukte handelt, deren ideologischer Gehalt tief im gesellschaftlichen Gedankengut verwurzelt ist. Eine Frau muß, dies ist eine zentrale Aussage aus den dargestellten Konstrukten, will sie sich als Ehefrau und Mutter korrekt verhalten, ihre Sexualität, ihren Körper einsetzen, um ihre Tochter vor deren Vater zu schützen.

Demgegenüber steht die Vorstellung oder der Wunsch, daß ein erwachsener, sexuell zufriedener Mann keinen Genuß in der sexuellen Beziehung zu seiner unwilligen Tochter suchen und finden würde. Die Vorstellung vom Mann, der, hätte er die Wahl, Erfüllung in einem für ihn wie für seine Partnerin befriedigenden, von beiden gewählten sexuellen Kontakt suchen würde und im Grunde nur dort Erfüllung finden kann, steht neben dem Bild des Mannes, der, von seinem Begehren getrieben, keine andere Möglichkeit hat, als sich irgendwie Sexualität mit einer Frau zu verschaffen, und sei es mit Gewalt. Beide Konstrukte helfen dabei, einerseits ein positives Männerbild aufrechtzuerhalten und andererseits sexuelle Gewalt von Männern als in bestimmtem Situationen nahezu unvermeidlich darzustellen. Vor allem aber eröffnen diese Vorstellungen die Möglichkeit, die Verantwortung für die Sexualität von Männern nicht ihnen selbst zu überlassen, sondern den Frauen, Ehefrauen beispielsweise - oder Töchtern.

Die Macht der Mutter in der Familie

Sowohl bei der Frage, ob die Mutter über den Inzest Bescheid wußte als auch bei der Frage nach ihrer Sexualität klingt an, daß die betreffenden Frauen bestimmte Persönlichkeitsdefizite haben und, im Zusammenhang damit, daß sie ihren mütterlichen und ehefraulichen Aufgaben nicht nachkommen. Beides steht nach Auffassung vieler Autoren in direktem ursächlichem Zusammenhang mit der sexuellen Ausbeutung der Tochter durch den Vater; es ist der "Beitrag" der erwachsenen Frau zu dieser sexuellen Ausbeutung, aus dem sie "Gewinn" zieht.

Die Thesen zur Persönlichkeitsstruktur der Mütter sind widersprüchlich, zum Teil widersprüchlich in ein und derselben Beschreibung. Durchgängig ist lediglich

ihr verunglimpfender Charakter (gefühlskalt, hart, dominierend, aggressiv zurückweisend, abhängig und passiv, infantil, verantwortungslos, nachlässig in der äußeren Erscheinung ...).

In den Untersuchungen von Russell (a.a.O.) und von Herman (1981) finden sich
Beispiele dafür, daß inzestuöse Väter ihren Töchtern gegenüber über die sexuell
und emotional unbefriedigende Beziehung zu ihren Frauen klagen und von ihnen
dafür Ausgleich wünschen. "Since it was their duty to provide a sympathetic audi-
ence for their fathers, many daughters heard about their parents" marital troubles in
great detail. The fathers complaints were monotonously simple. They considered
themselves deprived of the care to which they felt entitled. In their estimation, their
wives were not giving enough: they were cold; they were frigid; they refused sex,
they withheld love. These complaints seemed plausible enough to the daughters,
who themselves often felt deprived of maternal affection." (Herman, S. 80)

Später, als Erwachsene, sind die Töchter möglicherweise in der Lage, die väterlichen Klagen zu überprüfen und sich gegen sie abzugrenzen, als Kinder sind sie es
nicht.

Die emotionale Ausbeutung, die hier auf der Seite der Väter erkennbar wird,
wird auch bei den Müttern der sexuell ausgebeuteten Töchter diagnostiziert: Sind
die Mütter einerseits kalt und zurückweisend, so klammern sie sich andererseits an
ihre Töchter, hindern sie daran, sich von ihnen zu lösen, erwarten, daß die Töchter
sich für sie verantwortlich fühlen, kurz, sie erwarten von ihren Töchtern mütterliche Fürsorge (vgl. Forward/Buck, a.a.O., Hirsch, a.a.O., Justice/Justice, a.a.O.).

Sozusagen gebündelt finden sich die Verfehlungen der Mutter in dem Konstrukt
der "Rollenkonfusion" (Lechmann, a.a.O.) oder des "Rollentauschs", einem Lieb-
lingskind der Inzestliteratur.

Damit gemeint ist, daß eine Frau ihren familiären Pflichten nicht nachkommen
kann oder will und diese auf ihre Tochter - meist die Älteste - überträgt. Das, was
die erwachsene Frau geben müßte, möchte sie erhalten und zwar von ihrer Tochter.
Von den Haushaltpflichten der Mädchen führt der Weg über die emotionale Verantwortung für Eltern und Geschwister zur Sexualität mit dem Vater: Die Tochter
muß sich von der "kleinen Mutter" in die "kleine Ehefrau" verwandeln (vgl. Herman, a.a.O.).

Wodurch vernachlässigen Frauen ihre Familienpflichten oder umgekehrt: wofür
sind sie zuständig?

Immer wieder erwähnt ist die Abwesenheit der Mutter aus gesundheitlichen
Gründen oder ihre Überforderung. Herman/Hirschman (1981) fanden in ihrer Untersuchungsgruppe von vierzig Inzestopfern bei 55% der Frauen eine ernste Krankheit - physisch und oder psychisch - der Mutter, mehr Schwangerschaften und Kinder als in ihrer Kontrollgruppe.[13] Daß die Krankheit der Mutter das Risiko für die

---

13 Die Kontrollgruppe bestand aus Frauen, bei deren Vätern sich "inzestuöse Tendenzen" fest-
    stellen ließen, wo es aber nicht zum Inzest kam. Herman ging es darum, herauszufinden,
    durch welche Faktoren sich das "Inzestrisiko" erhöht bzw. vermindert. Eine entscheidende

Tochter erhöht, sexuell ausgebeutet zu werden, wird in anderen Untersuchungen bestätigt.

Als weitere Ursache wird die Abwesenheit der Mutter aus beruflichen Gründen angesehen. Berufliche Tätigkeit wird verbunden mit Desinteresse an den Familienaufgaben (vgl.Forward/Buck, a.a.O).

Im Gegensatz zu der These von der mütterlichen "Flucht von Zuhause" als Ursache der sexuellen Ausbeutung der Tochter stehen die Tatsachen, daß keineswegs alle oder die meisten Mütter mißbrauchter Mädchen berufstätig sind - in Herman's Untersuchung beispielsweise waren es weniger als die Hälfte - und daß Mädchen nicht nur dann mißbraucht werden, wenn ihre Mütter bei der Arbeit sind. Falls es doch bei dieser Gelegenheit geschieht, kann man kaum sagen, daß die Frauen deswegen das Haus verlassen hätten. Was bleibt, ist auch hier wieder der diffuse Vorwurf der Vernachlässigung der Familie.

Herman/Hirschman zeichnen ein völlig anderes Bild. Sie bezeichnen die Mütter ihrer Probandinnen als machtlos und schwach, in 40 % der Fälle wurden die Frauen mißhandelt. Die Frauen werden durch Attribute wie Passivität, soziale Isolierung, Schwäche, wenig Selbstwertgefühl gekennzeichnet.

Mütterliches Verhalten, welcher Art auch immer - vor allem jedoch diejenigen Handlungsweisen und Unterlassungen, die den Inzest nicht verhindern -, wird mit der eigenen Geschichte der Frauen in Verbindung gebracht. Ein Stichwort dabei ist - neben der Beschäftigung mit den Müttern der Mütter - die "Viktimisierung" der Mütter durch eigene Gewalterfahrungen. Russell's (a.a.O.) Fallgeschichten in ihrer Inzest - Untersuchung handeln von Frauen, die massive sexuelle Gewalterfahrungen gemacht haben. Hier liegt der Schwerpunkt der Interpretation bei der Machtlosigkeit der Frauen, die trotz aller Versuche ihren Töchtern nicht helfen können.

Auch die familientherapeutische Literatur weist darauf hin, daß z.B. die Partnerwahl von Frauen durch ihre sexuelle Ausbeutung bestimmt sei. Die Erforschung von Viktimisierungsprozessen ist ganz sicher sinnvoll und notwendig. Getreu einer entpersönlichten Wahrnehmungsweise, die "Systeme", "Rollen" und "Generationen" sieht, aber keine Agierenden (Männer), und die blind ist gegenüber der patriarchalen Organisation der Geschlechter- und Familienverhältnisse, die auch die eigene Sichtweise prägen, verschwinden Männer als Täter völlig aus dem Blickfeld. Handelnde, wenn auch getrieben von unbewußten Motiven aus ihrer Geschichte, sind die Frauen. "Die Mehrgenerationentheorie erweckt die Vorstellung, Vater - Tochter - Inzest sei eine durch Frauen verbreitete 'Krankheit', ein Erbleiden, das von Generation zu Generation weitergegeben werde und dessen Ansteckungsherd Frauen (als Mütter) seien. Ein Mann könne durch seine Frau 'krank' gemacht werden und dann Inzest begehen, doch seien es Frauen und nicht Männer, die den Inzestvirus in sich trügen und verbreiteten. In der Literatur werden sie hier

---

Rolle spielt auch hier die Mutter, deren Anwesenheit und deren Selbständigkeit, Selbstbewußtsein und Unabhängigkeit ihre Tochter schützen.

und da wörtlich als 'incest carriers', Inzestüberträgerinnen bezeichnet." (Rijnaarts, a.a.O., S. 193)

Mütter in Familien, in denen Töchter vom Vater sexuell mißbraucht werden, so läßt sich zusammenfassen, beuten ebenso wie ihre Ehemänner ihre Töchter aus, zwar nicht sexuell, aber emotional und indem sie ihnen Arbeiten abverlangen, für die eigentlich sie selbst zuständig wären.

Daß die Mutter - Tochter - Beziehung in dieser Gesellschaft eine spezifische Problematik in sich trägt, ist von den verschiedensten Standpunkten aus ausgeführt worden und sicherlich richtig. Allerdings ist dies keine Problematik, die sich auf "Inzestfamilien" beschränkt. Das, was in dieser Beziehung als "emotionale Ausbeutung" aufgefaßt werden kann, ist nicht gleichzusetzen mit "sexueller Ausbeutung", weder von den individuellen und gesellschaftlichen Ursachen noch von den Auswirkungen auf die Betroffenen her gesehen. Allerdings gibt es Überschneidungen zwischen beidem, die ich hier nur andeuten kann.

Beides, die emotionale Ausbeutung wie die sexuelle Ausbeutung, vermittelt dem betroffenen Mädchen die Botschaft, daß die eigenen Wünsche und Gefühle, die eigene Person, den Wünschen und Gefühlen der anderen unterzuordnen sind, daß sie Verantwortung übernehmen muß für andere, aber nicht für sich selbst übernehmen darf, daß sie ihre Wut unterdrücken muß und so der Möglichkeit beraubt ist, ihre Interessen zu vertreten, daß Beziehungen zu anderen stets auf Kosten der eigenen Person gehen, daß Kontakt mit Selbstverzicht in Verbindung steht, Freiheit mit Einsamkeit. Wird die Ausbeutung, wie oft in der Familie, Liebe genannt, leidet das betroffene Mädchen unter Verwirrung der Wahrnehmung und Schuldgefühlen.

Töchter werden - und hier trifft sich die Problematik der Mutter mit der der Tochter - unabhängig von ihren eigenen Interessen und Wünschen und von ihren altersgemäßen Fähigkeiten einfach aufgrund ihres Geschlechts als zuständig für die Bedürfnisse der anderen Familienmitglieder betrachtet, auch von ihren Müttern. Denn diejenigen, an die sich Mütter ihrerseits mit ihrer emotionalen Bedürftigkeit wenden, sind die, die sie gleichzeitig zu Bedürfnislosigkeit und Hinwendung zu anderen zu erziehen aufgefordert sind: ihre Töchter (vgl. Eichenbaum/Orbach, 1984).

Das Leiden der Töchter an der Beziehung zu ihrer Mutter ist durchaus real. Die Schwierigkeiten der Ablösung aus der Symbiose, die Bedürftigkeit der Mutter, die sich auf die Tochter richtet - diese ist schließlich eine Frau -, die Bedürftigkeit der Tochter, die die Mutter nicht stillen kann - nicht weil sie eine Rabenmutter ist, sondern weil sie alleine dafür zuständig ist -, die Ambivalenz der Mutter gegenüber ihrem eigenen Geschlecht, ihrem Körper und ihrer Sexualität, ihre Abhängigkeit von Männern, all das sind reale Probleme der Mutter - Tochter - Beziehung. Es sind aber nicht ausschließlich Probleme der "inzestuösen Familie" und eben deshalb auch nicht Auslöser von Inzest. Sie sind nicht Resultate kranker Familiensysteme oder individuell extrem geschädigter Frauen, sondern sind im Kontext patriarchaler Geschlechterverhältnisse und geschlechtsspezifischer Arbeitsteilung zu sehen.

Exkurs: Über die Wurzeln der weiblichen und männlichen Schwierigkeiten, Mütter als Menschen zu betrachten und die Gegensätzlichkeit der Geschlechtscharaktere

Die Familien- und Frauenbilder, die hinter den im letzten Kapitel thematisierten Anforderungen und Schuldzuweisungen an die Mütter sichtbar werden, haben mit der realen Situation von Frauen wenig zu tun. Sie haben zwar insofern damit zu tun, als sie auf eine Arbeitsteilung verweisen, die Frauen die gesamte Verantwortung für die Familie aufbürdet, insbesondere die Verantwortung für die Kinder, sie damit alleine läßt und für alle Fehlschläge verantwortlich macht. Sie stimmen aber nicht mit der realen Machts- oder Ohnmachtsposition der Frauen und ihren individuellen Möglichkeiten überein. Vielmehr scheinen die Anforderungen am Ideal eines Phantasiegebildes gemessen zu sein, nicht an den Möglichkeiten und Grenzen eines realen Menschen. Frauen sollen die alleinige und vollkommene Befriedigung aller bewußt und unbewußt an sie gerichteten (emotionalen) Bedürfnisse ihrer Kinder und ihres Ehemannes stillen. Sie sollen das von einer Position aus tun, die ihnen wenig konkrete Unterstützung von außen, wenig Bestätigung und ihrerseits kein Recht auf ebensolche Befriedigung gibt. Diese Anforderungen an Frauen sind ebenfalls von der Überzeugung getragen, die geschlechtsspezifische Arbeitsteilung und die Mütterlichkeit der Frauen seien die Konsequenz aus einer dementsprechend komplementären Natur der Geschlechter und nicht Ergebnis gesellschaftlicher Organisation.

Gemeinsamer Nenner dieser Analysen ist das Ungenügen der Frauen als Ehe- und Familienfrauen und vor allem als Mütter. Sie geben nicht genug der Güter, die sie eigentlich zu geben verpflichtet wären - ohne ihrerseits etwas dafür zu erwarten -: Liebe, Sex, Fürsorge, Unterstützung. Sie geben der Familie nicht genug Arbeit und Interesse, Stärke, Selbstbewußtsein und Energie. Sie sind nicht fähig, die Familie mit Diplomatie und Takt unauffällig zu lenken. Manche von ihnen geben der Familie nicht alles, sondern sie beanspruchen ein eigenes Leben außerhalb der Familie. Auf jeden Fall: sie sind unzulänglich.[1]

Ein Bild wird sichtbar, das Frauen und insbesondere Mütter nicht als Persönlichkeiten auffaßt, sondern als unerschöpfliche Quellen von Liebe, Energie und Befriedigung. Hier zeigt sich die Phantasie von der Macht der Frauen und der Mütter, die den Schlüssel zum Glück in Händen halten, ihn aber unbegreiflicherweise nicht hergeben wollen. Diese Phantasie nährt sich aus der Tradition einer patriarchalen Sichtweise, die die Frauen zu einer Art unpersönlichem Gegenstück zum Subjekt Mann stilisiert hat (vgl. Dane, a.a.O.), und sie speist sich individuell aus den

---

1 Chowdorow/Contratto (1982) weisen darauf hin, daß die "Fantasy of the perfect Mother", wie sie es nennen, auch in feministischen Theorien verbreitet ist. Die Mutter wird gleichzeitig beschuldigt und idealisiert. Es wird davon ausgegangen, daß es jenseits der patriarchalen Verhältnisse so etwas wie die perfekte Mutter geben könne und zum Wohl des Kindes auch geben müsse. "But this implies, that if only we could remove these patriarchal constraints, mothering would be perfect." (ebd., S. 57)

Befriedigungen und Entbehrungen der frühesten Lebensphase, wo Mutter tatsächlich den Schlüssel zum Glück hielt und ihn unbegreiflicherweise nicht herausgeben wollte. Letzteres soll im folgenden deutlicher gemacht werden.

Den individuellen und gesellschaftlichen Ursachen und Konsequenzen solcher Frauenbilder (und der dazugehörigen Männerbilder) sind psychoanalytisch orientierte Theoretikerinnen nachgegangen. Insbesondere sind hier Dorothy Dinnerstein, Nancy Chowdorow und Carol Hagemann - White zu nennen. Diese Arbeiten nähern sich dem Problem der Geschlechterpersönlichkeit und der Organisation des Geschlechterverhältnisses über den Zugang der psychosexuellen Entwicklung der frühen Kindheit. In unserer Kultur ist in der Regel erstens nur eine Person die hauptsächliche Begleiterin der frühen Kindheit, und zweitens ist diese Person eine Frau. Die Folgen dieser geschlechtsspezifischen Arbeitsteilung für die Geschlechtsidentität und das Geschlechterverhältnis stehen im Mittelpunkt ihrer Überlegungen. Die empirischen Arbeiten Carol Gilligans werden hier ebenfalls herangezogen, soweit es die Thematik der Geschlechtscharaktere von Erwachsenen betrifft.[2]

In ihrer Schrift "das Arrangement der Geschlechter" (1979) unternimmt Dinnerstein souverän den Versuch, den beklagenswerten Zustand der Welt im allgemeinen und der Geschlechterverhältnisse im besonderen mit Hilfe einer zentralen Ursache zu erklären, nämlich dem "weiblichen Monopol" bei der Versorgung der Kleinkinder. "Ich beabsichtige nicht, genauer zu erklären, was an unseren Geschlechtsrollen unerträglich ist. ... mein Ziel ist es, die Gründe aufdecken zu helfen, weshalb die Menschen sich noch immer diesen Arrangements unterwerfen." (ebd., S.21)

Dinnerstein geht von den vorfindbaren Geschlechterverhältnissen und Persönlichkeitsstrukturen der Erwachsenen aus und sucht deren Wurzeln in der frühen Mutter - Kind - Beziehung. Sie untersucht, wie diese Beziehung aussieht und wie die frühkindlichen Strukturen im Unbewußten der Erwachsenen fortwirken. "Die Art dieser frühesten Bindungen färbt alle späteren Reaktionen auf unsere Umwelt,... Sie beeinflußt unsere Einstellung zur Natur, unsere Reaktionen auf die Autorität von Führerpersönlichkeiten und auf gesellschaftliche Gebote, unser Verhältnis zu Arbeit und Spiel, unsere religiösen Gefühle. Und natürlich beeinflußt sie unsere Einstellung zu Menschen: inwieweit sie uns anziehen, was wir von ihnen erwarten, was uns an ihnen erschreckt, ärgert oder entzückt; das hat, wie wir später sehen werden, weitreichende Konsequenzen für unsere männlich - weiblichen Arrangements." (ebd., S. 49) Nicht zuletzt hat die Art der frühen Bindung an die

---

2   Die Arbeiten Chowdorows, Dinnersteins und Gilligans haben in den letzten Jahren eine so breite Rezeption und kritische Würdigung erfahren, daß ich zögerte, sie ebenfalls vorzustellen. Insbesondere Dinnersteins Theorien erscheinen mir aber zur Kritik der Frauenbilder, wie sie in dieser Studie auftauchen so geeignet zu sein, sowohl in den Aussagen der befragten Frauen als auch in der Inzestliteratur, daß es mir sinnvoll erschien. Dazu kommt, daß diese Arbeiten meine Sicht der Thematik entscheidend beeinflußt haben.

Mutter Einfluß auf die Sexualität. Sie ist der "Prototyp der Bindung an das Leben." (ebd., S. 53)

Das kleine Kind weiß nicht, daß seine Mutter ein Mensch ist, für das Kind ist sie die Quelle von Freude und Befriedigung, aber auch von Schmerz, Versagen und Verlust. Beides bleibt undurchschaubar und unberechenbar, willkürlich. All dies geht in die Sicht des Erwachsenen von der Frau ein. Die derzeitige Organisation der Geschlechterverhältnisse macht es möglich, daß das Bild von der Frau nicht korrigiert wird: beide, Männer und Frauen betrachten die Frau - teilweise unbewußt - aus der Perspektive des Kleinkindes und statten sie mit undurchschaubarer Macht zum Guten wie zum Bösen aus. Die Autonomie, die Subjekthaftigkeit der Frau, ihre Sexualität, alle ihre eigenen Impulse sind gefährliche Qualitäten. Sie erinnern an den Schmerz der Säuglingszeit, als das Kind mit der Autonomie der Mutter fertig werden mußte, als es Abschied nehmen mußte von der kindlichen Illusion von Allmacht und automatischer, kontrollierbarer Erfüllung aller Wünsche (vgl. ebd., S. 85). "Wir alle, Männer wie Frauen, fühlen diesen Schmerz, und bis zu einem gewissen Grad ist er unstillbar. Zum Teil vermögen wir uns durch Beherrschung, Kompetenz, Unternehmungslust darüber hinwegzutrösten. " (ebd., S. 85) Erschrekkend ist insbesondere die Vorstellung einer aktiven, eigenständigen Sexualität der Frau. Diese würde "den prekären heterosexuellen Frieden empfindlich stören (würde). Die eigenständige sexuelle Impulsivität der Frau wird also gefürchtet, weil sie die erschreckende erotische Abhängigkeit jedes Säuglings von seiner Mutter ins Gedächtnis zurückruft." (ebd., S. 88)

Dinnerstein nennt weitreichende Folgen der weiblich dominierten Kinderbetreuung für das Geschlechterverhältnis, wie die doppelte Moral und "gewisse Formen von Frauenfeindschaft", "die bei Männern ungeniert hervortreten, aber auch weitgehend von Frauen geteilt werden. Zu diesen Antagonismen gehört die Wut über die bloße Existenz der autonomen Subjektivität der Frau; Haß auf ihre fleischliche Sterblichkeit; die tiefverwurzelte Überzeugung, daß sie geistig und seelisch defekt sei; Furcht vor ihrer Unzuverlässigkeit und Bosheit. Gleichzeitig wird angenommen, daß die Frau eine natürliche Hilfsquelle sei, ein Gegenstand, den man besitzt und sich nutzbar macht, den man auf verschiedene Weise ausbeuten kann, ohne menschliches Mitgefühl angesichts ihrer Erschöpfung empfinden zu müssen oder sich für ihre Erhaltung und Erholung verantwortlich zu fühlen" (ebd., S. 56f.). Die Frau, die Mutter bleibt Quasi - Mensch, sie wird nicht zum Mitmenschen, sie soll zugleich alles sein und nichts. Auf keinen Fall darf sie zum Subjekt werden.

"Bindung" - so könnte die Überschrift heißen für die Beschreibung der weiblichen Geschlechtsidentität in der Studie von Chowdorow, "Das Erbe der Mütter" (1985). Ein Ausgangspunkt ihrer Überlegungen ist ebenfalls die geschlechtsspezifische Arbeitsteilung, wo die Reproduktionsarbeit und damit die Versorgung der Kinder fast ausschließlich den Frauen zugewiesen wird. Dies hält sie ausschließlich für ein Ergebnis gesellschaftlicher Organisation.

Indem sie sich auf die Untersuchungen Stollers bezieht, nach denen die Geschlechtsidentität in der Regel im Alter von drei Jahren fest verankert ist, fragt Chowdorow nach den Folgen dieser Arbeitsteilung. Welche Folgen hat es, daß das Mädchen seine Geschlechtsidentität in der Bindung an die Mutter als gleichgeschlechtlicher Person, der Junge die seine in Abgrenzung zu ihr entwickelt und beide ihre Geschlechtsidentität im wesentlichen in der Auseinandersetzung mit nur einer und zwar einer weiblichen Person entwickeln? Welche Rolle spielt die später wichtig werdende männliche Person?

Chowdorow geht von einem Phasenmodell kindlicher Entwicklung aus und von der Existenz des ödipalen Konflikts. Für sie besteht die Bedeutung des Ödipuskomplexes "in der Entwicklung unterschiedlicher 'Beziehungspotentiale' bei Männern und Frauen. Der Ödipuskomplex bestimmt die Art und Weise, in der später die innere zwischenmenschliche Welt auf die äußere übertragen wird und sie mitbestimmt. Die nachödipale (bei Mädchen auch nachpubertäre) Persönlichkeit ist die relativ stabile Grundlage, auf der sich in der Beziehungsentwicklung andere Formen aufbauen." (ebd., S. 216)

Für das Mädchen dauert die präödipale Phase länger als für den Jungen, und es gibt auch nach dem Objektwechsel zum Vater die Mutter nicht vollständig auf (vgl. Freud, a.a.O.).

Daß das Mädchen länger in der präödipalen Beziehung zur Mutter bleibt, hat eine Ursache auch im mütterlichen Teil der Interaktion. Mütter nehmen Mädchen und Jungen in der präödipalen Phase verschieden war. Sie tendieren dazu, ihre Töchter als sich selbst ähnlich zu erleben und in der Symbiose zu halten, während die Söhne als männliches Gegenstück erlebt und aus der präödipalen Beziehung hinausgedrängt werden. (vgl. Chowdorow, a.a.O.)

Der unterschiedliche Charakter ihrer frühen Mutterbeziehung führt zu unterschiedlichen Geschlechtsidentitäten. Unter anderem verfügen Mädchen über durchlässigere, flexiblere Ich - Grenzen als Jungen; diese entwickeln ausgeprägtere Ich - Grenzen und stärkere Differenzierungen. "Das grundlegende weibliche Selbstgefühl ist Weltverbundenheit, das grundlegende männliche Selbstgefühl ist Separatheit." (ebd., S. 220)

Hagemann-White (1989) kennzeichnet den sexuellen Aspekt dieser unterschiedlichen Entwicklung: "In der männlichen psychischen Entwicklung wird die Autonomie sexualisiert; sie wird in der Tendenz zu früh durchgesetzt und mit einem Übermaß an Zusatzbedeutungen beladen; sie wird zur Bedingung der Möglichkeit, ein sexuelles Subjekt zu sein. Bei Frauen wird die Abhängigkeit sexualisiert, mit Bedeutungen aufgeladen, die dem Mädchen noch fremd sind; eine künftige erotische Lust wird für sie daran geknüpft, daß andere, Stärkere sie reizvoll finden; ob als Versprechen oder Gefahr, Sexualität wird als etwas vermittelt, was ihr von außen entgegenkommt." (ebd., S. 36f.)

Chowdorow spricht davon, daß auch die heterosexuelle erwachsene Frau zum mindesten auf der psychischen Ebene ein "Beziehungsdreieck" sucht, daß ihre sexuelle Orientierung zwar zum Mann geht, ihre emotionale Orientierung jedoch zu anderen Frauen. Eine Ergänzung des Dreicks findet eine Frau in Beziehungen zu anderen Frauen und in der Beziehung zu einem Kind. "Die Beziehung der Frau zum Mann bedarf, weil sie selbst in einer emotional asymmetrischen Dreieckssituation aufgewachsen ist, auf der Ebene der psychischen Struktur einer dritten Person, denn diese Struktur ist ursprünglich in einem Dreieck entstanden. Das braucht ein Mann in seiner Beziehung zur Frau nicht. Seine Beziehung zur Mutter war zuerst eine Identität, dann eine duale Einheit und letztlich eine Zweierbeziehung, lange bevor der Vater überhaupt ins Spiel kam. Auf der Ebene der psychischen Struktur vervollständigt nun ein Kind das Beziehungsdreick."

Die geschlechtsspezifische Organisation der Kinderbetreuung hat zur Folge, daß eine weibliche Erwachsene mit dem Bedürfnis und der Fähigkeit zu "muttern" ausgestattet ist, wogegen der männliche Erwachsene ohne diese Bedürfnisse und Fähigkeiten bleibt. Damit schließt sich der Kreis sowohl hinsichtlich der Reproduktion der Geschlechterpersönlichkeit als auch der Reproduktion der sozialen Organisation. "Das Muttern der Frauen trägt die Fähigkeiten zur eigenen Reproduktion in sich. Sie bestehen darin, daß Frauen mit und Männer ohne bestimmte psychische Eigenschaften und Einstellungen ausgestattet werden, die primäre Elternbeziehungen ermöglichen." (ebd., S. 266)

Gilligan (1988) bestätigt die Gegensätzlichkeit der Geschlechtscharaktere im Erwachsenenalter. Aufbauend auf empirischen Untersuchungen über Konfliktentscheidungen entwirft sie ein differenziertes Bild weiblicher Moral, das sich von der männlichen Moral unterscheidet, ihr in einigen Punkten entgegengesetzt ist. Danach kann man, vereinfacht zusammengefaßt, bei Frauen von einer Identität der Verbundenheit in Beziehungen sprechen, von einer Ethik der Anteilnahme, Fürsorge und Verantwortung. Frauen sehen sich selbst als Angehörige eines Netzes von Beziehungen, Intimität verbinden sie mit Sicherheit, Aggression mit dem Scheitern von Beziehungen, ihre Angst hängt mit Isolation zusammen. Bei Männern dagegen findet sich eine Identität als autonomes Subjekt, eine Ethik der Gleichberechtigung, der Fairneß, der Regelhaftigkeit, der Rechte des Einzelnen. Männer sehen sich und andere als Gegenspieler in einer Konkurrenz der Rechte, sie sehen kein Netz, sondern eine gegliederte Hierarchie von Beziehungen. Sicherheit finden sie in der Distanz, Intimität erzeugt dagegen Angst.

Sie weist darauf hin, daß die geschilderten Gegensätzlichkeiten als "Pole des menschlichen Lebenszyklus" zusammengehören. "Die Konzepte der Bindung und Lösung, welche die Natur und Stadien der kindlichen Entwicklung bezeichnen, tauchen in der Adoleszenz als Identität und Intimität und später im Erwachsenenalter als Liebe und Arbeit wieder auf." (ebd., S. 185) Auf einer entwickelten Stufe weiblicher Moral, die insbesondere um das Konzept von Rechten erweitert ist, findet sie die Gegenpole als Spannungen im Individuum wieder. "Wenn die Selbstbehauptung nicht länger gefährlich erscheint, verwandelt sich das Beziehungskonzept: An die Stelle der durch dauernde Abhängigkeit gekennzeichneten Bindung tritt die Dynamik der Wechselseitigkeit. Der Begriff der Zuwendung erweitert sich dann vom lähmenden Gebot, anderen nicht zu schaden, zu einem Gebot, sich selbst und anderen gerecht zu werden und die Verbundenheit dadurch aufrechtzuerhalten." (ebd., S. 183) Dies bezeichnet sie als "Perspektive der Reife".

EINE EMPIRISCHE STUDIE ÜBER DIE MÜTTER INZESTUÖS MIßBRAUCHTER MÄDCHEN

Im folgenden stelle ich meine empirische Studie über die Mütter inzestuös mißbrauchter Mädchen vor.

Die Beschäftigung mit der Inzestliteratur hat deutlich werden lassen, daß die Mütter betroffener Mädchen überwiegend aus der Sicht der Töchter oder der Sicht der Täter betrachtet werden und daß sie weiterhin mittels bestimmter, oft nicht direkt formulierter Konstrukte über das richtige weibliche bzw. mütterliche Verhalten definiert und bewertet werden.

In dieser Studie kommen die Frauen selbst zu Wort. Ziel war es, die Situation der Frauen, ihre Schwierigkeiten, ihr Handeln, ihre Perspektive deutlich werden zu lassen. Meine Frage war, mittels welcher Konstruktionen die Frauen die Realität des Inzests wahrnehmen (können) und beurteilen und wie sie in diese Realität eingreifen - und sie ihrerseits mitherstellen.

Ein wichtiger theoretischer Zugang war für mich die im ersten Kapitel thematisierte Auseinandersetzung mit Identität und Sexualität.

Das empirische Material läßt sich mit Hilfe dieser Muster begreifen. Angriff, Verletzung und die tiefverwurzelte Überzeugung von der Gegensätzlichkeit von Männern und Frauen, insbesondere im Bereich der Geschlechtlichkeit, sind Bestandteil der Sexualitätskonzepte und Erfahrungen der befragten Frauen. Mittels dieser Erfahrungen und Konzepte nehmen die Mütter die Sexualität ihrer Töchter und den sexuellen Übergriff des Vaters wahr. Diese Erfahrungen und Konzepte übermitteln sie ihnen, bewußt und unbewußt.

Bevor ich mit der Darstellung des Aneignungsprozesses beginne, beschreibe ich zunächst meine Forschungsmethoden.

Die Methode der Erhebung

Datengewinnung

Untersuchungsgruppe

Die Untersuchungsgruppe besteht aus sechs Frauen, deren Töchter (bzw. in einem Fall die Stieftochter) sexuell mißbraucht wurden, und zwar vom Partner der Mutter. Die Fälle unterscheiden sich nach dem Alter der betroffenen Mädchen, der Art und Dauer der Übergriffe und danach, ob der Vater oder der Stiefvater der Täter war. In zwei Fällen handelt es sich beim Täter um den leiblichen Vater, in zwei Fällen um den Stiefvater bzw. den Partner der Mutter, in zwei Fällen schließlich wurden sowohl eine leibliche Tochter als auch eine Stieftochter des Täters Opfer der Übergriffe. Es gibt ebenfalls erhebliche Unterschiede in den Beziehungen zwischen Täter und Opfer, Mutter und Tochter, Ehemann und Ehefrau.

In vier Fällen war der Inzesttäter über die sexuelle Ausbeutung hinaus gewalttätig gegenüber den Mitgliedern der Familie.

Der Zugang zu Interviewpartnerinnen gestaltete sich außerordentlich langwierig und schwierig, obwohl ich als ehemalige Frauenhausmitarbeiterin und Mitarbeiterin eines Arbeitskreises gegen sexuellen Mißbrauch über Kontakte in diesem Bereich verfügte. Diese Kontakte, die mich auswiesen als Person, die im Interesse der Frauen agieren würde, waren meiner Ansicht nach eine Voraussetzung dafür, überhaupt gesprächsbereite Frauen zu finden. Daß es trotzdem so schwierig war, betrachte ich als Ausdruck der Tabuiertheit des Themas und der Schwierigkeiten und Ängste gerade dieser Zielgruppe, ihre Situation zu veröffentlichen.

Die Gesprächskontakte kamen schließlich folgendermaßen zustande: zwei meiner Gesprächspartnerinnen kannte ich aus meiner Arbeit im Frauenhaus. Zu dieser Zeit hatten wir jedoch keinen intensiven Beratungskontakt. Zwei weitere Frauen lernte ich durch die Vermittlung der Mitarbeiterinnen anderer Frauenhäuser kennen. Zugang zu zwei Frauen erhielt ich durch deren Töchter. Beide, inzwischen erwachsene Frauen, nahmen an einer Gruppe für Frauen mit Alkoholproblemen teil, die ich anleitete.

Mit den Frauen führte ich ein, zwei oder drei Gespräche von zwei- bis dreistündiger Dauer.

Der Leitfaden

Der Leitfaden war aufgeteilt in mehrere Themenkomplexe, denen jeweils Einzelfragen zugeordnet waren. Die Reihenfolge der Themen war je nach Verlauf des Gesprächs flexibel zu handhaben. Die wichtigsten Stränge, denen der Leitfaden folgte, waren:

- Das Wissen um den Inzest und der Umgang mit diesem Wissen. Hier hatte ich zusätzlich eine Einteilung in verschiedene Zeiträume vorgenommen, wie zum Beispiel die Zeit der "Entdeckung" des Inzests.

- Die Beziehungen zur Tochter und zum Ehemann/Täter und die Veränderung dieser Beziehung durch die sexuelle Ausbeutung bzw. das Wissen der befragten Frau darum.

- Die eigene Geschichte der Befragten, insbesondere hinsichtlich sexueller Gewalterfahrungen.

- Ausgehend von diesen Themen fragte ich nach den Erfahrungen mit und den Vorstellungen von Mutterschaft, Sexualität, sexueller Gewalt, Liebe und Beziehungen.[1]

Grundlagen der Interpretation

Alle Gespräche wurden auf Tonband aufgezeichnet - keine der Frauen äußerte Einwände oder diesbezügliche Probleme - und transkribiert. Bei der Interpretation arbeitete ich auf der Grundlage der Transkripte. Weitere Informationen bestanden aus außerhalb des Interviews erhobenen Daten zur Person und aus Protokollen, die ich unmittelbar nach den Gesprächen anfertigte. Sie enthalten meinen persönlichen Eindruck von meiner Gesprächspartnerin, von ihrer Umgebung, von der Gesprächssituation sowie Aussagen zu meiner eigenen emotionalen Befindlichkeit im Hinblick auf das Gespräch.

Die Interviews. Darstellung und Diskussion der verwendeten Methoden

Der Begriff "Interview" wird inzwischen für soviele unterschiedliche Verfahren verwendet, daß er kaum noch aussagekräftig ist, und auch die verschiedenen Attribute - offen, narrativ, fokussiert, intensiv - sagen für sich genommen nicht viel. Es bedarf einiger Erläuterungen über die hier angewandte Interviewmethode.

Ausgangspunkt für die Wahl der Methode war mein noch weitgehend unerforschter Gegenstand, nämlich derjenige Ausschnitt aus der Realität der befragten Frauen, der im Zusammenhang mit der sexuellen Ausbeutung ihrer Töchter steht. Anzunehmen war, daß die befragten Frauen diesen Gegenstand anders definieren würden als ich. Das Gespräch sollte also Raum lassen für das "Aushandeln" der Definition der Situation. Weiter ging ich angesichts des Themas davon aus, daß es

---

1   Nach einigen Interviews benutzte ich den Leitfaden nur noch als Orientierungshilfe, als "Leitfaden im Kopf" und überließ mich stärker dem Verlauf des Gesprächs. In allen Interviews kamen jedoch sämtliche Themen des Leitfadens zur Sprache, zum Teil von den Frauen selbst eingeführt , zum Teil von mir eingeleitet.

schwierig sein würde, bestimmte intime oder als unzulässig empfundene Inhalte, Gedanken und Gefühle zuzulassen und auszudrücken. Schließlich zielte mein Interesse auf breitgefächerte Information, die die Rekonstruktion und Interpretation eigenen und fremden Handelns ebenso umfaßt wie die zugehörige emotionale Befindlichkeit.

Eine für das Thema charakteristische Schwierigkeit bestand darin, geeignete sprachliche Formulierungen für die sexuellen Übergriffe zu finden. Einerseits durften diese nicht so vage und verschwommen sein, daß sie ein "Redeverbot" signalisierten und so die Tabuisierung fortsetzten. Andererseits sollte die Befragte sich nicht genötigt sehen, gegen meine Kategorien von Gewalt, Macht, Mißbrauch etc. ankämpfen zu müssen.

Die schließlich gefundenen Formulierungen und Fragetechniken variieren sowohl innerhalb der einzelnen Gespräche als auch von Gespräch zu Gespräch und reichen von vorsichtigen Umschreibungen bis zu direkten Fragen, Unterstellungen und Suggestivfragen (vgl. Richardson et al., 1965).

Angesichts der skizzierten Aufgabenstellung habe ich mich für offene, nur wenig vorstrukturierte Gespräche entschieden, die sowohl narrative als auch dialogische Passagen enthalten. Im Sinne der Technik des "narrativen Interviews" (vgl. Südmersen, 1983) beginnen alle Gespräche mit einer "Erzählaufforderung", die sich auf die Zeit der Entdeckung der sexuellen Ausbeutung bezieht. Dies geschah in der Annahme, daß diese Zeit einen gut erinnerbaren Fokus darstellt, von dem aus die Befragte ihre Geschichte in der ihr gemäßen Art entwickeln kann. Auch wenn die Gespräche im weiteren Verlauf nicht mehr im strengen Sinne der Technik des narrativen Interviews folgen, so lassen sie doch Raum für Schilderungen subjektiv wichtiger Ereignisse, da "möglicherweise die erzählenden Elemente die besonderen Eigenschaften qualitativer Interviews ausmachen, denn Tatsachen, Urteile, Meinungen kann ich auch in 'geschlossenen' Interviews ermitteln. Es geht also um das Erzählen von Geschichten, vor, in und hinter die Urteile eingelagert werden können." (Baacke, 1978, S. 20)

Des weiteren orientiere ich mich an der Methode der hermeneutischen dialogischen Forschung (vgl. Sommer, 1987). Der Dialog ist nach Sommer ein themenbezogenes Gespräch, das auf der gegenseitigen Unterstellung von Offenheit und Wahrhaftigkeit und dem Ernstnehmen des Gesprächspartners beruht.[2] Das Thema des Gesprächs bezieht sich dabei auf die Belange der Beforschten. Es wird davon ausgegangen, daß Forscherin und Befragte durchaus unterschiedliche Interessen mit ihrer Teilnahme am Dialog verbinden können. Beeinträchtigend für den Forschungsprozeß wirken unterschiedliche Interessen erst dann, wenn sie gegensätzlich sind und /oder nicht offen thematisiert werden können. "Daß der Befragte be-

---

2   Sommer nennt als weiteres Kriterium des Dialogs das Kriterium der "Gleichberechtigung". Dies meint, daß beide Gesprächspartnerinnen, Forscherin und Befragte, "den Verlauf des Gesprächs in gleicher Weise beeinflussen können" (ebd., S. 92), beide können neue Themen einbringen, Deutungen und Erklärungen abgeben. Ich halte diese Auffassung für eine Verkennung des Ungleichgewichts in der Interviewsituation.

stimmte Ziele verfolgt, die mit denen des Forschers nicht übereinzustimmen brauchen, ist somit nicht ein zu eliminierender Störfaktor, sondern ein unvermeidliches Merkmal der Kommunikation im Interview ebenso wie im Alltag." (Kohli, 1978, S. 3)

Der Dialog erfordert nach Sommer von der Forscherin eine Haltung des "Mitschwingens" (ebd., S. 59), was bedeutet, den Interessen und Absichten der Befragten zu folgen und genügend Offenheit aufzubringen zum "Sich - bewegen - Lassen psychischer Inhalte." (ebd., S. 72) Dem "Mitschwingen" innerhalb der Dialoge wird die Distanzierung während der Phase der Interpretation entgegengesetzt. Der Dialog wird - nach meiner Ansicht mit einiger Berechtigung - als mögliches Instrument zur "Selbstforschung" (ebd., S. 95) angesehen. Dadurch, daß einerseits den Befragten Raum zur Selbstdarstellung gegeben wird, andererseits die Forscherin an bestimmten Stellen unterstützend eingreift, "mitgeht", kann der Dialog als geeignetes Mittel angesehen werden, die innere Welt der Gesprächspartnerin sichtbar und spürbar werden zu lassen.

Um jedoch hier nicht in Romantisierung abzugleiten, ist einschränkend folgendes anzumerken: Bei allen Bemühungen um Offenheit, Anerkennung des Gegenübers als Subjekt seiner Erkenntnis etc., kann die grundsätzliche Asymmetrie der Situation nicht behoben werden, die das Gespräch immer wieder in die Nähe einer "Pseudokommunikation" (vgl. Hopf, 1978) rückt. Die Rollentrennung von Befragerin und Befragter bleibt erhalten. Gegenstand ist die Realität der einen Gesprächspartnerin mit ihren schmerzvollen und intimen Anteilen, auf die sich das ausfragende, professionelle Interesse der Forscherin richtet. Die Befragte überläßt ihre Aussagen der Forscherin, die sich dieser in der Phase der Interpretation bemächtigt. Der Leitfaden, auch wenn er wie in einigen meiner Interviews nur ein Leitfaden im Kopf der Forscherin ist, hat steuernden Einfluß. Dazu kommt die möglicherweise unterschiedliche Interaktionskompetenz von Befragerin und Befragter.

Der Dialog nach Sommer bietet ein anregendes Instrumentarium zur Befragung, das die innere Haltung der Forscherin mitberücksichtigt. Er ist keine Möglichkeit, die grundsätzliche Asymmetrie und die ungleichgewichtige Machtverteilung in der Forschungskommunikation zu umgehen.

Das professionelle Interesse, sichtbar durch Ausfrageverhalten, angeleitet durch den "Leitfaden im Kopf", erwies sich in meinen Interviews sowohl als fruchtbar als auch als störend. Störend war es dann, wenn mein Informations- und Ordnungsbedürfnis das lebendige Erzählchaos im Bemühen um Systematik rüde unterbrach. Glücklicherweise ließen sich die Befragten davon selten irritieren. Meist setzten sie nach einer kurzen Antwort ihre Erzählung fort. "Zum Glück sprechen Frauen so schnell und wendig, daß das Instrumentarium der männlichen Empirie rasch niederbrechen wird." (Benard/Schlaffer, 1981, S. 136)

Insgesamt halte ich eine Haltung professionellen Interesses nicht nur für ehrlicher, sondern im Interesse der Datengewinnung auch für sinnvoller als den Versuch, eine "persönliche" Beziehung und Atmosphäre zu schaffen. "Sie erschwert es in Studien dieser Art häufig, sensible und sehr persönliche Themen anzusprechen.

Das verfremdende 'unmoralische' Arrangement bietet zugleich den Interview-
partnern immer eine Möglichkeit, sich zu schützen und gibt ihnen daher eine
größere Sicherheit in der Interaktion, fördert aber auch eine reflexive Haltung zu
den eigenen Erfahrungen, zu der Betroffenheit durch das Thema 'Gewalt'. Umgekehrt erleichtern diese Vorkehrungen ein 'unverschämtes' Nachfragen." (Honig,
1986, S. 132).

Professionelle Distanz neutralisiert jedoch weder die Beziehungsdynamik noch
bedeutet sie die Abwesenheit von Parteilichkeit, Anteilnahme und Einfühlung. Sie
hilft aber beiden Gesprächspartnerinnen, ihre Realität wahrzunehmen und zu
behalten. Beides, Einfühlung auf der einen Seite und Distanz, verstanden auch als
Bewußtheit über die Situation, auf der anderen Seite, sehe ich als Voraussetzung
dafür an, die im Gespräch auftretenden Gefühle auf seiten der Forscherin als
Erkenntnisinstrument zu nutzen.[3]

Insgesamt gehe ich davon aus, daß die diversen Widersprüche der Interviewsituation, "Mitschwingen", Erzählenlassen und Ausfragen, Rollenverteilung in Forscherin und Forschungsobjekt, Parteilichkeit und professionelles Interesse, Einfühlung und Ausforschung und Unterschiedlichkeit der Interaktionskompetenz sich
nicht auflösen lassen, auch nicht im Versuch einer "Wissenschaft als Aufklärung".
Die Forscherin kann nur versuchen, diese Widersprüche in größtmöglicher Bewußtheit und Offenheit zu leben.

---

3   Die eigenen Gefühle der Forscherin sind eine nicht zu vernachlässigende Größe im For-
     schungsprozeß. Becker - Schmidt (1985) formuliert als Kriterium jeder kritischen
     Wissenschaft, auch der feministischen, die Forderung an die Forschenden, "ihre eigene
     Stellung im Forschungsprozeß zu reflektieren" (ebd., S. 93). Vor allem nennt sie zwei Punkte,
     die die Kompetenzen der Forscherin berühren. Erstens, daß die Forscherin mit dem
     gesellschaftlichen Bereich, den sie erforscht, in der Regel nicht vertraut ist - trotzdem macht
     sie sich ein Bild davon - und zweitens, daß sie beim Einlassen auf fremde "soziale Formen der
     Realitätsbewältigung" (ebd., S. 93) möglicherweise Irritationen erfährt, mit ihren eigenen
     psychischen Konflikten in Kontakt kommt. Dies kann auch geschehen, möchte ich
     hinzufügen, wenn die Forscherin in der Gestalt ihres Gegenübers auf ihr Bekanntes, auf
     Verdrängtes, auf eigene unbewältigte Konflikte und schmerzhafte Erfahrungen trifft. Auf
     jeden Fall ist es denkbar, daß die Forscherin im Forschungsprozeß ihrem eigenen Unbewußten
     begegnet (vgl. Brückner, 1983). Aber die eigenen Gefühle, die eigene Subjektivität sind kein
     Störfaktor des Forschungsprozesses, sondern können Instrument des Verstehens, der
     Interpretation sein. Gefühle von Irritation, Langeweile, Mißtrauen, Traurigkeit, Zorn,
     Zuneigung, Mitgefühl sind Signale, die die Forscherin sich im Gespräch selbst und auch in der
     Phase der Interpretation zunutze machen kann. Sie können ihr z.B. zeigen, in welche
     thematische Richtung das Gespräch gehen kann. Nadig (1985) bezeichnet die "psychischen
     Bewegungen" (ebd., S. 110) zwischen Forscherin und Informantin als das wichtigste
     Forschungsmaterial.

Die Validität der Datengewinnung

Angesichts der Tabuiertheit und Intimität des Themas und angesichts der Ängste der Frauen, als (Mit-)Täterinnen beschuldigt zu werden, stellt sich die Frage, ob und wie es möglich ist, von den Befragten ehrliche und umfassende Auskünfte zu erhalten. Mit Sicherheit weisen die Berichte der Frauen Lücken auf, mit Sicherheit beeinflußt der Wunsch, sich selbst in annehmbarer Weise zu präsentieren und die erlebte Realität und die beteiligten Personen in annehmbarer Weise zu konstruieren, die Darstellung. Diese Prozesse laufen sowohl bewußt als auch unbewußt ab und sind unvermeidliche - und wünschenswerte - Elemente jeder Kommunikation. Ihre Funktion besteht unter anderem darin, die persönliche Würde der Befragten zu bewahren. Das bedeutet, "daß es auch beim Verstehen des Subjekts, auch bei der Verwendung qualitativer Methoden Grenzen der Annäherung, Reste der Fremdheit geben muß, die nicht als technisch noch nicht zu lösendes Problem mißverstanden werden dürfen. Sie müssen im Gegenteil als Teil des Respekts vor dem erforschten Subjekt verstanden werden." (Bergold/Flick, 1987, S. 15) Letzteres ist eigentlich eine Selbstverständlichkeit im menschlichen Umgang oder sollte es sein; es ist nicht immer eine Selbstverständlichkeit im wissenschaftlichen Prozeß.

Abgesehen von diesen Einschränkungen bleibt festzuhalten, daß die Frauen über sich und ihre Situation berichten. Ihre Aussagen sind ausführlich, detailliert, vielschichtig, und sie schließen schmerzvolle und peinliche Themen mit ein. Die Gespräche zeugen von einer hohen Bereitschaft der Frauen zur Auseinandersetzung mit sich selbst und mit dem Anliegen der Fragerin nach Deutung, Bewertung und Klärung der Situation. Das so gewonnene Material ist nicht lückenlos; es ist jedoch gehaltvoll und ausreichend für das Forschungsvorhaben.

Die Definition der Interaktionssituation durch die befragten Frauen

Wenn das Interview als Form von Kommunikation verstanden werden kann, die beide GesprächspartnerInnen mit Hilfe ihrer Interpretationen gestalten (vgl. Kohli, a.a.O.), so wird eine adäquate Definition der Situation zum entscheidenden Kriterium für die Validität des gewonnenen Materials. "In diesem Verständnis kann der besondere soziale Kontext, der durch Forschungshandeln entsteht, nicht länger als eine Randbedingung aufgefaßt werden, die die zuverlässige Anwendung der Methoden stört. Er wird umgekehrt zu einem Prüfstein für die Gültigkeit der Erhebung. Wie haben die Erforschten die Situation, in der die Erhebung stattfand, wahrgenommen und für sich definiert? - entscheidet über die Realitätshaltigkeit der Ergebnisse." (Volmerg, 1983, S. 126)

Im Sinne des "informed consent" verfügten alle Gesprächspartnerinnen über Vorinformationen zu meinem Forschungsvorhaben und meiner beruflichen Biographie. Bei zwei Frauen gingen die Informationen direkt von mir aus. Hier gab es aufgrund der persönlichen Bekanntschaft eine hinreichend freundliche und vertrauensvolle Beziehung als Basis der Gespräche. Bei den übrigen Frauen liefen die Informationen zunächst über Frauenhausmitarbeiterinnen bzw. die Töchter der Frauen. Dementsprechend wurde ich zunächst als ehemalige Frauenhausmitarbeiterin bzw. Beraterin der Tochter angesehen. Die Definition "ehemalige Frauenhausmitarbeiterin, die jetzt eine Untersuchung durchführt", war für die Frauen positiv, da beide ihren Aufenthalt im Frauenhaus und die Unterstützung, die sie dort im Hinblick auf die sexuelle Ausbeutung der Töchter fanden, positiv bewerteten. Die Frauen, deren Bekanntschaft ich über ihre Töchter gemacht hatte, hatten zum einen beide ein positives Bild von der Arbeit einer Beraterin. Zum anderen hatten diese beiden Frauen von sich den Eindruck, sich ihren Töchtern gegenüber adäquat verhalten zu haben, was ihre Motivation zum Gespräch erhöhte.

Bis auf eine Frau war allen die Situation, sich mit einer anderen Frau bzw. einer professionellen Helferin über persönliche Dinge zu unterhalten, vertraut, und sie empfanden sie als dem Thema angemessen. Bei allen Frauen war mein Geschlecht ein wichtiges Kriterium für ihre Bereitschaft, mit mir zu sprechen.[4]

Für ihre Teilnahme an den Interviews nannten die Frauen zum einen ein auf sich selbst bezogenes, zum anderen ein helfendes Motiv. Alle gaben auch im nachhinein an, daß sie mein Interesse an ihrer Situation, die Gelegenheit, über sich selbst zu sprechen und nachzudenken, eine konzentrierte Zuhörerin zu finden, grundsätzlich angenehm fanden. Das Anspruchsvolle und Zielgerichtete meiner Aufmerksamkeit, z.B. das beharrliche Nachfragen, die Thematisierung von Widersprüchen waren z.T. innerhalb der Gespräche Gegenstand von Klärungsprozessen. Einige Frauen fühlten sich durch die erneute Konfrontation mit dem Geschehen erregt und aufgewühlt. Um dem Rechnung zu tragen, hatte ich den Frauen ein weiteres Gespräch außerhalb des Forschungsprojekts angeboten, falls sie dies wünschten.

Das helfende Motiv bezog sich bei drei Frauen ausdrücklich auf das Projekt. Sie fanden es notwendig, das Thema "Sexueller Mißbrauch in der Familie" öffentlich zu machen und wollten durch ihre Mitarbeit dazu beitragen.

---

4   Die Gespräche fanden fast alle an den Frauen vertrauten Orten statt, nämlich bei vier Frauen in ihrer Wohnung, mit einer Frau traf ich mich in einem Frauenzentrum, das sie oft besucht. Eine Frau wollte an einem "neutralen" Ort mit mir sprechen, deshalb trafen wir uns in einer Beratungsstelle.

Die Analyse des Materials

Herstellung eines Index'

Obwohl die Untersuchungsgruppe klein war, hatte das transkribierte Material einen beträchtlichen Umfang. Vor allem aus forschungsökonomischen Gründen habe ich das Datenmaterial nach Personen getrennt in einem themenbezogenen Index aufbereitet. Das Register erfaßt sämtliche auftauchenden Themen und ebenfalls vollständig die zu einem Thema gehörigen Textstellen. Die einzelnen Passagen wurden dabei einem oder mehreren Themen zugeordnet. Gerade die mehrdeutigen Passagen erwiesen sich oft als interessante Schlüsselstellen. Mit der vollständigen Erfassung aller zu einem Thema zugehörigen Punkte sollte die Gefahr ausgeschlossen werden, aufgrund bestimmter Vorannahmen "typische" Stellen auszuwählen und widersprechende zu vernachlässigen. Die Themenübersicht diente dem Überblick über den Themenkatalog des gesamten Materials zum Zwecke der Vergleichbarkeit.

Der Prozeß der Interpretation

Ich habe mich zunächst mit dem gesamten Material zu jeweils einer Person befaßt (vgl. Köckeis, 1980). In einer ersten Stufe der Interpretation wurde versucht, die subjektive Perspektive der Befragten möglichst genau zu erfassen, das "Insgesamt der Bewußtseinskonstellationen" (Baacke, a.a.O., S. 47), ihre Konstruktionen der Realität (vgl. Wahl et al., 1985). Was teilt die Befragte mit, was läßt sie offensichtlich oder vermutlich weg? Was hält sie im Zusammenhang des Themas für wichtig, was für nebensächlich? Wofür möchte sie Anerkennung erhalten, was glaubt sie rechtfertigen zu müssen? Als welche Persönlichkeit präsentiert sie sich? Welche Bewältigungsformen lassen sich erkennen, auch über die Situation der sexuellen Ausbeutung hinaus? Wie deutet sie das Geschehen? Versucht sie, ein Bild von Normalität aufrechtzuerhalten? Welche Sicht der Interviewerin auf sich und den Gegenstand vermutet sie? Nur vor dem Hintergrund eines Gesamteindrucks der Persönlichkeit der befragten Frau, eines Portraitausschnitts, lassen sich Einzelaussagen adäquat erfassen.

Der Prozeß des Nachvollziehens der subjektiven Sicht wurde mit Hilfe von "Aufmerksamkeitsrichtungen" strukturiert (vgl. Abels et al, 1977). Solche Aufmerksamkeitsrichtungen sind teilweise theoriegeleitet, teilweise tauchen sie aus dem Material selbst auf.

Ein zweiter Schritt der Interpretation bestand im Aufschlüsseln von Konzepten oder Begriffen der Frauen zu den gegenstandsrelevanten Themen, verstanden als je individuelles Instrumentarium, das den Frauen zur Rekonstruktion und Bewältigung der Situation zur Verfügung steht. Begriffe oder Konzepte - ich ziehe hier den

Terminus "Konzept" vor - werden hier der Theorie Blumers folgend als Konstrukte
aufgefaßt, mit deren Hilfe Wahrnehmung sowohl verarbeitet als auch gestaltet wird
und die Handeln anleiten. "Wenn z.B. in einer Handlungssituation die Wahrnehmung zu unbefriedigend ist, um die Handlung sicher zu leiten, dann kann der
Mensch sich Begriffe bilden, mit deren Hilfe er trotz der Ungewißheit der Wahrnehmung sein Handeln fortzusetzen in der Lage ist. In solchen Fällen stellt die
kreative Aktivität der Begriffsbildung ein Äquivalent der perzeptiven Aktivität der
Wahrnehmung dar." (Helle, 1977, S. 103, vgl. auch Blumer, 1973) Betont wird die
Funktion von Begriffen bei Irritationen. "Der Mensch begegnet gewissen wahr-
nehmbaren Erfahrungen, die ihm unmittelbar zugänglich sind, die aber rätselhaft
wirken und sich dem Verständnis zunächst entziehen. Das Individuum bildet sich
dann Begriffe, die ihm helfen, sich seine Erfahrungen verständlich zu machen."
(Helle, a.a.O. S.104)

Methodisch lehne ich mich an die "dokumentarische Interpretation" an (vgl.
Wilson, 1973, vgl. auch Bergold/Flick, a.a.O., Honig, 1986). "Dokumentarische
Interpretation besteht darin, daß ein Muster identifiziert wird, das einer Reihe von
Erscheinungen zugrunde liegt; dabei wird jede einzelne Erscheinung als auf dieses
zugrundeliegende Muster bezogen angesehen - als ein Ausdruck, als ein
'Dokument' des zugrundeliegenden Musters. Dieses wiederum wird identifiziert
durch seine konkreten individuellen Erscheinungen, so daß die das Muster wieder-
gebenden Erscheinungen und das Muster selbst einander wechselseitig determinie-
ren." (Wilson, a.a.O., S. 60) Zu berücksichtigen ist die zeitliche Dimension der do-
kumentarischen Interpretation: Neue Erfahrungen können das "Muster" im nachhinein verändern, ebenfalls bestimmt dieses zukünftige Erwartungen.

Es wurde versucht, neben manifesten auch latente Sinngehalte einzubeziehen
(vgl. Sommer, a.a.O.). Bei der Rekonstruktion des manifesten Gehaltes "ergeben
sich in der Regel Bruchstellen, d.h. Widersprüche, Ungereimtheiten, Lücken, über-
raschende Wendungen in der Themenführung, unerwartete emotionale Reaktionen
usw.." (ebd., S. 205) Diese Bruchstellen können als Ansatzpunkt zum Auffinden
des latenten Gehaltes der Aussagen dienen (vgl. Brückner, 1983, 1987).

In einem dritten Schritt ging es mir um Zusammenfassung und Vergleich des
Materials der Einzelportraits. Das Ergebnis dieser Arbeit bildet die Textfassung der
Studie. Ein wichtiges Kriterium war dabei die Frage, unter welchen Bedingungen
eine Frau die Möglichkeit hat, ihre Tochter zu schützen. Auf dieser Stufe der Interpretation erfolgte die Analyse anhand theoretischer Fragen. Hier ging es auch um
die gesellschaftliche Strukturiertheit subjektiver Deutungen, um das Auffinden gesellschaftlicher Konstrukte in den individuellen. Dem liegt auch die Auffassung
zugrunde, daß die Analyse von "Extremfällen" Aufschluß über die gesellschaftliche Normalität gibt (vgl. Brückner, 1983). Keinesfalls sollten damit jedoch subjektive Deutungen in ihrer Widersprüchlichkeit, Unvereinbarkeit und möglicherweise
herrschaftsstabilisierenden Funktion "entlarvt" werden. Mein Ziel war vielmehr die
theoretische Einordnung subjektiver Realitätskonstruktionen in einen gesellschaftlichen "Verweisungszusammenhang", die ihre Würdigung als individuelle Identi-

tätsleistung erst ermöglicht. "Der Verweisungszusammenhang der vorgefundenen Wirklichkeitskonstruktionen läßt sich in einer theoretischen Anstrengung plausibel machen, die von den subjektiv - individuellen Wirklichkeiten ausgeht, sie aufeinander bezieht und ihre Lücken sichtbar macht. Die Lücken zu schließen, wird in Übereinstimmung mit den Akteuren kaum möglich sein, die Erklärung der Differenz bleibt eine theoretische Operation, in der plausibel gemacht werden muß, wie konkurrierende Wirklichkeitskonstruktionen zustandekommen, die gleichzeitig gelten können." (Wahl et al., a.a.O., S. 408)

Die Gültigkeit der Analyse

Innerhalb der qualitativen Verfahren kann nicht auf einen abgesicherten Methodenkanon zur Validierung zurückgegriffen werden. Vielmehr muß davon ausgegangen werden, "daß die Maßstäbe für die Einschätzung von Geltungsbegründungen sozialwissenschaftlicher Interpretationen heute selbst nur noch in Interpretations-, Verständigungs-, und Herstellungsprozessen, und nicht unter Rekurs auf eine wie auch immer geartete 'objektive Wirklichkeit' gewonnen werden können." (Lüders/Reichertz, 1986, S. 93) Eine Voraussetzung für die Gültigkeit der Analyse ist die Qualität der Datengewinnung. In bezug auf die Interpretationen erscheinen mir zwei Kriterien als wichtig. Das eine ist die weitestmögliche Offenlegung des Forschungsprozesses zum Zwecke seiner Nachvollziehbarkeit. Das zweite ist das "Kohärenzkriterium", nämlich die Forderung, daß alle Einzelaussagen zum Gesamtbild der Interpretation "passen" und keine Aussage gefunden werden kann, die der Interpretation widerspricht (vgl. Kleining, 1982, Wilson, a.a.O.). Die Interpretation bleibt damit vorläufig und kann durch neue Erkenntnisse widerlegt werden.

Zum Abschluß des Kapitels möchte ich etwas zur Bezeichnung der Personen sagen. Die Namen der Frauen sind fiktiv, ebenso die Namen ihrer Töchter. In jedem Kapitel werden alle Frauen erwähnt, die Reihenfolge variiert allerdings.

Der Aneignungsprozeß

"Warum schweigen die Mütter zu den sexuellen Übergriffen gegen ihre Töchter?", war eine Ausgangsfrage der Untersuchung.

Zunächst gibt es auf diese Frage eine ebenso einfache und richtige wie unzureichende und falsche Antwort: sie schweigen, weil alle schweigen, weil es keine Alternativen dazu gibt. Sie nachvollziehen in ihrem Schweigen individuell das gesellschaftliche Schweigen und die vermutlich dahinterliegende gesellschaftliche Tabuisierung.

"Schweigen" legt aber weiterhin nahe, daß nichts geschieht. Es heißt zunächst jedoch nur, daß möglicherweise über längere Zeit nichts nach außen dringt, entweder aus dem Innern, aus dem Denken der Frau oder aus dem Raum der Familie.

Alle befragten Frauen setzen sich mit der Realität des Inzests auseinander. Deutlich wird jedoch, und darauf kommt es mir hier ganz besonders an, daß diese Auseinandersetzung von extremen Schwierigkeiten begleitet ist und in Isolation stattfindet. Diese Schwierigkeiten betreffen nicht nur das Sprechen über den Inzest oder den Inzestverdacht, sondern kennzeichnen den gesamten Prozeß der Realitätsaneignung einschließlich des Handelns. Dem Wahrnehmen, Denken, Fühlen, Ausdrücken, Handeln stellen sich Hindernisse, Erschwernisse entgegen. Ich nenne diese Phänomene, die den Prozeß des Wahrnehmens, Denkens, Fühlens, Ausdrükkens, Handelns im Zusammenhang mit der Realität des Inzests erschweren oder verhindern, Aneignungsverbote. Ich gehe davon aus, daß diese vielfältigen Aneignungsverbote gemeinsame Wurzeln haben und daß dort das Tabu, falls es eines gibt, sichtbar wird.

Im folgenden werde ich den Umgang der Frauen mit der Tat ausführlich darstellen, und zwar aus mehreren Gründen. Erstens vermittelt dieser Ausschnitt aus den Fallstudien einen guten Einblick in die Situation und die Persönlichkeit der jeweiligen Frau. Zweitens bildet dieser Ausschnitt den Aneignungsprozeß ab und zeigt das, was als "Aneignungsverbote" bezeichnet worden ist. Drittens führt dieser Abschnitt in die für das Verständnis des Geschehens wichtigen Beziehungen ein; die der Frauen zu ihren (Ehe-)Männern und die zu ihren Töchtern.

"'Ne Ahnung war da, aber keine Gewißheit" - Frau Lorenz

Zum Zeitpunkt der Gespräche ist Frau Lorenz achtunddreißig Jahre alt. Von Beruf Tankwartin, arbeitet sie gegenwärtig ganztägig an zwei Arbeitsstellen als Putzfrau.

Sie hat vier Kinder; eine Tochter und einen Sohn, neunzehn und achtzehn Jahre alt, aus ihrer ersten Ehe und zwei Töchter, acht und fünf Jahre alt, aus ihrer zweiten Ehe.

Drei Kinder leben mit ihr zusammen. Birgit, die älteste Tochter, ist vor einem Jahr ausgezogen, besucht ihre Mutter und ihre Geschwister aber häufig.

Der Täter ist Frau Lorenz' zweiter Ehemann. Die Ehe, die vor zwei Jahren endgültig beendet wurde, dauerte, von einigen Trennungen unterbrochen, ungefähr
acht Jahre.

Von dem Inzest betroffen ist Birgit, die älteste Tochter. Herr Lorenz lernt seine
Stieftochter kennen, als sie zehn Jahre alt ist. Der Zeitraum, über den sich die inzestuöse Beziehung hinzieht, ist für Frau Lorenz nur abzuschätzen. Wahrscheinlich
dauerte sie fünf Jahre, von Birgits elftem bis zu ihrem sechzehnten Lebensjahr. Der
sexuelle Mißbrauch ist also seit drei Jahren beendet.

Frau Lorenz und ich kennen uns aus der Zeit, als sie im Frauenhaus lebte und
ich dort arbeitete. Obwohl das schon einige Jahre zurückliegt, ist sie, als ich sie an-
rufe, sofort bereit, mit mir zu reden.

Frau Lorenz hat viel über den Inzest und über ihre Ehe nachgedacht, und sie hat
Bücher zum Thema "Sexueller Mißbrauch" gelesen. Spürbar sind ihre Verunsicherung auf diesem Gebiet und ihr Bedürfnis, mit jemandem zu sprechen, der sich für
sie als Person interessiert und von ihr nicht nur etwas über Opfer und Täter wissen
möchte. Letzteres betont sie. Der "härteste Brocken" ist für sie heute noch die un-
geklärte, schwierige Beziehung zu ihrer Tochter.

Die Frage, wie und wann sie von der sexuellen Ausbeutung erfahren habe, ist
für Frau Lorenz schwierig zu beantworten. Sie berichtet, daß sie "ziemlich früh
schon" "etwas" bemerkt habe. (Wie "früh" das tatsächlich war, ist nicht überprüf-
bar, weil Frau Lorenz nicht weiß, wann der sexuelle Mißbrauch ihrer Tochter be-
gonnen hat.) "'Ne Ahnung war da, aber keine Gewißheit."

Woran macht sie diese "Ahnung" fest, was nimmt sie wahr? Sie nennt ein Beispiel.

"Und das war auch so 'ne Situation. Da ist dann das Haus abgeschlossen gewesen, und ich kam nicht rein. (Es war spät am Abend, Anm. der Verf.) Und da habe
ich die Tür eingetreten .... Und kam nicht in die Wohnzimmertür rein, und dann
hab' ich die auch noch eingetreten ..., und wo ich dann voller Wut und Rochus ... in
die Schlafzimmertür kam, da stand Birgit aus meinem Bett auf und er auch."

Es gibt noch weitere derartige Situationen, über deren Bedeutung sich Frau Lorenz zunächst nicht im Klaren ist, wo sie aber im Nachhinein "versucht, zu kombi-
nieren". "Es arbeitete weiter."

Als ersten und wichtigsten "Anhaltspunkt" nennt Frau Lorenz das veränderte
Verhalten ihrer Tochter:

"Ja, und erst hab' ich das vielleicht noch ein bißchen anders gesehen, eine Ahnung, daß da irgendwo ein bißchen mehr läuft. Aber dann habe ich es auch so gesehen, Birgit und Frank (der Sohn Frau Lorenz', Anm. der Verf.) haben nie sehr
viel von ihrem ersten Vater gehabt, weil der sehr viel unterwegs war und so. Und
vor allen Dingen Birgit hat sich also an diese Vaterfigur unheimlich geklammert.
Insofern fand ich das gar nicht so schlecht, weil er sich sehr um die Kinder bemüht
hat und gekümmert hat, also was Schulaufgaben anging, und er auch in der Beziehung eine ganze Menge getan hat. Daß ich mir vielleicht eben nicht sicher war,

also was ist es, ist es eben nur so die Liebe zum Vater hin oder was weiß ich. So an seinem Verhalten habe ich eigentlich gar nicht so sehr was gemerkt, so zu Anfang überhaupt nicht. Nur an Birgits Verhalten. Das veränderte sich also schlagartig. Sie, du kannst sagen, sie hat also wirklich versucht, mich auszuspielen, sie wurde pampig und frech. Sie merkte, daß sie also im Prinzip mehr in der Familie zu sagen hatte als ich eigentlich und daß ich immer nachgegeben hatte, weil ich nicht wußte, wo ich dran war."

Wie geht Frau Lorenz mit ihrer Ahnung um? Wie versucht sie, Klarheit zu erlangen?

"Ich bin also nie hingegangen und hab' gefragt oder was."
Und weiter:

"Da wurde einfach nicht darüber geredet. Was da überhaupt gelaufen ist oder was, da wurde auch nicht darüber geredet."

Frau Lorenz wendet sich vor allem an ihre Tochter und versucht, mit ihr zu sprechen. Allerdings fragt sie nicht direkt nach sexuellen Übergriffen. Ihre Fragen beziehen sich auf Birgits verändertes Verhalten.

"Weil ich das Gefühl hatte, Moment mal, sie ist eigentlich noch ein beschützungswürdiges Kind oder so. Sie wagt sich da vielleicht nicht raus ... Was weiß ich, mit was er vielleicht gedroht hat oder sie angelockt hat..., und sie gefragt habe, was das soll und warum sie das macht..., und sie hat sich eigentlich zurückgezogen..."

Frau Lorenz beschreibt, wie sie mit ihren Fragen und Versuchen "aufgelaufen" sei und allmählich aufgegeben habe. Sie wendet sich auch deshalb an die Tochter, weil sie sich an ihren Mann nicht wenden kann. Sie nennt mehrere Gründe.

- Einer ist die zu dieser Zeit gestörte Beziehung zu ihrem Mann. (Ihr Mann ist Alkoholiker und trinkt zu der Zeit viel.)

"Als das passiert ist, konnte ich überhaupt nicht mit ihm reden, über nichts. Weder über diese Sache, noch über sonst etwas irgendwie."
Zum zweiten hat sie Angst, "eben welche reinzukriegen".

Ihr Mann ist in den Phasen, in denen er trinkt, gewalttätig. Sie erzählt z. B. - eher beiläufig - wie er sie einmal so geschlagen hat, daß sie im Krankenhaus wieder zu sich kam.

Weiter berichtet sie, daß sie das alles "verschütten" wollte.
"Ich wollte das auch verschütten. Ich wollte einfach gar nichts sehen."
"So was ist unheimlich schwer gewesen, überhaupt zu begreifen. Ich meine, das ist heute noch eigentlich schwer für mich, das zu begreifen."

Und zwar v. a. deshalb: "Das war mein Ideal für mich, dieser Mann." Sie beschreibt ihn als "liebevoll", "verständnisvoll".

So ist es nicht in erster Linie die Tat, die sie unbegreiflich findet, sondern daß ihr Mann dazu fähig ist. (Ähnlich schockiert ist sie auch über seine Gewalttätigkeit.)

- Schließlich nennt sie ihre Situation insgesamt so überfordernd, chaotisch, finanziell desolat, "daß du eben manche Sachen überhaupt nicht mitkriegst."
Sie beschreibt ihr damaliges Leben als eine Art Wechselbad. "Zeitweise war dann aber auch nichts. Zumindest von meiner Warte aus passierte nichts."
In dieser Lage, in der sie sich extrem hilflos fühlt, bleiben ihr als Verhaltensmöglichkeiten einmal der Versuch, sich zu distanzieren und zum anderen Wut und Aggression (v. a. gegen die Tochter), womit sie versucht, sich "zu wehren" und "einzugreifen".
"Und wurde also tierisch sauer und hab' (...) einen wahnsinnigen Terror gemacht (...)."
"Da hab' ich mir dann die Schwächere ausgesucht und dann hab' ich sie eben halt verprügelt, um mich zu wehren irgendwo."

Insgesamt entwirft Frau Lorenz im Gespräch mit mir das Bild einer Situation, in der der sexuelle Übergriff auf die Tochter neben Gewalttätigkeit, Alkoholismus, Beziehungsschwierigkeiten, Arbeitsüberforderung und finanziellen Problemen steht, so daß alles, was nun tatsächlich mit dieser Problematik zusammenhängt, schwierig aus dem "Rest" herauszufiltern ist. Die Problematik bleibt undurchschaubar, verwirrend, und auf der anderen Seite wird sie weniger erstaunlich. "Wo so viel passiert, ..."
Es entsteht die Fage, ob die chaotische Situation auch eine Art Rechtfertigung mir oder sich selbst gegenüber dafür darstellen soll, daß Frau Lorenz nicht entschlossener handeln konnte.
In vielen Aussagen klingt bereits eine zentrale Schwierigkeit Frau Lorenz' - und meiner Ansicht nach eine zentrale Problematik, die in den Gesprächen mit ihr insgesamt sichtbar wird - an. Frau Lorenz kämpft darum, die Beziehung zwischen ihrer Tochter und deren Stiefvater zu definieren. Handelt es sich um eine Mißhandlungs- oder eine Liebesbeziehung? Ihre jeweilige Antwort darauf bestimmt ihre Beurteilung des Geschehens und ihre Möglichkeit, sich einzumischen. Zur Klärung dieser Frage wendet sie sich u. a. an ihre Tochter, nicht an ihren Mann.
Diese Problematik, für sich die Situation nicht klären zu können, findet sich in allen folgenden Bereichen.
Eine definitive Bestätigung ihrer Ahnung erhält Frau Lorenz erst einige Jahre später von ihrer inzwischen vierzehnjährigen Tochter. (s.10.4.)
Noch später bestätigt ihr auch ihr Ehemann, "daß er mit ihr geschlafen hat."
Viel mehr kann sie jedoch weder von ihm noch von ihrer Tochter erfahren.
Auch heute kennt sie nicht die Zeitdauer des Inzests, die Art und Häufigkeit der Übergriffe, die damit verbundene Gewalttätigkeit.

Zusammenfassend läßt sich sagen: Frau Lorenz durchlebt eine lange Phase von Unsicherheit über das Vorhandensein der inzestuösen Beziehung, bis sie durch ihre Tochter Gewißheit erhält. Bis heute kennt sie das tatsächliche Geschehen nicht.

Sie verfügt über wenig Möglichkeiten, ihren Verdacht mit Hilfe von Gesprächen zu überprüfen, obwohl sie, bei aller Angst, den dringenden Wunsch nach Klärung verspürt.

Sie kann nicht mit ihrer vertrauten Freundin sprechen, und auch professionelle Hilfe zu suchen, ist für sie keine Möglichkeit: Weder bei ihrem ersten Frauenhausaufenthalt noch später, als sie sich in Therapie begibt, ergreift sie die Gelegenheit, ihre diesbezüglichen Probleme zu thematisieren.

Vor allem aber ist es ihr unmöglich, die unmittelbar Beteiligten, ihren Ehemann und ihre Tochter, direkt anzusprechen. Sie fühlt eine unüberwindliche, schwer zu erklärende Barriere. Ihrer Tochter gegenüber gelingen ihr einige indirekte Gesprächsversuche, ihrem Mann gegenüber unterbleibt auch das.

Wenn sie von dieser Zeit erzählt, so entsteht das Bild eines undurchdringlichen, ausweglosen Chaos', bei dem sich Phasen von Aggression und Verzweiflung, Resignation und "Normalität" abwechseln.

Deutlich wird, daß Frau Lorenz weder mit ihren Gedanken noch mit ihren Gefühlen und ihrem Handeln zu Ergebnissen kommt. Ihre Wahrnehmung bahnt sich äußerst langsam ihren Weg.

Die Verhaltensmöglichkeiten, die ihr bleiben, sind Versuche, sich zu distanzieren und Ausbrüche von Aggression, die beide als Ausdruck von Hilflosigkeit angesehen werden können. Zum Zentrum der Problematik kann sie trotz großer Bemühungen nicht vordringen.

Die möglichen Erkenntnisse, denen sie sich nähert und die sich ihr immer wieder entziehen, scheinen sie beide zu ängstigen: die Vorstellung, ihre Tochter sei die Geliebte ihres Ehemannes ebenso wie die Vorstellung, er sei ein Vergewaltiger, ein Mißhandler seiner Stieftochter.

"Also für mich ist der Mann gestorben" - Frau Hofmann

Frau Hofmann ist siebenunddreißig Jahre alt. Zum Zeitpunkt unserer Gespräche lebt sie seit wenigen Wochen mit ihren vier Kindern in einem Frauenhaus. Die sechzehnjährige Tochter Renate stammt aus Frau Hofmanns erster Ehe, die zweite, Kerstin, dreizehn Jahre alt, ist eine Tochter aus der ersten Ehe ihres derzeitigen zweiten Ehemannes. Die beiden jüngeren Söhne, acht und zwei Jahre alt, sind gemeinsame Kinder von Herrn und Frau Hofmann. Das jüngste Kind ist schwer körperbehindert.

Frau Hofmann hat keine Berufsausbildung. Sie hat als Küchenhilfe und als Fabrikarbeiterin gearbeitet. Seit ihrer zweiten Heirat vor zehn Jahren ist sie nicht mehr erwerbstätig. Zur Zeit lebt sie von Sozialhilfe.

Der Inzesttäter ist Frau Hofmanns Ehemann. Er hat sowohl seine Stieftochter als auch seine leibliche Tochter über einige Jahre hinweg sexuell mißbraucht. Der Mißbrauch von Renate begann, als sie elf Jahre alt war. In bezug auf die jüngere

Tochter hat Frau Hofmann keine Kenntnisse über die Zeitdauer. Frau Hofmann hat den Täter sofort angezeigt, als sie von dem Mißbrauch erfuhr. Er ist zur Zeit der Gespräche in Untersuchungshaft.

Frau Hofmann erzählt eine dem äußeren Verlauf nach geordnete Geschichte. Sie ist irritiert, wenn ich sie durch Zwischenfragen unterbreche.

Sie hat von dem sexuellen Mißbrauch erst vor einigen Wochen erfahren und hat ihre Geschichte in dieser Zeit mehrmals erzählt, und zwar meist in einem offiziellen Rahmen (Kripo, Jugendamt, Arzt, Sozialamt). Auf ähnliche Weise nimmt sie zunächst mein Interesse wahr.

- "Der Kripobeamte hat mich gefragt, so wie du." -

Sie glaubt zuerst auch, daß dieses Interesse sich v. a. auf die Motive und Gefühle des Täters und des Opfers richtet. Sie spricht leicht distanziert, ironisch, burschikos, zeigt wenig Gefühle, glatte Flächen. "Patent, wirklich! Wie Sie das alles so schnell geschafft haben!" Zu derartigen Äußerungen fühle ich mich durch ihre Präsentation im Gespräch veranlaßt, und sie treffen sicherlich zu. "Darunter" wird aber noch anderes spürbar, das im zweiten Gespräch deutlicher wird.

Ich leite das zweite Gespräch ein, indem ich ihr meine Achtung ausdrücke für ihre Art, das Geschehene zu bewältigen und dann mein Interesse formuliere, etwas über ihre Gefühle, ihre inneren Konflikte etc. zu erfahren. Darüber zu sprechen, fällt ihr zunächst ungeheuer schwer. Sie hat Mühe, sich selbst, ihr "Inneres" überhaupt als mögliches Thema zu begreifen, und es ist deutlich, daß sie die ausdrückliche Aufforderung und ungeteilte Aufmerksamkeit benötigt.

"Man muß mich fragen. Woher soll ich denn wissen, woran du Interesse hast?"

Beim morgendlichen Aufräumen bringt Frau Hofmanns Sohn ihr einen Zettel, den er unter dem Bett der ältesten Tochter gefunden hat. (Ich vermute, daß das Mädchen den Zettel dort in der bewußten oder unbewußten Hoffnung "vergessen" hat, ihre Mutter möge ihn finden.) Es handelt sich um einen Liebesbrief an Renate. Aufgrund der Schrift erkennt Frau Hofmann ihren Ehemann als den Absender.

"Naja, das war natürlich ein großer Schock für mich erstmal."

Und später:

"Ich habe einen Schrecken gekriegt, mir ist heiß und kalt geworden. Ich mußte mich vor dem Jungen so zusammennehmen, weil ich nicht wollte, daß er sowas erfährt."

Am liebsten, so sagt sie, hätte sie "geschrien" und "geheult".

Obwohl Frau Hofmann nie Vermutungen in dieser Richtung hatte, ist sie, als sie den Brief findet, zwar "geschockt", fühlt aber "keine Ungläubigkeit, nein." Vieles am Verhalten ihres Ehemannes wird ihr jetzt im Licht der neuen Erkenntnis verständlicher, z.B. seine Eifersucht, mit der er nicht nur sie, sondern auch seine Töchter quälte.

"So besitzergreifend, weißt du, war die Eifersucht, also richtig krankhaft."

Frau Hofmann handelt umgehend und zielbewußt. Ihr ist klar, welche Schritte sie unternehmen möchte: Strafanzeige stellen, die Scheidung in die Wege leiten. Da ihr Mann aus beruflichen Gründen die Woche über nicht zu Hause ist, spricht sie zunächst mit ihren Töchtern, zuerst mit der Empfängerin des Briefes, später mit der jüngeren Tochter Kerstin

"Da habe ich dann gedacht, wenn er schon an die eine drangegangen ist, mußt du doch die andere auch fragen."

Frau Hofmanns Verdacht erweist sich als zutreffend.

(Ich finde diesen Gedankengang aus mehreren Gründen bemerkenswert. Einerseits ist es naheliegend, beide Töchter als gefährdet zu betrachten. Andererseits machen in diesem Fall die gängigen Bilder von Inzest eine andere Deutung möglich. Bei Renate handelt es sich um die sechzehnjährige Stieftochter, bei Kerstin um die geistig zurückgebliebene leibliche Tochter von Herrn Hofmann. Hinzu kommt, daß der Brief an Renate, der die Bitte ausdrückte, sie möge doch mit ihm schlafen, sich seinerseits auf einen "schönen" Brief Renates bezog. Weiter kommt hinzu, daß Renate sich jahrelang nicht an ihre Mutter gewandt hat. Frau Hofmann nimmt jedoch diese Ansatzpunkte, Herrn Hofmanns Handlungsweise zu erklären, zu entschuldigen, zu verharmlosen, nicht an. Für sie handelt es sich um den sexuellen Übergriff eines Vaters gegen seine Töchter, nicht um einen "Ausrutscher", ausgelöst durch die sexuelle Anziehungskraft einer sechzehnjährigen jungen Frau, vielleicht sogar mit deren Einverständnis.)

Im Gespräch mit ihrer Tochter erfährt Frau Hofmann, daß ihr Vater sie mit der Drohung eingeschüchtert hat, die Mutter würde sie beide "rausschmeißen", wenn sie die Wahrheit erführe. Frau Hofmann ist über das mangelnde Vertrauen ihrer Töchter verletzt, findet aber eine Erklärung für deren Verhalten in der Angst, die beide Töchter - wie auch Frau Hofmann selbst - vor der Gewalttätigkeit Herrn Hofmanns hatten.

"Naja, wenn er nicht mehr weiter wußte, fing er an, uns zu schlagen."

Außerdem war Renate, wie sie ihrer Mutter erzählte, zunächst "aus Neugier" bereit, mit ihrem Stiefvater zu schlafen, setzte sich dann aber zur Wehr. Möglicherweise, da stimmt Frau Hofmann zu, erhöht das anfänglich gezeigte Interesse Renates Hemmung, sich ihrer Mutter anzuvertrauen. Frau Hofmann findet eine derartige "Neugier" verständlich.

"Ich war ja auch mal ein junges Mädchen."

Dies ändert für sie nichts an der alleinigen Verantwortung des Täters.

Frau Hofmann geht noch am selben Tag mit beiden Töchtern zum Gynäkologen. Zum einen, um untersuchen zu lassen, ob tatsächlich, wie ihre Töchter ihr sagten, kein Geschlechtsverkehr stattgefunden hatte.

"Obwohl ich das bei meiner ältesten Tochter geglaubt habe, aber bei meiner jüngsten nicht."

Die Tatsache, daß es sich bei dem Inzest nicht um "Vergewaltigung" handelte, sondern um "gröblichen sexuellen Mißbrauch" - sie besteht auf diesem Terminus -,

ist für sie sehr wichtig, obwohl sie annimmt, daß diese Unterscheidung für die Gefühle der Töchter nicht von Bedeutung ist. Es ist jedoch zu vermuten,daß für sie
der angerichtete Schaden oder umgekehrt die "Intaktheit" der Töchter mit deren
Jungfräulichkeit zusammenhängt.

Zum zweiten war die Menstruation der jüngeren Tochter einige Monate weg-
geblieben, und Frau Hofmann befürchtet eine Schwangerschaft. Dies sagt sie, war
der "größte Schock" für sie, "diese Angst, sie ist jetzt schwanger von ihrem Vater".

"Ich wollte das so früh wie möglich erfahren, daß man noch eine Abtreibung
machen kann. Ich kann ja von dem Mädchen nicht verlangen, mit dreizehn ein
Kind von ihrem Vater auszutragen und dann, das würde sie ja geistig überhaupt
nicht verkraften."

Danach erstattet sie Anzeige.

"Zwei bis drei Stunden nachdem ich es erfahren hatte, kann man sagen."

Sie benötigt keine weiteren Überlegungen.

"Warum? Weil das eine Schweinerei ist. Sowas geht bei mir nicht durch."

Und an anderer Stelle:

"Dafür muß er bestraft werden. ... dafür gibt es meiner Meinung nach keine Entschuldigung, keine Motive, nichts, gar nichts. Gibt es nicht."

Ebenso klar ist es für sie, daß sie sich scheiden lassen will und daß sie ihre
Stieftochter bei sich behalten möchte.

Frau Hofmann schildert sehr ausführlich die äußeren Details, nämlich die
Schwierigkeiten bei der Geldbeschaffung beim Sozialamt, die Erledigung der For-
malitäten beim Jugendamt (hinsichtlich der Stieftochter), wie sie die Wege bewältigt hat etc.. Das Bewußtsein von der eigenen Befindlichkeit und der der Kinder
geht in den Aktionen unter.

So antwortet sie auf meine Frage, wie es ihnen in dieser Zeit ging, z.B., als sie
die Vernehmung bei der Kripo hinter sich hatten: "Naja, an und für sich normal,
kann man sagen" - und fährt in der Erzählung der Geschehnisse fort.

Einige Tage später steht frühmorgens und früher als erwartet ihr Ehemann vor
der Tür. Sie stellt ihn sofort zur Rede.

"Was hast du mit den Kindern gemacht?"

Herr Hofmann streitet die Beschuldigung ab,noch ehe er sie kennt.

"Ich habe nichts gemacht."

Als seine Frau ihm sagt, daß sie sich scheiden lassen wird, greift er sie tätlich
an.

"Und in dem Moment springt er hoch und würgt mich so, daß ich keine Luft
mehr bekommen habe. Also, der wollte mich regelrecht erwürgen. Na, das hat die
Große wohl mitgekriegt, die aus dem Zimmer raus und an die Wohnungstür ran.
Und das hat er wohl gehört, nehme ich an. Daraufhin hat er aufgehört und ist raus,
ich hoch, hinterher, denn ich bin eine Frau, ich bin hart im Nehmen. Dann hab' ich
noch gesehen, wie er das Mädchen gehauen hat und hat gesagt, jetzt hast du es geschafft, also in bezug darauf, daß unsere Ehe kaputt ist. (...) Na, ich hab' geschrien,

so laut ich konnte, Renate, lauf weg, weil ich Angst hatte, daß er ihr auch noch etwas antut. Sie runter, hat dann da im Haus geklingelt bei der einen Frau, wir waren die einzigen im Haus, die kein Telefon hatten. Naja, und die Frau kam ran, hat gerufen, wer ist denn da, da sagt Renate, ich, wir müssen die Polizei anrufen, Papa will meine Mama umbringen. In dem Moment rennt mein Mann runter, haut ihr noch eine und rennt mit den Worten, ich bring mich um, aus dem Haus."

Soweit Frau Hofmanns Schilderung der Ereignisse. Sie spricht, wenn sie von diesem Vorfall berichtet, wiederholt von einem "Mordversuch".

Herr Hofmann sieht sich, soweit es aus diesen Anmerkungen hervorgeht, in erster Linie als derjenige, dem Unrecht geschieht, nicht als Verantwortlicher.

Am nächsten Tag ziehen Frau Hofmann und ihre Kinder in ein Frauenhaus. Der Täter wird am selben Tag in seiner Wohnung verhaftet.

Für Frau Hofmann ist klar, daß sie nicht mehr in die eheliche Wohnung zurückkehren wird. Zum einen möchte sie den Kindern und sich eventuelles Gerede ersparen. Sie hat das Gefühl, daß für sie alle ein "Neuanfang" nötig und hilfreich ist.

Außerdem empfindet sie starke Ekelgefühle bei der Vorstellung von Sexualität zwischen ihrem Mann und ihren Töchtern.

"Nicht in bezug auf die Mädchen, so mehr auf den Mann."

Sie hat diesen Ekel auf die Wohnung und die Möbel der Wohnung übertragen. Sie hat die Vorstellung, "es" stecke in den Möbeln und Räumen, und es ist ihr unerträglich, sich dort aufzuhalten oder Sachen von dort mitzunehmen, was sie sehr ausführlich und anschaulich schildert.

"Also, wie ich das erstemal dahingegangen bin, um die Sachen zu holen, mir war eiskalt, mich hat es geschüttelt."

Was weiß Frau Hofmann heute über den Inzest, und woher hat sie ihre Informationen?

Frau Hofmann hat einmal - direkt nach dem Auffinden des Briefes und bevor sie die äußere Bewältigung des Geschehens in Angriff nahm - mit ihren beiden Töchtern geredet.

Von der älteren Tochter erfährt sie, daß die Übergriffe begannen, als das Mädchen elf oder zwölf Jahre alt war, daß der Stiefvater sie eingeschüchtert, bedrängt und "befummelt" habe und daß die Übergriffe in der gemeinsamen Wohnung stattfanden. Die jüngere Tochter wurde von ihrem Vater zum Oralverkehr gezwungen, den dieser ihr zuvor mit Hilfe von Pornographie veranschaulicht hatte.

Mehr weiß Frau Hofmann nicht, und sie versucht über dieses eine Gespräch hinaus auch nicht, mehr zu erfahren. Sie hält es für besser, ihre Töchter "erstmal in Ruhe zu lassen."

"Die sind schon solange von der Kripo ausgefragt worden."

Die ältere Tochter hat ihr bestätigt, daß sie im Moment nicht über den Mißbrauch sprechen möchte. Frau Hofmann respektiert diese Haltung. Sie ist im übrigen überzeugt:

"die kommen von alleine, wenn sie sich anvertrauen wollen."
In dieser Hinsicht hat sie Vertrauen in die Beziehung.

Darüber hinaus hat sie das Gefühl, Gespräche über den Inzest könnten die liebevolle Beziehung zwischen ihr und ihren Töchern stören.

"Denn ich habe irgendwie das Gefühl, wenn ich mich jetzt dahinsetze, würde die beiden ausfragen, daß sich dann irgendwie das Vertrauen oder, wie soll ich sagen, sich das Verhältnis zu mir hin ändern würde. Daß das nicht mehr so gut wäre."

Einmal deshalb, weil ihre Töchter unter dem Bewußtsein leiden würden, "daß sie denken, sie tun mir weh."

"Daß das den Mädchen wehtut, weil sie mich lieben."

Darüber hinaus will auch sie selbst sich nicht genauer auf dieses Thema einlassen, weil sie befürchtet, daß sich Bilder von Sexualität zwischen ihrem Mann und ihren Töchtern sozusagen zwischen sie und ihre Kinder schieben würden, obwohl, wie sie sagt, ihr Abscheu sich gegen den Mann richtet, nicht gegen die beteiligten Töchter.

"Naja, wir sind jetzt sehr herzlich zueinander, viel in den Arm nehmen und streicheln .. daß ich dann vielleicht, also die Vorstellung, daß sie vielleicht mit meinem Mann, also ich weiß nicht." Sie bringt den Satz nicht zu Ende. Abscheu und Ekel sind ihr anzumerken.

Wie geht es ihr darüber hinaus mit ihrem Wissen, wie verkraftet sie selbst das Geschehene emotional?

"Naja, was heißt verkraften. Erstmal bin ich ja überhaupt nicht dazu gekommen, nachzudenken. (...) Und jetzt, wie gesagt, jetzt kommt das so langsam aber sicher. Mein Blutdruck hat sich erhöht. Naja, und dann ist im Moment auch soviel los im Frauenhaus, daß man gar nicht zum Nachdenken kommt."

Vorläufig, könnte man sagen, bewältigt Frau Hofmann ihre emotionalen Schwierigkeiten dadurch, daß sie ihnen keine Gelegenheit gibt, in ihr Bewußtsein zu treten. Sie ist bemüht, sie in einem strapaziösen Alltag zu vergessen.

Zusammenfassung

Für Frau Hofmann sind die Definition und die Bewertung des Geschehenen von Anfang an klar. Sie weiß, wer Täter ist und wer Opfer, daß es sich um ein verabscheuungswürdiges Verbrechen handelt und daß ihr Platz bei ihren Kindern ist, nicht bei ihrem Ehemann. Dieser ist für sie "erledigt".

Ihr Wissen über den Inzest erhält sie indirekt durch einen Brief ihres Mannes an ihre Tochter und auf ihr Nachfragen hin direkt von dieser. Es ist ihr möglich, nach dem ersten Hinweis das Gespräch mit ihr zu suchen. Es ist ihr ebenfalls möglich, das Geschehene als sexuellen Mißbrauch anzusehen. Aufgrund dieser Bewertung handelt sie unverzüglich und konsequent: Ärztliche Untersuchung der Töchter, Strafanzeige gegen den Ehemann, Trennung. Sie hat des weiteren keine Probleme

damit, mit anderen, z. B. im Frauenhaus, über das Geschehene zu sprechen, im Gegenteil, sie begreift das Gespräch als hilfreich für sich selbst.

Problematischer ist die Auseinandersetzung mit den unmittelbar Beteiligten: Mit
dem Täter, den betroffenen Mädchen und schließlich auch mit sich selbst.
An klärender Auseinandersetzung mit ihrem Ehemann ist Frau Hofmann selbst,
wie sie sagt, nicht mehr interessiert. Durch seine gewalttätige Reaktion und die
Schuldzuweisung an die Tochter macht umgekehrt auch Herr Hofmann deutlich,
daß er nicht bereit ist, Verantwortung für das Geschehene zu übernehmen.

Trotz ihrer guten Beziehung zueinander gibt es eine Barriere zwischen Frau
Hofmann und ihren Töchtern. Für beide Töchter war es jahrelang nicht möglich,
sich hilfesuchend an ihre Mutter zu wenden, eine Tatsache, die Frau Hofmann
verletzt.

Bei ihrer Schilderung des Gesprächs mit Renate wird eine Grenze sichtbar,
spürbar, über die beide Frauen nicht hinweggehen. Frau Hofmann fragt nicht, und
Renate möchte nicht gefragt werden. Die Grenze betrifft sowohl die Handlungen
selbst - was ist passiert, wie oft, wo etc. - als auch die damit verbundenen Gefühle
und Gedanken. Daß der sexuelle Mißbrauch durch ihren Vater in Renate intensive
Gefühle ausgelöst hat, ist für Frau Hofmann zwar denkbar, aber es ist nichts, womit
sie sich - zumindest gegenwärtig - genauer befassen möchte. Noch unklarer sind
für sie ihre eigenen diesbezüglichen Gedanken und Gefühle. Ihre Gedanken versucht sie in Gesprächen mit mir zu ordnen, stößt dabei aber immer wieder auf
Grenzen. Die Ursache dafür sieht sie in der kurzen Zeit, die bisher vergangen ist,
und in den Schwierigkeiten ihrer gegenwärtigen Lebenssituation.

Daß es intensive Gefühle gibt, zeigt sich beispielsweise in dem Ekel, den Frau
Hofmann in der Wohnung, in der der Mißbrauch stattfand, empfindet und der so
stark ist, daß sie keine Gegenstände aus der Wohnung mitnehmen kann.

Frau Hofmann ahnt, daß Gespräche mit ihrer Tochter das beiderseitige gute
Verhältnis stören könnten. Auch diese Ahnung weist auf Gefühle hin, von denen
für Frau Hofmann eine bestimmte Gefahr ausgeht. Beide, Mutter und Tochter, entscheiden in stillschweigender Übereinkunft, diese möglichen Gefühle und Gedanken nicht miteinander ins Bewußtsein oder zum Ausdruck kommen zu lassen.

"Alles spielte abhängig voneinander 'ne Rolle" - Frau Pape

Frau Pape lebt mit ihren drei Töchtern, zehn, sechs und drei Jahre alt, in einer
gesichtslosen Vorortsiedlung in einem Wohnblock inmitten weiterer Wohnblocks.
Sie ist siebenundzwanzig Jahre alt. Frau Pape hat keine Ausbildung und ist nicht
erwerbstätig. Seit kurzem ist sie nach elfjähriger Ehe geschieden. Sie lebt vom
Unterhalt ihres Mannes.

Der Inzesttäter ist Frau Papes geschiedener Ehemann. In der Zeit des Getrenntlebens hat er die damals fünfjährige Susanne sexuell mißbraucht. Der Mißbrauch zog sich über einige Monate hin.
Frau Pape redet schnell und viel. Sie erzählt ihre Geschichte so, als hätte sie sie schon öfter erzählt oder als würde sie die gut gelernte Geschichte einer anderen Frau erzählen: klar, der Reihe nach, distanziert, ab und zu ein kurzes Lachen. Die Gespräche sind ziemlich sachlich und informativ.

"Da muß ich etwas weiter ausholen", antwortet Frau Pape auf meine Frage, wann und wie sie von den sexuellen Übergriffen ihres Ehemannes auf ihre Tochter Susanne erfahren hat. Sie erzählt die Geschichte ihrer Trennung von ihrem Ehemann, die in einer Flucht ins Frauenhaus und einem dramatischen Sorgerechtsprozeß gipfelt. Es handelt sich um mehr als eine zeitliche Parallele, wenn Frau Pape ihren Bericht über ihre Entdeckung der sexuellen Mißhandlung ihrer Tochter mit ihrer eigenen Trennung von ihrem Mann beginnt. Die Trennung ist für sie ein Symbol für ihren Kampf um Selbstbestimmung und zugleich Selbstbestimmung für ihre Töchter. Zudem verflechten sich verschiedenste Erfahrungen Frau Papes aus ihrer Kindheit, Ehe, Scheidung, und allmählich entstehen zusammenhängende Bilder, einerseits aufgezwungen von außen, andererseits durch ihre eigene Reflexionsarbeit.
"Alles spielte abhängig voneinander 'ne Rolle."

Die sexuellen Übergriffe geschehen während der Wochenendbesuche Susannes bei ihrem Vater. Herr Pape lebt bei seiner Mutter. Susanne ist zu diesem Zeitpunkt, wie bereits erwähnt, fünf Jahre alt. Frau Pape schildert Susanne als ein "unheimliches Papa-Kind" - "von dem kriegt sie ja auch immer alles, so Lieblingstochter auch." - , als Mädchen, das sehr am Vater hängt.
"Und auf einmal da war ihr das alles so egal. Ich hab' das so gemerkt. Als wenn sie froh war, daß der weg war endlich."
Susanne fragt öfter ängstlich, wann denn der Vater das nächste Mal käme. Wenn sie von einem Besuch zurückkommt, ist sie "geistesabwesend", "am Nuckeln, so desinteressiert, so richtig, als wenn sie ganz woanders wäre".
Sie entwickelt bestimmte Verhaltensweisen und Ängste, die für ihre Mutter zunächst seltsam und unbegreiflich sind. Sie wäscht sich sehr oft und wechselt dauernd ihre Wäsche.
Sie schläft nur noch im Bett der Mutter ein, wenn die Tür offen ist und das Licht brennt. Sie näßt nachts ein und geht nur noch in Begleitung ihrer Mutter zur Toilette. Sie ißt kaum noch, v.a. nicht mehr die vorher von ihr geliebten Süßigkeiten.
Später berichtet Susanne ihrer Mutter, ihr Vater würde sich bei ihren Besuchen meistens unbekleidet in der Wohnung bewegen und sie müsse immer mit ihm zusammen duschen. Solche Situationen kennt Frau Pape aus dem gemeinsamen Zusammenleben nicht. Ihr Mann ist nach ihrer Einschätzung "ein ganz verklemm-

ter Typ im Grunde genommen". Sie spricht ihn darauf an und er reagiert heftig erschrocken.

Nach diesen Informationen von Susanne und der erschrockenen Reaktion ihres Mannes findet Frau Pape eine Erklärung für das veränderte Verhalten ihrer Tochter. Während sie erzählt, daß sie zu diesem Zeitpunkt einen "Verdacht" hatte, fallen ihr immer neue Einzelheiten ein.

I.: "Was hattest du für einen Verdacht? Was hast du dir gedacht?"

Frau Pape: "Daß er irgendwie, äh ..., daß er irgendwie, ja, daß er irgendwie anfängt, mit den Kindern irgendwas zu machen, also, entweder sexuelle Spiele oder so, ja, ich weiß nicht."

Im Gegensatz zu der Ausführlichkeit, mit der Frau Pape ansonsten die Situation schildert, sagt sie an dieser Stelle nicht mehr, als daß sie sich 'sexuelle Spiele' vorgestellt hat. Sie wechselt dann schnell das Thema.

Wie geht es ihr, als sie ihren Mann sexueller Übergriffe verdächtigt und sich zunehmend sicherer ist?

"Also, ich hätte das, ich war, ich war im Grunde genommen, also ich konnte es erst überhaupt nicht glauben. Ich war total ... erschrocken, daß der sich derart verändert hat auch."

Zwei Dinge fallen ihr auf, die ihrer Ansicht nach mit der sexuellen Mißhandlung der Tochter in Zusammenhang zu bringen sind. Erstens, daß ihr Mann keine Freundin mehr hatte und zweitens "die Sachen, die er damals mit mir gemacht hat (...) in unserer Ehe".

Frau Papes älteste Tochter Anna ist einige Jahre vorher ebenfalls Opfer sexueller Übergriffe gewesen. Die Täter waren Jugendliche aus der Nachbarschaft, die über längere Zeit hinweg Kinder terrorisierten.

Durch diese Geschehnisse hat Frau Pape zum einen gelernt, bestimmte Anzeichen zu deuten. Zum anderen hat sie aus der Erfahrung mit Anna gelernt, nicht direkt, sondern sehr vorsichtig zu fragen und im übrigen abzuwarten, bis Susanne von sich aus bereit ist, zu sprechen.

"So hatte ich sie dann in den Arm genommen, ja was macht ihr denn, so und so, ihr könnt ja mal was Tolles spielen oder was und irgendwie hat sie dann von sich aus angefangen, Andeutungen zu machen."

Frau Pape sieht sich zunächst außerstande, einzugreifen. "Ja, ich wußte auch nicht, was ich machen sollte. Das war auch so, das war nur jetzt erstmal dieser Verdacht, den ich hatte."

Sie betont das "ich": Sie ist alleine mit ihren Vermutungen und rechnet nicht damit - zurecht, wie sich später herausstellt - Unterstützung zu finden.

Die Situation eskaliert, als Herr Pape an einem Abend, einen Tag vor Weihnachten, Susanne nicht wie verabredet nach Hause bringt und Frau Pape am Telefon seine Absicht erklärt, sie bei sich zu behalten.

"Er sagt, das Kind will gar nicht mehr zu dir hin. Die will bei mir bleiben. ... Nee, die kriegst du auch nicht mehr."

Frau Pape schildert die Verzweiflung dieses Abends. Ihre Angst läßt "Visionen" entstehen, "was der jetzt mit dem Kind anstellt."

"Also, daß er das Kind mitnimmt, irgendwo hinfährt, wochenlang, und daß er das Kind quasi als seine Ehefrau auch betrachtet, also alle möglichen Sachen, vergewaltigt und so. Bis es dem Kind zuviel wird, bis das Kind dann sagt: ich erzähl aber alles meiner Mama oder so. Dann bringt der die auch noch um, klar macht der das, das kam mir so alles, so."

(Frau Papes Phantasien sind sicherlich nicht ausschließlich das Resultat ihrer momentanen Angst. Eher hat diese Angst Bilder freigesetzt, die bis dahin nicht an die Oberfläche ihres Bewußtseins dringen konnten. Die Bilder symbolisieren einen Teil ihrer Beziehung zu ihrem Mann. Ihre Erfahrungen mit ihm lassen ihre "Visionen" möglich erscheinen.)

Nach der ersten Verzweiflung, "wie das Weinen dann vorbei war", handelt Frau Pape

Sie ruft die Polizei an, und auf Anraten des Polizisten den Jugendamt-Bereitschaftsdienst. Sie geht am nächsten Tag - an dem ihr Mann ihre Tochter zurückbringt - zum Anwalt, genauer, zu einem Vertreter ihres Anwalts. Hier erfährt Frau Pape zum ersten Mal, daß ihre private Absprache mit ihrem Mann keine gültige Sorgerechtsregelung darstellt, daß sie das Sorgerecht beantragen muß und daß ihr Mann dies bereits getan hat. Darüberhinaus hat er Frau Pape beschuldigt, tablettensüchtig zu sein, sich "herumzutreiben" etc..

Frau Pape sucht jetzt nach einem Weg, sich und ihre Kinder dem Zugriff ihres Mannes zu entziehen. Ihre Schwester macht sie auf die Einrichtung "Frauenhaus" aufmerksam. Wenige Tage später geht sie mit ihren Kindern ins Frauenhaus einer größeren Stadt, nicht in ihrem Wohnort. Die Flucht ins Frauenhaus ist eine heimliche, gut organisierte, aufregende Aktion, bei der Frau Pape verschiedenen gefährlichen Situationen gewachsen sein muß (und ist). Sie erzählt mir die Geschichte dieser Flucht mit offensichtlichem, zumindest im Nachhinein empfundenen Spaß: Es ist ein Sieg ihrer Intelligenz und List über ihren Ehemann.

In den ersten Wochen im Frauenhaus bestätigt sich die Vermutung Frau Papes.

Am Anfang steht Susannes Verhalten in der Kindergruppe des Frauenhauses, die Bilder, die sie malt etc.. Es kommt zu einem Gespräch zwischen Frau Pape und einer Mitarbeiterin des Frauenhauses.

"Da kam das so von mir raus und von ihr so, daß sie sich das auch wohl so gedacht hat. ... Ja also, ich war auch ganz erleichtert so, daß ich doch recht behalten habe, daß ich richtig gehandelt habe, daß ich erstmal ganz fest bin."

Untersuchungen beim Kinderarzt und beim Frauenarzt bestätigen, daß am Körper des Mädchens mit großer Wahrscheinlichkeit sexuelle Handlungen vorgenommen worden sind. Schließlich berichtet Susanne selbst von sexuellen Handlungen, zu denen sie ihr Vater gezwungen hat.

Zwischen den ersten Vermutungen Frau Papes und ihrer Flucht ins Frauenhaus - kurz nach Weihnachten - liegen drei Monate.

Soweit die "Fakten". Im folgenden soll einigen Punkten genauer nachgegangen werden, nämlich der Frage, warum Frau Pape ihren Verdacht zunächst für sich behielt, ihren Gefühlen, als er sich bewahrheitete, und dem Prozess um das Sorgerecht.

Zuerst zur psychischen Befindlichkeit Frau Papes. Wie geht es ihr, welche Gefühle hat sie, als Susanne schließlich von den sexuellen Übergriffen des Vaters berichtet, als aus der Vermutung Gewißheit und aus den Phantasien konkrete Handlungen werden?

"Ja, ich hatte eigentlich damit gerechnet, daß es länger dauert, bis sie überhaupt etwas sagt. Ich hab' eigentlich nicht damit gerechnet, daß sie so schnell auch was sagt."

Das kann als Hinweis darauf angesehen werden, daß Frau Pape ihrerseits noch etwas Zeit gebraucht hätte, sich auf das Kommende vorzubereiten.

"Ja, ich war eigentlich unheimlich erschrocken, was sie so alles von sich gab, so, und im nachhinein so betroffen, also, daß mein Mann sich da einfach ein Kind nimmt. ... daß er sich an einem Kind vergreift und dann sein eigenes, also, für mich war das total schockierend."

Sie hat Zweifel.

"Einerseits wollte ich es glauben und andererseits wollte ich es nicht glauben."

Noch in anderer Hinsicht sind ihre Gefühle ambivalent.

Vorherrschend ist ein Gefühl von Erleichterung.

"Ich war eigentlich heilfroh, daß ich weg war. ... Vor allem habe ich, mein Gott, habe ich gedacht, hast du ein Glück und das Kind auch. Das wäre ja vielleicht jahrelang so gelaufen, ohne daß ich es vielleicht gemerkt hätte oder hätte was machen können."

In die Erleichterung mischt sich ein "Schuldgefühl", die Tochter überhaupt in diese Situation gebracht zu haben.

"Wenn du dich jetzt nicht von dem getrennt hättest, dann hätte der doch gar nichts mit dem Kind gemacht ... Dann hätte er ja mich gehabt! Aber, gut, für das Kind hätte ich das ertragen. Wenn ich jetzt genau gewußt hätte, wenn du jetzt nicht da bist, nimmt er eben das Kind, dann hätte ich gesagt, dann nimm lieber mich."

Hier deutet sich Frau Papes Sicht der Tat an. Bemerkenswert ist, daß Frau Pape davon ausgeht, daß irgendeine Frau den sexuellen Bedürfnissen des Mannes zur Verfügung gestellt werden muß. Wenn es schon sein muß, dann lieber sie selbst als die Tochter.

Frau Pape bleibt bei dieser resignativen Haltung aber nicht stehen.

"Aber dann denke ich, warum soll der eigentlich immer auf Menschen drauf rumhacken und benutzen für alles."

Frau Pape entschließt sich v.a. deshalb, ins Frauenhaus zu gehen, weil sie überzeugt ist, daß ihr Ehemann seine Tochter sexuell mißbraucht und weil sie befürchtet, er könnte versuchen, das Kind ganz bei sich zu behalten, wenn die Gefahr besteht, daß sie ihn verrät.

"Mein Verdacht spielte da die größte Rolle, daß er das Kind mißbraucht. Weil, das war für mich ganz klar. Jetzt weiß ich auch, warum er nur das Kind haben wollte (und nicht auch die beiden anderen Töchter) und, ja quasi, daß er schon so in Not war, daß er mir die einfach nicht mehr wieder gab. Das Spiel hätte ja viel länger laufen können. Daß er auf einmal merkte, dem Kinde wurde das auch zuviel, er befürchten mußte, daß das Kind irgendwann mal was sagt. Und ich bin eigentlich sehr mißtrauisch in diesen Sachen. Das weiß er auch."

Trotz ihrer massiven Befürchtungen teilt sie niemandem ihre Vermutung mit, weder der Polizei noch dem Bereitschaftsdienst des Jugendamtes, nicht dem Anwalt und nicht ihrer Familie. Dies, obwohl sie ihre Ängste und ihr Verhalten irgendwie begründen muß. Warum?

Es fällt Frau Pape nicht leicht, darauf eine Anwort zu finden. Sie ist nicht sicher, ob man ihr glauben würde. Sie befürchtet, daß irgend jemand das Gespräch mit ihrem Mann suchen würde (z. B. ihre Mutter).

"Und dann wäre er ja informiert, daß ich es schon weiß. Ich wollte ihn ja im Unklaren lassen. Vor allen Dingen, vielleicht durchlöchert er dann das Kind. Sag das ja nicht und so. Ich wußte ja nicht genau."

I: "Aber du warst dir zu dem Zeitpunkt ganz sicher?"

Frau Pape: "Ja, ich war mir zu dem Zeitpunkt ganz sicher. Für mich war das klar. Ich wollte das bloß keinem erzählen, weil die dann vielleicht mit meinem Mann gesprochen hätten, hier, stimmt das denn und so. Wäre dieser ganze Ramsch hier auch noch auf mich zugekommen. Dann hätte ich mich vielleicht gar nicht zu wehren gewußt."

Aus den diesbezüglichen Aussagen Frau Papes wird deutlich, daß sie das tiefverwurzelte und schwer zu begründende Gefühl hat, die Situation solange wie möglich "in der Hand behalten" zu müssen. Sie rechnet nicht mit fachkundiger Unterstützung, eher im Gegenteil. Und sie hat die Befürchtung, ihre Situation und die ihrer Kinder zu verschlechtern, sich zu gefährden, in eine aussichtslose Lage zu geraten, wenn sie ihren Verdacht öffentlich macht.

"Dann hätte ich mich vielleicht gar nicht mehr zu wehren gewußt."

"Irgendwie" ist ihr klar, daß der Kampf härter wird, wenn sie ihre Vermutungen öffentlich macht.

Diese zunächst nur gespürte Überzeugung bestätigt sich in dem langen Prozeß ums Sorgerecht. Es ist eine Geschichte wie aus einem schlechten Film: Gäbe es keine Bestätigung, daß es wirklich so war, würde es schwerfallen, sie zu glauben.

Ort des Geschehens ist die Kleinstadt, in der die Eheleute gelebt haben und in der sie beide aufgewachsen sind. Frau Pape kommt aus einer "asozialen", dem Jugendamt bekannten Familie. Dagegen sind die Familie Herrn Papes und er selbst durch vielfältige verwandtschaftliche und freundschaftliche Beziehungen mit den Vertretern verschiedener offizieller Institutionen verbunden, die sich wiederum untereinander kennen. Frau Pape sieht sich einer geschlossenen Front gegenüber, bestehend aus der Familienrichterin, dem psychologischen Gutachter, der gegneri-

schen Anwältin und ihrem eigenen Anwalt sowie einer Mitarbeiterin des Jugendamtes.

Frau Pape wird ihre Vergangenheit vorgehalten. Aufgrund ihrer schweren Kindheit sei sie neurotisch geworden. Bestimmte Aspekte ihres Verhaltens in der Situation, als ihre älteste Tochter Opfer sexuellen Mißbrauchs war, werden zur Untermauerung dieser These herangezogen. Ihre Aussage, daß ihr Mann die Tochter
Susanne sexuell mißbraucht hat, wird als Versuch der "Rache" an ihrem Mann ausgelegt, ihre Unterhaltsforderung als Versuch, ihren Mann zu ruinieren.

Durch ihren Aufenthalt im Frauenhaus einer anderen Stadt wird ein Jugendamt
für Frau Pape zuständig, bei dessen zuständigen MitarbeiterInnen sie Unterstützung
findet. Sie wechselt im Verfahren ihren Anwalt. Beim Termin mit der Gutachterin
ist eine Mitarbeiterin des Frauenhauses anwesend.

Frau Pape bekommt das Sorgerecht für ihre drei Töchter. Sie kann durchsetzen,
daß ihr Mann zwar ein Besuchsrecht erhält, aber nicht das Recht, mit seinen Kindern allein zu sein.

Frau Pape berichtet ausführlich von diesem Verfahren. Sie kommt immer wieder darauf zurück, wenn sie über die sexuelle Mißhandlung reflektiert, wenn sie
ihre Erziehungsziele für ihre Töchter formuliert und die Ziele, die sie für sich selbst
hat. Auch die Schilderung ihrer Kindheit mündet in den Sorgerechtsprozeß.

In diesem Prozeß hat Frau Pape um ihre Töchter und um ihre eigene Würde und
Selbstbestimmung gekämpft. Die in vielen schmerzhaften Erfahrungen verinner-
lichte Hilflosigkeit und Unterdrückung stehen ihr jetzt in Gestalt ihres Ehemannes
und in Gestalt der VertreterInnen offizieller Institutionen faßbar gegenüber.

Sie bewältigt die Erfahrungen ihrer Ehe und den Schock über die sexuellen
Übergriffe auf ihre Tochter durch die Aktivität und das Durchhaltevermögen, das
sie in ihrem erfolgreichem Kampf um das Sorgerecht entwickelt.

"Es geht mir aus den Gründen besser, weil, das läuft jetzt alles über X. Erstmal
habe ich die ganze Familie ausgeschaltet da." (Gemeint sind auch die Richterin,
Anwältin etc. die sie als Einheit, als Clique wahrnimmt.)

Darüber hinaus aktiviert der Prozeß die Erfahrungen ihrer Kindheit. Sie kämpft
nicht nur für ihre Kinder, sondern auch für das Kind, das sie selbst einmal war. Sie
will etwas "beweisen".

"Ja, also, ich möchte denen zeigen, daß man auch, wenn man aus so einem
Milieu kommt, wenn man diesen Leuten einfach 'ne Chance gibt, daß die sich
ändern wollen, auch ändern dürfen. Wenn man denen einfach 'ne Chance gibt.
Wenn ich nicht einfach davon ausgehe: Bloß, weil die aus so 'ner Familie kommt,
wird da sowieso nix draus."

Zusammenfassung

Wie für Frau Lorenz gibt es für Frau Pape eine längere Zeit - in ihrem Fall sind es
drei Monate -, in der sie eine Ahnung über den sexuellen Mißbrauch hat und
versucht, sich Gewißheit zu verschaffen. Sie tut das vor allem im direkten Kontakt
mit ihrer Tochter. Hilfreiche Instrumente zur Einordnung der Anzeichen, die sie
bei ihrer Tochter erkennt, sind für sie zwei Dinge: zum einen hat sie - weil ihre
älteste Tochter Opfer sexueller Belästigungen war - Erfahrung mit den Folgen
sexuellen Mißbrauchs, zum anderen hat sie einen offenen Zugang zu ihren eigenen
sexuellen Erfahrungen mit ihrem Ehemann. Dies macht es ihr trotz Zweifeln,
Ängsten und Nicht - wahrhaben - Wollen möglich, ihn sich als Täter vorzustellen.
    Frau Pape bleibt längere Zeit mit ihrem Verdacht und ihrem Wissen allein. Sie
nimmt nicht an, daß jemand ihr glauben würde oder zumindest alarmiert genug
wäre, ihrem Verdacht nachzugehen. Vielmehr geht sie davon aus, mit einer Veröffentlichung ihres Wissens Angriffe gegen sich und ihre Töchter heraufzubeschwö-
ren. Daß ihre Angst berechtigt ist, zeigt sich in ihrem Sorgerechtsprozeß, wo alles
getan wird, das "schmutzige Geheimnis" möglichst zu verleugnen, indem es als
Phantasie oder Racheversuch einer neurotischen Frau interpretiert wird.
    Eine Grenze setzt Frau Pape jedoch, so glaube ich, nicht nur nach außen, son-
dern auch nach innen. In die Angst vor der Reaktion der anderen geht auch die
eigene Angst vor dem Täter ein. Einen Blick auf diese eigenen Gefühle gestattet
sich Frau Pape in ihren Phantasien über den Inzest, als der Täter sein Opfer bei sich
zu behalten droht, und einmal im nachhinein, nach der Beendigung des Mißbrauchs.
    Ansonsten versucht Frau Pape, sich das Handeln ihres Ehemannes zu erklären
und sie versucht, Möglichkeiten positiver Veränderung für ihn zu sehen. Dies hat
möglicherweise auch die Funktion, in ihm nicht nur den Gewalttäter, sondern auch
einen hilfebedürftigen Menschen zu sehen, und so das Grauen vor seinen Taten
und davor, ihm ausgeliefert gewesen zu sein, zu verringern.

"Ich nehme an, daß sie es auch wollte. Anders kann ich mir das nicht vorstellen" - Frau Schaper

Frau Schaper ist einundfünfzig Jahre alt. Sie hat zehn Kinder geboren, von denen
acht noch leben. Die älteste Tochter ist inzwischen achtundzwanzig, der jüngste
Sohn ist vierzehn Jahre alt. Frau Schaper hat keine Berufsausbildung. Sie hat jahrelang in der Landwirtschaft gearbeitet und auf den jeweiligen Höfen auch
gewohnt.
    Zum Zeitpunkt unserer Gespräche ist sie nicht erwerbstätig, sondern lebt mit
den drei jüngeren Kindern, die noch mit ihr zusammenwohnen, von Sozialhilfe.

Frau Schaper war zweimal verheiratet. Mit ihrem zweiten Mann war sie zwanzig Jahre lang zusammen. Vor zwei Jahren hat sie sich endgültig von ihm getrennt, inzwischen läuft die Scheidung. Sie hat noch lockeren Kontakt zu ihm, wenn er die gemeinsamen Kinder besucht.

Der zweite Ehemann Frau Schapers hat seine Stieftochter Andrea und seine leibliche Tochter Ingrid sexuell mißbraucht. Der sexuelle Mißbrauch von Andrea fand vor zwölf Jahren statt, Andrea war zu diesem Zeitpunkt vierzehn Jahre alt. Andrea hat ihren Stiefvater angezeigt und ihre Mutter der Mitwisserschaft beschuldigt. Herr Schaper wurde zu fünf Jahren Haft verurteilt, Frau Schaper zu drei Jahren auf Bewährung. Andrea ging in eine Pflegefamilie. Frau Schaper hat keinen Kontakt mehr zu ihr.

Nach seiner Haftentlassung lebt Frau Schaper wieder mit ihrem Mann zusammen. Der Mißbrauch der zweiten Tochter - Ingrid ist ebenfalls vierzehn Jahre alt - führt zu ihrer endgültigen Trennung von ihm.

Frau Schaper und ich kennen uns aus der Zeit, in der sie im Frauenhaus gelebt hat. Ich habe damals keine Beratungsgespräche mit ihr geführt. Auf die Interviews läßt sie sich zunächst hauptsächlich deshalb ein, weil sie mir als ehemaliger Frauenhausmitarbeiterin einen Gefallen tun möchte. In den drei Wochen auseinander liegenden Gesprächen präsentiert sie sich auf unterschiedliche Weise.

Beim ersten ist sie emotional stark berührt. Ihr kommen mehrmals die Tränen. Zentrales Thema sind für sie die Enttäuschungen, Niederlagen und Schicksalsschläge, die sie im Laufe ihrer Geschichte erlebt hat. Sie spricht lange von ihrer Kindheit. Öfter sagt sie Sätze wie "Ich kann nicht mehr", "Es ist zuviel". Sie erwähnt Selbstmordgedanken.

Beim zweiten Termin tritt eine ganz anders geartete Wirklichkeit zutage. Gleich eingangs betont sie: "Ja, ich schüttle das ein bißchen ab, nicht wie andere, die da sehr lange drauf 'rumkauen. Ich geh das öfter nochmal durch, aber dann sag' ich mir auch, das ist jetzt passiert, da kann man nichts dran machen." Diese Haltung nimmt sie während des Gesprächs immer wieder ein. Die "weiche", auch die traurige Seite tauchen nur an zwei Stellen auf, als sie von ihrem Unfall berichtet und als schwaches Aufblitzen im Gespräch über ihre Kinder. Ihr Unfall, eine lebensgefährliche Verbrennung, ist ihr in allen Einzelheiten in Erinnerung. Dies steht im Gegensatz zur eher chaotischen Darstellung ihrer Lebensgeschichte insgesamt, die sich dem äußeren Ablauf nach aus den Gesprächen nur mühsam und in Bruchstücken rekonstruieren läßt. (So kann sie sich z.B. nur mit Mühe erinnern, wann sie mit welchen Kindern zusammengelebt hat.)

Auch Darstellung und Beurteilung der Beziehung des Stiefvaters zur ältesten Tochter differieren im ersten und zweiten Gespräch.

Im ersten Gespräch drückt Frau Schaper Kummer über den Verlust ihrer Beziehung zu ihrer Tochter aus, läßt sie Unsicherheit in bezug auf die Beurteilung des Geschehens zu. Im zweiten Gespräch dagegen steht ihre Version der Geschichte unumstößlich fest. Eine Version, bei der die Tochter die hauptsächliche Verantwortung trägt. (Sie bleibt bei dieser Ansicht trotz der hartnäckigen Nachfragen

meinerseits. Im Gegensatz zur ihr konnte ich die zweite Darstellung nur schwer
akzeptieren.) Wut gegen Tochter und Mann und verletzter Stolz sind deutlich spürbar.

Wie weiter oben ausgeführt, wurden zwei Töchter Frau Schaper's von ihrem
zweiten Ehemann sexuell mißbraucht. Da beide Geschehnisse zehn Jahre
auseinander liegen und für Frau Schaper völlig verschieden sind, werden sie im
folgenden getrennt dargestellt.

Andrea

Zum Zeitpunkt der Veröffentlichung der Tat lebt die Familie (Herr und Frau Schaper und sechs Kinder) auf einem Bauernhof, wo Frau Schaper angestellt ist. Sie ist
schwanger.
   Während ihre Eltern nicht zu Hause sind, vertraut sich Andrea einer Frau an, die
ebenfalls auf dem Hof arbeitet.
   "Das war eine vom Hof, wo ich mal bei einem Bauern gearbeitet habe. Und
dann kam ich nach Hause, quasi Mittag, und da war schon eine vom Jugendamt
draußen, weil die dann dem gleich nachgehen wollten. Ich stand ja so, ich habe ja
schier ein Brett vor dem Kopf gehabt. Ich wußte ja von Tuten und Blasen nichts.
Und denn habe ich natürlich Stellung nehmen müssen, habe ich auch gemacht. Und
denn ging es ja denn hart auf hart. Sie behauptete, daß ich es also zugelassen hätte,
das sie beim Vater hat schlafen müssen. Was gar kein, der Fall gar nicht gewesen
ist. (...)Jedenfalls nehme ich an, daß sie es auch so wollte, anders kann ich mir das
auch gar nicht vorstellen. Immer, wenn ich auf dem Felde war oder abends mal."
   Andrea sagt aus, die Mutter habe von den sexuellen Übergriffen des Stiefvaters
gewußt.
   "Und das schlimmste war ja, sie hatte behauptet, ich hätte das gewußt. Was gar
nicht der Fall gewesen ist."
   Wenige Tage später verläßt Andrea die Familie und geht in eine Pflegefamilie.
   Frau Schaper wird, wie schon erwähnt, aufgrund der Aussagen der Tochter
wegen Mitwisserschaft verurteilt. Die Strafe wird aber zur Bewährung ausgesetzt,
weil sie 5 Kinder zu versorgen hat. So unter "Kontrolle" zu stehen, verunsichert sie
zutiefst.
   "Ja, und denn nun die Bewährung aufs Kreuz. Ich lief ja nur noch mit dem
Gedanken rum, Mensch, wenn du jetzt irgendwas anstellst, bist du weg. Also, ich
war ja mehr, als wenn sie mich eingesperrt hätten, so habe ich mich gefühlt. Jeder
Schritt, den ich gemacht habe, wo ich genau wußte, daß da nicht Böses vor mir
liegt, aber trotzdem, ich kam mir immer vor wie gehemmt. Ich mochte ja schon gar
keinen Schritt mehr aus dem Haus gehen."

Nicht nur die Justiz, auch die Nachbarn im Dorf, halten sie für mitschuldig. Ihr Arbeitgeber kündigt Arbeitsstelle und Wohnung. "Ja, er wollte, wie soll man sich ausdrücken, diesen Kram auf dem Hof nicht weiter dulden. Was da passiert war." Frau Schaper leidet sehr unter der "Schande", v.a. darunter, vor Gericht gestellt worden zu sein.

"Geschämt habe ich mich. Am liebsten hätte ich mich in die nächste Ecke verkrochen und wäre überhaupt nicht wieder rausgekommen."

Die Auseinandersetzung mit der Schuldzuweisung an sie überlagert die Auseinandersetzung mit dem Geschehen selbst. Für Fragen nach Gefühlen, Motiven etc. ist sie kaum zugänglich. Sie spricht mit mir (und sich selbst), als befände sie sich immer noch vor Gericht und müsse ihre Unschuld beweisen bzw. jede Möglichkeit von Mitwisserschaft, jedes eventuelle Versäumnis abwehren. Ihre Angst ist spürbar. Immer wieder beteuert sie ergänzend zu jedem Thema, von nichts gewußt zu haben.

Beispielsweise hat die Tochter ausgesagt, sie habe um Hilfe gerufen. Frau Schaper hat keine Hilferufe gehört, obwohl sie sie, wie sie mir genau schildert, aufgrund der räumlichen Verhältnisse hätte hören müssen. Deshalb glaubt sie, und sie führt dafür wieder bestätigende Aussagen ihrer Kinder und von Nachbarn an, daß die Tochter gar nicht um Hilfe gerufen hat.

"Und dann hätte sie auch um Hilfe gerufen und alles. Davon haben auch andere nichts gehört. Und in der Nachbarschaft." "Denn ich hätte es doch gehört, wo gibt es denn so was, daß ich das nicht höre."

Hauptsächlich bemüht sie sich um eine Rekonstruktion der damaligen Ereignisse. Wo, wann, seit wann, wie oft trafen sich Mann und Tochter? Wann hatten sie eine Gelegenheit? Hätte sie etwas bemerken können? Alle Konstruktionen stehen und fallen mit der zentralen These Frau Schapers, daß nämlich ihre Tochter den sexuellen Kontakt zu ihrem Stiefvater wünschte. Gleich zu Anfang sagt sie:

"Jedenfalls nehme ich an, daß sie es auch so wollte. Anders kann ich mir das auch gar nicht vorstellen."

Diese an mehreren Stellen wiederholte Aussage ist, so glaube ich, durchaus wörtlich zu nehmen. Für Frau Schaper ist dies die einzig vorstellbare und akzeptable Möglichkeit. Sie führt eine Reihe von Gründen und - wieder - unterstützende Personen an.

Andrea kann nicht um Hilfe gerufen haben, sonst wäre sie gehört worden. Wenn sie den sexuellen Kontakt nicht gewollt hätte, hätte sie aber um Hilfe gerufen.

I: "Und daß sie vielleicht Angst hatte, sich nicht getraut hat, das kannst du dir nicht vorstellen?"

Frau Schaper: "Nee. Ich habe ja zu den Kindern immer gesagt, wenn sie irgendwas auf dem Herzen haben, sollen sie zu mir kommen, sollen sie mir sagen, was los ist."

In diesem Zusammenhang verweist sie auf die zweite betroffene Tochter, die sich sofort an die Mutter wandte, und auf die älteste Tochter.

"Da hatte Astrid gesagt, Mama, du bist der im Weg gewesen. Die wollte mit dem alleine sein. Ja, Mensch, die war doch viel jünger wie er, sag ich. ... Du, sagt sie, da bin ich nie hintergekommen, und da werden wir auch nie hinterkommen."

In den drei Tagen zwischen Anzeige der Tochter und ihrer Trennung von der Familie hat Andrea, so berichtet Frau Schaper, versucht, "abzuhauen", um sich mit ihrem Stiefvater zu treffen. Frau Schaper versucht ihrerseits, die Kontrolle zu behalten.

"Da hab' ich natürlich, bin ich ja immer hinterher gegangen. Entweder hinter ihr oder hinter ihm. Das war schlimmer, als wenn ich hinter 'nem Hund hinterhergejachtet bin."

Andrea hat, so sagt Frau Schaper weiter, ihren Stiefvater sexuell provoziert.

"Ja, mit T-Shirts rannte sie ja nur rum. So kurz wie möglich. Und dann stand sie ja immer, als wenn sie sagen will, so, ich bin schon wieder so weit, jetzt kannst du kommen, so auf diese Art. Anders kann ich mir das nicht vorstellen."

Und an anderer Stelle (es gibt noch weitere von dieser Art): "Sie stand immer ganz kackfrech da in ihrer kurzen Hose. Und war immer, als wenn sie sagen wollte: Ich bin da. So ungefähr."

Frau Schaper berichtet, daß sie dieses Verhalten ihrer Tochter von Anfang an zwar bemerkt hat, aber davon ausging, daß es einem anderen Mann galt, der ebenfalls auf dem Hof arbeitete. Auch hier gab es Personen, die ähnlicher Ansicht sind, z. B. die Patentante einer ihrer Kinder:

"Und sie sagte ja auch, die hatte ihn dazu gebracht."

Wie erklärt sie es sich, daß Andrea ihren Stiefvater angezeigt hat?

"Ja, sie wollte wohl mir einen in die Schuhe schieben. Anders kann ich mir das nicht vorstellen. Daß sie denkt, so, jetzt mal der Mutter jetzt eine reinhauen."

Und an anderer Stelle: "Ja, vielleicht, daß ich dazwischen rausgehen sollte. Also ganz raus. Daß sie alleine da wäre. Das haben mir schon mehrere gesagt. ... Damit sie freie Fahrt hätte ... Also, sie wollte ja, daß ich sitze dafür. ... Nicht er. Ich. Da war sie ja so wütend darüber, daß er es gekriegt hatte. Da hatte sie sich mal bei der Astrid (der ältesten Tochter) darüber geäußert."

Außerdem berichtet Frau Schaper, Andrea habe, während Herr Schaper im Gefängnis war, von ihr verlangt, sich scheiden zu lassen und/oder - das wird nicht klar - die beiden jüngsten Kinder, die gemeinsamen Kinder von Herrn und Frau Schaper, ins Heim zu geben. Diese Forderung Andreas, sich von ihren Kindern zu trennen, (die sie empört von sich weist) wertet Frau Schaper als weiteres Indiz dafür, daß es Andrea darum ging, sich "freie Fahrt" zu verschaffen.

"Ja, dann hätte der Alte ja mit ihr weitermachen können. Wollen mal so sagen. Wenn die Kinder nicht da gewesen wären. Denn, guck mal, ich hab' ja meine Arbeit gehabt. Er zwar auch, aber er konnte immer wieder zwischendurch ja doch raus. Wo ich meine regelrecht durchgehend gemacht hab'."

Wieso, glaubt Frau Schaper, wünschte Andrea überhaupt die sexuelle Beziehung zu ihrem Stiefvater?

"Ja, ich nehme an, daß sie in dem Alter vielleicht war und anders kann ich mir das nicht vorstellen."

Kann sie sich vorstellen, daß der Stiefvater für Andrea attraktiv war?

"Ich weiß es nicht."

Und später: "Also, für mich war es schon, im ersten Moment, da hab' ich immer gedacht, was hat die an dem gefressen."

Auf meine Frage, wie Andrea sich ihrer Ansicht nach bei all dem gefühlt hat, erzählt sie von Kontaktversuchen der Tochter Astrid zu der Zeit, in der Andrea in ihrer Pflegefamilie war, die aber an Andrea scheiterten.

"Und dann sagte sie nur zu der Großen, sie soll sie zufrieden lassen, sie will von ihr gar nichts mehr und von den andern auch nicht."

Das heißt: Andrea hat die familiären Bande durchschnitten. Es ist nicht die Mutter, die die Tochter im Stich gelassen hat, sondern die Tochter legt keinen Wert mehr auf Kontakt oder mütterliche Fürsorge.

Soweit Frau Schapers Rekonstruktion und Bewertung der damaligen Geschehnisse. Hat sie je versucht, ihre Sicht der Dinge im Gespräch mit den unmittelbar Beteiligten zu überprüfen?

Andrea bleibt trotz Nachfragen der Mutter bei ihrer Schuldzuweisung. Weitergehende Gespräche mit ihr finden nicht statt.

Ihren Ehemann hat Frau Schaper nach seinen Gründen gefragt. Es steht jedoch weder vor, während, noch nach seinem Gefängnisaufenthalt zu einer Auseinandersetzung zur Verfügung.

"Er sagt gar nichts. Er ist ganz friedlich. Er sagt ja auch nicht, daß er an sie 'ran wollte oder so, er ist ganz friedlich."

Vom Gefängnis aus schreibt er Frau Schaper und seiner ältesten Stieftochter lange Briefe, in denen er verspricht, "sich zu bessern". Die Beziehung zu Andrea erwähnt er jedoch nicht. Frau Schaper hat in dieser Beziehung resigniert.

"Ich sage, du kommst ja sowieso nicht dran an die richtige Wahrheit von ihm. Und ich laß ihn jetzt auch damit zufrieden".

Ansonsten hat Frau Schaper keine Möglichkeit, mehr in Erfahrung zu bringen. Sie ist auf ihre eigene Rekonstruktion angewiesen.

Nachdem Herr Schaper aus dem Gefängnis entlassen worden ist, lebt Frau Schaper erneut mit ihm zusammen. Die Beziehung bleibt jedoch schwierig. - "Weil die Kinder halt noch dagewesen waren, hat man es halt noch mal versucht." - Zur endgültigen Trennung kommt es erst einige Jahre später. Anlaß ist der Alkoholismus des Ehemannes und v.a. seine sexuellen Übergriffe auf die Tochter Ingrid.

Heute hat Frau Schaper keinerlei Kontakt mehr zu ihrer Tochter Andrea. Von deren Lebenssituation weiß sie nur, daß sie mit Mann und Kindern lebt. Sie kennt die Stadt, in der sie wohnt und in der sie mit ihrem Mann eine "Pizza-Bude" betreibt. Sie sieht sich außerstande, an dieser Situation zwischen Mutter und Tochter etwas zu ändern. Ihre Gefühle dazu sind widersprüchlich.

Als erstes äußert sie Kummer darüber, daß die Situation ist, wie sie ist. Sie beschreibt, daß sie Andrea weggeschickt hat, nachdem diese von ihr verlangt hatte, sich von ihren beiden jüngsten Kindern zu trennen.

"Ja, das tut mir heute noch weh. Nicht, daß ich das Kind nicht mehr sehen möchte. Denn ich habe ja die alle großgezogen."

"Jedenfalls, mir tut das so weh. Und da habe ich gesagt, ist gut, sage ich, wenn du es nicht anders willst, da ist die Tür. Das habe ich ihr wörtlich gesagt, so weh es mir auch getan hat, das war mir egal."

Spürbar ist außerdem ihre Unsicherheit darüber, ob es richtig ist, daß sie nicht versucht, Kontakt zu Andrea aufzunehmen. Gedanklich beschäftigt sie sich offensichtlich damit. Sie erzählt mehrere Male, wie eine Suchaktion vor sich gehen müßte. Letztlich verwirft sie die Idee aber immer wieder.

"Ja, nun such mal in X. die ganzen Pizza-Buden durch. Das schaffst du in einem Tag nicht, das schaffst du in einer Woche nicht, wo willst du da jeden Abend bleiben. Und ich sag dir ganz ehrlich, ich glaube, wenn ich sie jetzt vor mir hätte, wüßte ich gar nicht, ob sie es ist oder nicht. Weil sie zu lange 'raus ist. Und die verändern sich ja auch."

Der erste Grund, der zu große Aufwand, ist nicht ganz stichhaltig. Es handelt sich um eine kleine Stadt, die wahrscheinlich nicht viele Pizzerien oder Imbißstuben beherbergt. Ich vermute, daß Frau Schaper weniger Angst davor hat, ihre Tochter nicht zu finden als davor, sie zu finden. Sie hat sich verändert, und Frau Schaper wüßte gar nicht, wen sie "vor sich hätte" und wie die Tochter ihr gegenüber reagieren würde.

Spürbar ist weiterhin die Kränkung, die Frau Schaper durch die Untreue ihres Mannes empfindet. Spürbar ist sie u.a. in dem entschiedenen Stolz, mit dem sie es ablehnt, um ihren Mann zu kämpfen, falls er eine andere Frau hätte. Sie hat sich nur eingemischt, weil es um die Tochter ging und sie deshalb als Mutter verpflichtet ist, sich einzumischen.

"Wenn da jetzt 'ne ältere Frau gewesen wäre, hätte ich gar nichts gesagt. Hätte ich gesagt, Mensch, schießt doch los und laßt mich allein. Da wäre ich ganz korrekt gewesen. Hätte er sie mitnehmen sollen. Hätte er da mithingehen sollen. Wäre für mich die Sache im Griff gewesen."

Anzunehmen ist, daß das Konkurrenzdenken, das Frau Schaper ihrer Tochter an verschiedenen Stellen zuweist, "die wollte mich zwischen raus haben" auch ihr eigenes ist, das sie sich aber nicht zugestehen kann.

Schließlich ist deutlich, daß Frau Schaper Aggression und Ablehnung ihrer Tochter gegenüber empfindet, die in der Beschuldigung an Andrea gipfeln, diese habe zum einen eine sexuelle Beziehung zu ihrem Stiefvater gewünscht und aktiv herbeigeführt, und zum anderen mit einer bewußten Falschaussage ihre Mutter angeklagt. Die Beschuldigungen begründen und legitimieren die heftigen negativen Gefühle Frau Schapers.

Wichtig zu erwähnen ist noch Frau Schapers Wunsch oder besser Zwang, sich zu rechtfertigen. Ein Teil dieses Rechtfertigungszwanges ensteht sicherlich aus der

Angst, wieder etwas falsch zu machen, zu versäumen und erneut in eine beschä-
mende, verunsichernde, ängstigende Situation zu geraten. Von dem Zeitpunkt an,
als Frau Schaper von der Beziehung zwischen Andrea und ihrem Stiefvater wußte,
hat sie versucht, ihren Ehemann von ihren Töchtern fernzuhalten. Wenn sie selbst
ihn nicht kontrollieren kann, organisiert sie mit Hilfe von Sohn, Nachbarin und
Bekannten eine Art Überwachungsdienst.

Die verschiedenen widersprüchlichen Gefühle und Haltungen Frau Schaper's
ihrer Tochter und den damaligen Ereignissen gegenüber bleiben isoliert nebeneinander stehen. Es gibt keine Klärungen, keinen Versuch der Integration der verschiedenen Bereiche zu einem - wenn auch nicht notwendigerweise widerspruchs-
freien - einheitlichem Bild. Das Nebeneinander sich im Grunde ausschließender
Modelle reicht bis in den Bereich des Faktischen.

Deutlich ist, daß Frau Schaper die Situation für sich nicht klären kann. Verstört-
heit, Unsicherheit, Überforderung, Verzweiflung sind spürbar. Sie schützt sich
davor, indem sie umso entschlossener an einmal gefundenen Erklärungen festhält.
Und sie kämpft darum, das Geschehene für sich abzuschließen, auch wenn es letztlich für sie "richtig wie so ein Rätsel" bleibt.

"Für mich ist die Sache erledigt. Ich bin mit meinen drei Jahren Bewährung raus
und das ist für mich schon viel wert." Nach wie vor kommen ihr auch Zweifel an
ihrer eigenen Sichtweise von Andrea, die sie aber immer wieder zurückdrängt.

"Aber es muß so sein."

Ingrid

Soweit sich das anhand der Gespräche rekonstruieren läßt, ist Ingrid ungefähr
ebenso alt wie ihre Schwester Andrea zum Zeitpunkt der Übergriffe war, nämlich
vierzehn, als ihr Vater beginnt, sie sexuell zu belästigen.

Der sexuelle Mißbrauch der zweiten Tochter nimmt in den Gesprächen weniger
Raum ein als der Übergriff auf Andrea. Die Geschehnisse sind klarer, eindeutiger
für Frau Schaper. Sie sieht die Übergriffe ihres Ehemannes von vornherein als
unberechtigte sexuelle Belästigung an, und sie ist ebenfalls von Anfang an darüber
informiert.

Obwohl sie nicht weiß, wie sie mit der Situation umgehen soll - "wie man es ihr
erklären sollte, wußte ich ja nicht" -, versucht sie, ihre Tochter vorzubereiten. "Ich
sage, hör mal zu, wenn der Papa dir was tut, kannst du ruhig zu Mama kommen."

Ingrid wendet sich auch tatsächlich an ihre Mutter um Hilfe, die im übrigen
manchmal Zeugin oder auch Mitbetroffene der sexuellen Gewalttätigkeiten des
meist alkoholisierten Herrn Schaper ist.

"Wenn ich ihn hörte, dann war ich ja schon erstmal gucken, wo die Ingrid ist.
Dann hatt' ich sie ja schon hinter mir, damit sie nach oben konnte. Wenn er nach
oben ging, ging ich ja hinterher. Oder ich blieb mit ihr schon oben sitzen. ... Ja, und

wenn er mich natürlich in die äußerste Ecke geschubst hat, mußte ich erst mal sehen, daß ich wieder hochkam. Dann hat er sie zwar schon angefaßt, aber ich war dann auch schon wieder zur Stelle, damit ich sie mir wieder an die Seite rücken konnte."

Aus den Schilderungen Frau Schapers entsteht das Bild der abendlichen häuslichen Situation. Herr Schaper kommt betrunken nach Hause und attackiert entweder sie oder die Tochter Ingrid. Wenn Frau Schaper "dazwischengeht", schlägt er sie. Frau Schaper erzählt, wie sie versucht, sich selbst zu schützen. So trägt sie z. B. viele Kleidungsstücke übereinander, damit ihr Ehemann keinen direkten Zugriff auf ihren Körper hat. Sie bemüht sich, ihn so lange hinzuhalten, bis er eingeschlafen ist.

"Dann versuchte ich immer, so langsam vom Sofa zu kommen ... dann konnte ich nach oben mit den Kindern. Da habe ich auch die Türen verriegelt, damit er nicht rein kam, weil nämlich Ingrid vorne schlief."

Oft wehrt sich Frau Schaper auch verbal. "Ich sage, was soll denn das? Kannst du das Mädchen nicht zufrieden lassen? Hast du mir nicht schon ein Unglück hier ins Haus gebracht?"

Herr Schaper reagiert auf solche Anwürfe mit Beschimpfungen und Schlägen.

"Und da habe ich manche Schläge für Ingrid eingesteckt".

Immer wieder sagt er seiner Frau, sie "wäre wohl neidisch" (darüber, nicht die einzige Adressatin seiner sexuellen Aufmerksamkeiten zu sein, Anm. d. Verf.) und könne "wohl nicht genug kriegen." Dieser Vorwurf, sie handle aus sexueller Frustration heraus, macht Frau Schaper hilflos, zwingt sie, von Angriff auf Verteidigung überzugehen.

Sexuelle Attacken und Gegenwehr werden offen ausgetragen. Frau Schaper und ihre Kinder haben ein System von Schutzmaßnahmen entwickelt, zu denen beispielsweise gehört, daß sie immer zusammen schlafen.

Es gehört auch dazu, daß sich Frau Schaper ihrem Mann ab und zu sexuell zur Verfügung stellt.

"Also für mich war es ein Ekel. Aber ich habe mich deswegen hingelegt, damit er Ruhe gab. Und dann schlief er auch."

Außerdem nimmt sie an, daß Herrn Schapers sexuelle Übergriffe auf die Tochter häufiger und für sie unkontrollierbarer werden würden, wenn er sich nicht ab und zu an ihr sexuell betätigen könnte.

"Mir blieb ja nichts anderes übrig. Sonst hätte ich ja Angst haben müssen, daß er sie irgendwo draußen abfängt. Ich kann ja nun nicht überall sein."

Schließlich beendet sie die unhaltbare Situation, in dem sie mit ihren Kindern die gemeinsame Wohnung (und damit ihren Arbeitsplatz in der Landwirtschaft) verläßt.

Zusammenfassung

Im Abstand von zehn Jahren sind zwei Töchter Frau Schapers vom gleichen Täter, ihrem zweiten Ehemann, sexuell mißbraucht worden. In ihrer Sichtweise handelt es sich um zwei vollkommen verschiedene Vorkommnisse.

Den Übergriff auf ihre Tochter Andrea schildert sie als eine von der Tochter gewollte und (mit-)initiierte Beziehung, wobei die Tochter zusätzlich noch ihre Mutter bewußt und fälschlicherweise angeklagt hat.

Bei Ingrid dagegen handelt es sich um die Attacken eines alkoholabhängigen und gewalttätigen Mannes, gegen die sich Mutter und Tochter gemeinschaftlich zur Wehr setzen.

In den Gesprächen finden sich Hinweise zur Erklärung dieser Unterschiede.Frau Schaper bezeichnet von ihrer heutigen Sicht aus ihre Ehe zur Zeit des ersten Übergriffs als gut. Sie lebt gerne mit ihrem Mann zusammen. Anzunehmen ist, daß es ihr ungeheuer schwer fällt, in ihrem damaligen Mann einen sexuellen Mißhandler zu sehen und daß sie ihn (noch) nicht verurteilen will. Beim zweitenmal ist sie durch schlechte Erfahrungen sozusagen vorgewarnt.

Gravierend ist sicher, daß sie beim ersten Mal überrascht wird. Sie hat nichts bemerkt (ob sie etwas hätte bemerken können, sei dahingestellt), und sie hat keine Gelegenheit, einzugreifen, es gibt für sie keine Möglichkeit, sich mit der Tochter zu solidarisieren. Die Tochter als Schuldige zu sehen, ist für sie eine Möglichkeit - wahrscheinlich ihre einzige -, eigenes Versagen zurückzuweisen und ihre negativen Gefühle gegenüber Andrea zu legitimieren. Außerdem kann sie so ihr bisheriges gemeinsames Leben mit ihrem Mann "retten". In ihrer Erzählung finden sich einerseits deutliche Hinweise darauf, daß sie zu dieser Zeit innerlich mit ihrem Mann bricht, andererseits gibt sie ganz andere Gründe für das Scheitern ihrer Ehe an. Die Angst, die aus ihrer Verurteilung durch das Gericht resultiert, ist mit Sicherheit eine Triebfeder ihres weiteren Handelns.

Im weiteren Zusammenleben mit ihrem Mann ist sie von Anfang an wachsam. Sie sorgt beispielsweise so gut sie kann dafür, daß er nie mit einer seiner Töchter alleine ist, obwohl sie dafür, wenn sie von ihrer Sicht der inzestösen Beziehung restlos überzeugt wäre, keinen Grund hätte.

Mit ihrer Unterstützung der jüngeren Tochter belegt sie zum einen die Glaubwürdigkeit ihrer Version der Beziehung Andreas zu ihrem Stiefvater, vor allem aber zeigt sie damit ihre Glaubwürdigkeit und Kompetenz als Mutter. Sicher ist es für sie auch ein Unterschied, daß es sich einmal um die Stieftochter, beim zweitenmal um die leibliche Tochter Herrn Schapers handelt. Ein Unterschied ist es nicht so sehr für die vermuteten Motive des Mannes, aber für die der Töchter. Daß Andrea eine Liebesbeziehung zu ihrem Stiefvater anstrebt, kann sie sich vorstellen. Für eine leibliche Tochter gilt dies nicht.

Frau Schaper wird in beiden Fällen mit der Realität sexueller Übergriffe brutal und direkt konfrontiert. Beim ersten Mal wird sie zusätzlich noch mit Schuldzuweisung, Gerichtsverfahren, Verurteilung, konfrontiert. Ihre Überforderung, ihr Überwältigtsein sind spürbar.

Trotzdem setzt sie sich mit den Geschehnissen auseinander und zwar vor allem, indem sie handelt, indem sie versucht, den Mann zu kontrollieren und die Töchter zu kontrollieren bzw. zu schützen. Die gedankliche und emotionale Auseinandersetzung fällt ihr dagegen schwerer.

Womit sich Frau Schaper kaum beschäftigt, ist die emotionale Situation ihrer ältesten Tochter Andrea, ebensowenig damit, was die Übergriffe des alkoholisierten Vaters für Ingrid bedeuten. Klar ist, daß sie sie verhindern will.

"Hör mal, sag' ich, weshalb hast du mir nichts davon erzählt?" - Frau Mahnke

Frau Mahnke ist sechsundfünfzig Jahre alt. Sie war sechzehn Jahre lang verheiratet, vor sieben Jahren ist ihr Mann gestorben. Sie hat fünf inzwischen erwachsene Kinder, drei Söhne und zwei Töchter. Nicht ohne Stolz erzählt sie, daß sie bereits acht Enkelkinder hat.

Frau Mahnke lebt allein. Sie hat keine Berufsausbildung und ist nicht erwerbstätig, sondern lebt von Witwenrente.

Ihr Ehemann hat die damals zehn- oder elfjährige gemeinsame Tochter Lisa sexuell mißbraucht. Er hat sich selbst angezeigt. Frau Mahnke geht davon aus, daß der Mißbrauch danach aufhörte.

Frau Mahnke und ich treffen uns aus Anlaß des Interviews zum ersten Mal. Der Kontakt zwischen Frau Mahnke und mir wird durch Frau Mahnkes Tochter Lisa hergestellt. Diese hat an einer Selbsterfahrungsgruppe für Frauen mit Alkoholproblemen teilgenommen, die ich begleitet habe. Das bedeutet, daß ich, als ich mit Frau Mahnke zusammentreffe, das Geschehen, um das es hier geht, bereits aus der Sicht der Tochter kenne. Frau Mahnke weiß das. Sie weiß jedoch nicht, was ihre Tochter mir erzählt und wie sie mir die Mutter geschildert hat. Es ist anzunehmen, daß dies Frau Mahnkes Befangenheit vergrößert. Zudem sehe ich hier einen Grund dafür, warum sie sich so bemüht, sich mir als eine gute Mutter und "tugendhafte" Ehefrau darzustellen, die alles in ihrer Macht stehende für ihre Kinder tut, und die in diesem speziellen Fall, dem Mißbrauch der Tochter, nur deshalb nichts getan hat, weil sie davon nichts wußte.

Insgesamt ist das Sprechen über ihre Gefühle für Frau Mahnke eine sehr ungewohnte Arbeit. Das Gespräch erreicht für sie einen hohen Grad an Vertraulichkeit. Es ist sichtbar, daß es sie anstrengt. Trotzdem sagt sie zum Schluß, es habe ihr gutgetan, sie fühle sich jetzt "ein bißchen erleichtert" und habe "wieder ein bißchen dazugelernt".

Frau Mahnke erfährt durch die Kriminalpolizei von den Übergriffen ihres Ehemannes. Sie ist mit Lisa gerade bei einer älteren Tochter zu Besuch.

"Ja, und da kam dann die weibliche Kriminalpolizei und sagte, ich muß ihre Tochter Lisa mitnehmen zum Verhör. Da habe ich gesagt, wieso zum Verhör. Ja, sagt sie, denn ihr Mann, der hat sich gestellt, so und so war das."

Herr Mahnke hat sich selbst gestellt, um sein "unruhiges Gewissen" zu besänftigen und aus Angst, jemand anderes könnte von dem Mißbrauch der Tochter erfahren und ihn anzeigen.

"Sagt er, das ist ja dann noch schlimmer."

Er kommt noch am selben Tag wieder nach Hause. Seine Selbstbezichtigung hat keine gerichtlichen Konsequenzen.

Frau Mahnke berichtet, daß sie bis dahin "keine Ahnung" von den Vorfällen hatte und daß es "erstmal ein Schock" für sie war, davon zu erfahren.

"Ich konnte kein Wort erstmal rauskriegen. Ich sage, ja, ich weiß nichts davon, sie hat mir nichts erzählt."

Von der Kriminalpolizei erfährt sie, ihr Ehemann habe die Tochter "unsittlich berührt", aber nicht vergewaltigt, "beschädigt".

"Aber nicht so, wie man es von anderen hört, brutal und so."

Mehr Informationen darüber, was geschehen ist, erhält sie trotz diverser Bemühungen nicht.

"Also ich weiß wirklich nicht, was los war. Das weiß ich bis heute noch nicht."

Sie nimmt an, daß es sich um eine einmalige Tat handelte, vor allem deshalb, weil sie für Herrn Mahnke keine gerichtlichen Folgen hatte.

"Ja, sonst hätte Lisa ja schon eher was gesagt oder so. Ich meine, wenn er es mehrere Male versucht hätte, dann hätte er ja vielleicht Gefängnis gekriegt oder so. Dann wäre es vielleicht auch zur gerichtlichen Verhandlung gekommen oder was. Ich weiß es ja nicht."

Ein Urteil, das die Polizei als offizielle Institution fällt, ist für sie wichtig, nicht nur in diesem Fall. (An anderer Stelle erzählt sie von einem Streit mit ihrem langjährigen Freund - von dem sie sich inzwischen getrennt hat -, den sie ebenfalls vor Gericht klären möchte.)

Daß die Tochter sie nicht ins Vertrauen gezogen hat, bedeutet eine große Verletzung für sie. Im Gespräch weist sie insgesamt sechzehnmal darauf hin. Trotz vieler Versuche spricht Lisa bis heute nicht mit ihrer Mutter über den Inzest. Auch das erwähnt Frau Mahnke öfter.

Auch ihr Ehemann hat auf ihre Fragen "keine Antwort". Wenn sie ihn anspricht, reagiert er "ganz niedergeschlagen".

"Na, dann fing er an zu weinen."

"Ach, sagt er, das war ein Kurzschluß. Und dann sagt er, ich fahre jetzt in die Arbeit. Und er hat erst einmal ein paar Tage kein Wort mit mir gesprochen. Das war ihm scheinbar unangenehm."

Bevor Herr Mahnke die Kommunikation abbricht, fordert er von seiner Frau eine Entscheidung darüber, "ob ich mit ihm zusammenbleiben wollte oder nicht." Auch der Kripobeamte hat ihr nahegelegt, sie müsse sich nun "entscheiden".

Frau Mahnke akzeptiert diese an sie gestellte Forderung, schnell eine Entscheidung über die Fortsetzung der Ehe zu treffen, ohne vorher Gelegenheit zu einer Auseinandersetzung bekommen zu haben oder auch nur Zeit, sich über ihre Gefühle klar zu werden. Sie faßt den Entschluß, bei ihrem Mann zu bleiben. Sie nennt verschiedene Gründe.

- Sie verweist auf die gemeinsam verbrachten Jahre, durch die sie sich innerlich gebunden fühlt.

- Des weiteren nennt sie praktische Gründe, finanzielle Probleme und vor allem die Schwierigkeit, alleine für ihre Kinder zu sorgen.

"Denn ich meine, wo soll man so schnell hin mit den Kindern. Es waren immerhin fünf Kinder."

- Außerdem hat sie Mitleid mit ihrem Mann.

"Ich meine, die ganzen Kinder weg, ich weg und er ganz alleine. Das konnte man auch nicht machen."

Sie hat Angst, er könnte sich das Leben nehmen. Auch spielt für sie eine Rolle, daß er schon Schicksalsschläge hinnehmen mußte.

"Seine erste Frau ist an Krebs gestorben."

- Frau Mahnke hält die Tat für einen einmaligen "Kurzschluß", die mit dem Gang zur Polizei ihr Ende gefunden hat. Zudem behandelte der Täter sein Opfer nicht "brutal" und zwang das Mädchen nicht zum Geschlechtsverkehr.

"Also, das war ja nun nicht, daß sie richtig mißbraucht wurde. Also, wenn sie richtig mißbraucht worden wäre, wie man es so in den Zeitungen liest, dann wäre ich ja nicht mit dem Mann zusammengeblieben."

Hier entsteht ein Bild von sexueller Gewalt, die von physischer Gewalt und Geschlechtsverkehr gekennzeichnet ist. Die subtilen Formen von Inzest fallen nicht darunter.

- Frau Mahnke befürchtet, daß im Falle einer Trennung die Gründe dafür öffentlich würden.

"Ja, wenn man wirklich abgehauen wäre, wäre es bestimmt herausgekommen, hätten die Leute bestimmt erzählt, weshalb und wie und was. Und so wußten es nur wir und das war für uns vielleicht das Beste."

"Wir" sagt Frau Mahnke. Das Geschehene empfindet sie als "Schande". Das Bekanntwerden der Übergriffe würde auch sie und die Kinder treffen. Die "Schande" betrifft alle. Frau Mahnke ist bereit, die Verantwortung insofern mit zu übernehmen, als sie hilft, das "Familiengeheimnis" zu bewahren.

"Ich habe mir überlegt, was geht das die anderen Leute an. Behältst es für dich alleine. Und wenn es einmal herauskommen sollte, sagte ich mir, dann kommt es nicht von dir."

Sie bemüht sich auch, die übrigen Kinder nichts merken zu lassen. "Aber richtig wütend konnte man ja nicht sein. Sonst hätten die anderen Kinder vielleicht auch noch was mitgekriegt, die Kleineren."

Es stört sie sehr, daß Lisa ihrerseits das Geheimnis nicht wahrt, sondern die älteren Geschwister, die nicht mehr in der elterlichen Wohnung leben, informiert.

Frau Mahnke: "Naja, das hat Lisa ja überall rumerzählt. Ich meine, wenn sie es für sich behalten hätte."

I.: "Das hätten sie besser gefunden."

Frau Mahnke: "Ja."

Es fällt ihr schwer, dafür Gründe anzugeben. Ihre Einstellung ist klar, der Reflexion nicht zugänglich. Themen, die Sexualität, Intimität betreffen, werden unter Frauen besprochen. Ein weibliches Kind geht damit zur Mutter. Und vor allem: sowas bleibt in der Familie.

Hier zeigt sich eine Sichtweise Frau Mahnkes, die auch in anderen Bereichen deutlich wird, die Überzeugung nämlich, daß Dinge desto weniger vorhanden sind, je weniger sie in die Welt gesetzt werden. Gefühle, die nicht ausgedrückt werden, sind nicht vorhanden. Vorkommnisse, die nur innerhalb der Familie bekannt sind, verlieren einen Teil ihrer Bedeutung, oder umgekehrt, je öffentlicher sie würden, umso schlimmer würden sie. Es zeigt sich eine klare Trennung der inneren "Familienwelt" von der äußeren Welt. In diesem Fall ist die innere Welt die kleine Gruppe Täter - Opfer - Mitwisserin Mutter, die vor der ganzen übrigen Familie ihr Geheimnis wahrt bzw. wahren soll.

Wie weit der äußere Anschein und der innere Gefühlszustand auseinanderklaffen können, zeigt sich an Frau Mahnkes Äußerungen über ihre Ehe. Im Gegensatz zu ihrer Beziehung zu ihrer Tochter Lisa, die sich nach Frau Mahnkes Aussage durch ihr Wissen um den Inzest nicht verändert, verändern sich die eheliche Beziehung und das Leben der Familie erheblich. Trotzdem sagt Frau Mahnke zunächst auf meine Frage, die Ehe sei weiterhin "in Ordnung" gewesen. Das bedeutet, daß sie nach außen hin in Ordnung war.

Die Familie hält ihren bisherigen alltäglichen Umgang aufrecht, und Frau Mahnke bemüht sich, "so zu reagieren wie man immer reagiert hat."

"Ich habe ihm weiterhin sein Essen gemacht, Arbeitsbrote und so."

Worin bestehen die Veränderungen?

Frau Mahnke respektiert ihren Ehemann nicht mehr wie vorher als "guten Vater", und sie läßt ihn das auch spüren, vor allem in Auseinandersetzungen.

"Ja, wenn er irgendwas über die Kinder gesagt hat, habe ich gesagt, Mensch, laß mich in Frieden, ich mache das so wie ich will mit den Kindern. Denn ich sage, denk mal darüber nach, was mit Lisa war."

Sie versucht in der Folgezeit, ihren Mann nicht mehr mit seinen Töchtern alleine zu lassen (obwohl sie die Tat, wie sie sagt, für einen einmaligen Ausrutscher hält.)

"Tja, ich bin dann viel weggegangen des Abends. Ich habe die Kinder (die Töchter, nicht die Söhne, Anm. der Verf.) gepackt und bin dann irgendwo hingefahren."

Dies ist nicht nur eine Schutzmaßnahme. Es ist auch eine Möglichkeit für sie, ihrem Mann zu zeigen, daß sie seine Handlungsweise mißbilligt und nicht vergessen hat, auch wenn sie den Schein wahrt.

"Bloß ich hatte mich dann verändert, das hat er auch dann gemerkt, das hat er dann mitgekriegt."

Und sie kann ihm zeigen, daß sie nicht vollkommen machtlos ist. Sie kann ihm ihre Gesellschaft und die seiner Kinder entziehen.

"Aber er war dann alleine."

Außerdem verweigert Frau Mahnke - wie sie schildert, konsequent - ihrem Mann den sexuellen Kontakt .

"Ich empfinde jetzt beim Verkehr kein Gefühl mehr, sage ich."

"Ja, das war immer so ein Ekel für mich dann."

Sicher ist es nicht nur der körperliche Ekel, ausgelöst durch Bilder sexueller Berührungen der Tochter durch Herrn Mahnke, der Frau Mahnke veranlaßt, sich sexuell zu verweigern. Es ist ihr wirksamstes Mittel, vielleicht ihr einziges, ihm gegenüber ihre ablehnenden Gefühle auszudrücken. Verbalen Vorwürfen entzieht er sich.

"Denn ich meine, das hätte er nicht machen dürfen meiner Meinung nach. Das habe ich ihm auch gesagt. Daraufhin hat er ja so reagiert und ist früh schlafen gegangen oder ist in die Arbeit gegangen oder so."

Wo er sich dem Gespräch entzieht, entzieht sie sich der Sexualität. Damit kann sie ihn treffen, wogegen sie ihn mit Worten nicht erreicht.

Bis heute ist es für Frau Mahnke schwierig, sich damit abzufinden, daß sie sehr wenig über den Inzest weiß.

"Ich kann da heute noch nicht damit fertig werden."

Insbesondere ist es kränkend für sie, daß weder ihr Ehemann noch ihre Tochter sich ihr anvertraut haben. Daß der Ehemann nicht mit ihr gesprochen hat, wiegt ähnlich schwer wie der Mißbrauch selbst.

"Ich meine, er muß ja auch wissen, was er getan hat und weshalb er es mir nicht gesagt hat."

Deutlich wird die Kränkung in dem Modell, das sie entwirft, wie die Bewältigung des Inzests eigentlich hätte verlaufen sollen. Ein vernünftiges Gespräch zu dritt stellt sie sich vor, wobei sie die vermittelnde und helfende Rolle spielen würde.

"Ich meine, wenn sie mir mal was gesagt hätte, dann hätten wir drei uns zusammensetzen können und hätten darüber sprechen können."

Zusammenfassung

Frau Mahnke wird von außen, durch die Kripo und den Täter selbst, unbezweifelbar mit der Realität der sexuellen Übergriffe konfrontiert. Daß es diese gab, weiß sie also. Was passiert ist, erfährt sie trotz Nachfragen weder durch die Kripo noch von Ehemann oder Tochter. Sie hält sich daran fest, daß die Übergriffe nicht gewalttätig waren und ihr Mann sich keinem Gerichtsverfahren unterziehen muß: das nimmt sie als Indiz, daß es nicht so schlimm war. "Ein Kurzschluß", ein Ausrutscher. Zudem geht sie von einem einmaligen Mißbrauch aus.[1]

Sie sieht ihren Mann im Grunde nicht als Inzesttäter. Frau Mahnkes Haltung kann als resignativ beschrieben werden. Sie findet sich damit ab, daß mit ihrem Mann kein Gespräch möglich ist, und sie sieht für sich nur die Möglichkeit, bei ihm zu bleiben.

Eine gewisse stille Art von Auseinandersetzung, von Rebellion gegen ihn findet in ihrer Ehe statt, nichts dringt jedoch davon nach außen.

Ihrer Tochter gegenüber empfindet sie sehr deutlich die Kränkung, als Mutter nicht ins Vertrauen gezogen worden zu sein. Die Gefühle, die die Übergriffe bei der Elfjährigen ausgelöst haben könnten, sind für sie demgegenüber kein Thema (ebenso wenig wie ihre eigenen Gefühle). Daß die sexuelle Verletzung Spuren hinterlassen haben könnte, berücksichtigt sie nicht.

"Ich verstehe das gar nicht, war das denn wirklich so schlimm?" - Frau Böhm

Frau Böhm ist vierundfünfzig Jahre alt und hat zwei erwachsene Töchter. Sie ist geschieden und lebt mit einem Mann zusammen, zu dem sie eine Liebesbeziehung hat. Frau Böhm arbeitet als Laborantin.

Zum Zeitpunkt des sexuellen Übergriffs war sie seit einigen Jahren geschieden. Der Täter war ihr damaliger Freund, das betroffene Mädchen, ihre Tochter Martina, war etwa elf Jahre alt.

Im Falle von Frau Böhms Tochter handelt es sich nicht um eine länger andauernde, wiederholte sexuelle Mißhandlung, sondern um ein einmaliges, vergleichsweise "harmloses" Ereignis, das bereits siebzehn Jahre zurückliegt.

Täter ist auch nicht der Ehemann/(Stief-)Vater, sondern der damalige Freund Frau Böhms, Herr Kaltenbach, der nicht in der Familie lebte. Insofern unterscheidet sich die Thematik von der der übrigen Gespräche. Trotzdem kann insbesondere zu den Themen "Aneignungsverbote" und "Sichtweise von Sexualität und sexueller Gewalt" etwas beigetragen werden.

---

1 Dies entspricht jedoch, wie ich durch den Kontakt mit der Tochter Frau Mahnkes weiß, nicht der Realität.

Der Kontakt zwischen Frau Böhm und mir wird von ihrer Tochter Martina, dem Opfer des Übergriffs, hergestellt. Martina hat an einer Selbsterfahrungsgruppe für Frauen mit Alkoholproblemen, die ich begleitet habe, teilgenommen.

Frau Böhm erfährt von der Belästigung ihrer Tochter durch diese selbst.
"Ja, das hat mir Martina selbst erzählt. Sie hat mir nur gesagt, ja er hat mich so umfaßt und, und gestreichelt, und sie war also sehr aufgeregt, wie sie mir das erzählte."
"Also es war nichts, sagen wir mal, geschlechtlich war gar nichts passiert."
Frau Böhm nimmt das, was ihre Tochter berichtet, zunächst nicht als sexuelle Belästigung wahr.
"Nein, ich habe das nicht so sexuell empfunden, wie sie mir das erzählt hat. Ich habe bloß gedacht, naja, es war ihr unangenehm, daß er sie eben gestreichelt hat. Und er hat sie vielleicht auch zu sich auf die Liege genommen. Sie waren ja beide angezogen. Ich meine, ich war ja auch dagewesen, die konnten ja gar nichts anstellen."
Frau Böhm hat keine Kenntnis davon, wie und an welchen Stellen Herr Kaltenbach Martina berührt hat. Sie geht jedoch davon aus, daß es sich nur um "eine Streichelei" handelte, die für Martina aus irgendwelchen Gründen "unangenehm" war. Die sexuelle Färbung entsteht ihrer Ansicht nach lediglich in der Empfindung des Mädchens. Sie sieht keine sexuelle Intention des Mannes. Das erklärt sie an drei Stellen:
"Ja, also hat sie das, vielleicht schon mehr gesehen drin, als es vielleicht gemeint war."
"Aber es kann sein, daß sie das eben sexuell empfunden hat." "Also, ich meine, ..., er hat das wahrscheinlich auch nicht ganz so schlimm, wie das das Kind empfunden hat."
Die Erklärung, daß die elfjährige Martina eine harmlose Berührung als sexuell und unangenehm empfand, erscheint wenig wahrscheinlich. Herr Kaltenbach war seit fünf Jahren ein Freund der Familie, zu dem die Kinder (Martina und ihre Schwester) "Vertrauen" hatten und den sie "mochten",
"weil er eben auch nicht aufgetreten ist als Liebhaber von mir, sondern als Freund des Hauses."
Warum sollte Martina plötzlich vor einer freundschaftlichen Berührung zurückschrecken?

Frau Böhm sagt zunächst, sie sei "sehr geschockt" gewesen. Später meint sie dann:
"Ich war auch nicht geschockt, ich war auch nicht wütend, ich war enttäuscht."
Sie spricht mit Herrn Kaltenbach über den Vorfall.
"Und wie ich das von ihr wußte, habe ich ihn natürlich darauf angesprochen."
"Ich habe ihm zwar nicht irgendwie, so daß ich böse auf ihn war oder so. Aber ich habe ihm gesagt, das hätte ich nicht von dir gedacht. Irgendwie bin ich ent-

täuscht, daß du da das Mädchen angefaßt hast, daß es also für sie unangenehm war."

Hier geht sie im Unterschied zu ihren vorherigen Aussagen von einer Verantwortlichkeit Herrn Kaltenbachs aus.

"Er war ja nicht dumm, daß er das nicht auch gewußt hat, was er macht."

Herr Kaltenbach verteidigt sich.

"Ich habe doch nichts Schlimmes getan, und jeder Mensch braucht mal Streicheleinheiten und so. Sag ich, trotzdem, das Mädchen hat sich schockiert gefühlt und das finde ich nicht besonders gut."

Frau Böhm entscheidet für sich selbst letztendlich nicht, ob sie den Übergriff Herrn Kaltenbachs als ein harmloses "Streicheln" oder eine sexuelle Belästigung betrachtet. Die aufgeführten unterschiedlichen Sichtweisen bleiben nebeneinander stehen. Sie entscheidet nicht, ob sie die Realität ihrer Tochter ernstnehmen soll oder die Aussagen des Täters.

Das Geschehen hat Folgen für die Beziehung zwischen Frau Böhm und Herrn Kaltenbach.

"Die Beziehung war dann von meiner Seite auch nicht mehr so, also wurde eigentlich, er kam dann auch nicht mehr. Vielleicht hat er sich doch irgendwie belastet gefühlt, ich weiß es nicht."

"Diese, diese freundschaftliche Beziehung, die ich zu ihm hatte, die hatte einen Knacks gekriegt dadurch."

"Ja, eben das Vertrauen war weg. Ich meine, vielleicht hat er das auch gemerkt und ist dann von sich aus nicht gekommen, weil es das merkte oder was."

Der Übergriff auf Martina bedeutet, so könnte man folgern, das Ende der Beziehung zwischen Frau Böhm und ihrem Freund. Dies wird aber von beiden nicht offen ausgesprochen, es gibt überhaupt kein Gespräch mehr zwischen ihnen. Der Freund "kommt nicht mehr". Gelegentlich telefonieren sie noch oder unterhalten sich, wenn sie sich zufällig auf der Straße treffen. Frau Böhm selbst ist sich nicht klar darüber, inwieweit der Übergriff auf ihre Tochter die Trennung herbeiführte. Sie nennt noch andere Ursachen: der Freund wird krank, sie lernt einen anderen Mann kennen.

Sie hat nur noch vage Erinnerungen an den damaligen Ablauf der Ereignisse. Sie hat auch nie versucht, einen Zusammenhang zwischen der sexuellen Belästigung, ihrem Gespräch mit Herrn Kaltenbach darüber und dem Ende der Beziehung herzustellen.

Fest steht nur, daß Herr Kaltenbach von diesem Zeitpunkt an nicht mehr kam, was auch in ihrem Sinne war.

Das "Schweigen" über den "Vorfall" betrifft nicht nur Frau Böhms Beziehung zum Täter.

"Ja, also da darüber habe ich überhaupt nicht mehr gesprochen. Ich habe ihn gleich daraufhin zur Rede gestellt, und dann war das für alle Teile erledigt. Also auch Martina hat da nichts mehr gesagt."

Für Frau Böhm ist, wie sie mehrmals sagt, unverständlich, daß dieses Erlebnis für ihre Tochter heute noch von Bedeutung ist.

"Ich habe bloß gesagt, Mensch Martina, das belastet dich immer noch? Ich verstehe das gar nicht, war das denn wirklich so schlimm?"

Zur Bekräftigung erzählt sie mir zwei Erlebnisse Martinas, die ihrer Ansicht nach für diese schlimmer waren.

Einmal Martinas Belästigung durch einen Exhibitionisten und die anschließende Vernehmung durch die Polizei. Martina ist im Kindergartenalter. Bei einer weiteren Vernehmung geht es um ihren Vater. Dieser, der zu dieser Zeit nicht mehr in der Familie lebt, ist angezeigt worden, als er ein nackt über eine Wiese laufendes Mädchen fotografiert. (Es handelte sich um ein gestelltes Foto, das der Hobbyfotograf mit der Tochter von Bekannten arrangierte.) Die Kripo überprüft daraufhin eventuelle Belästigungen der Töchter.

Sexuelle Belästigung von Kindern ist für sie, wie vieles an der Sexualität, eine Frage der "Veranlagung".

"Der eine Mann hat irgendwie mehr Spaß beim Kind, also bei jungen Mädchen..."

Eine Grenze des Erlaubten liegt für Frau Böhm da, wo Kinder "einen Schock bekommen".

"Ich meine, es gibt ja Mädchen mit vierzehn, die auch schon selber Spaß daran haben. Ich meine, das ist ja dann wieder was anderes, wenn das Mädchen selbst will."

Diese Grenze, die Freiwilligkeit, das Einverständnis des Mädchens, hat Herr Kaltenbach überschritten.

Frau Böhm betrachtet die Belästigung Martinas ausschließlich in Kategorien von Sexualität, nicht von Macht, Zwang etc.. Dementsprechend sieht sie das Schlimme von Belästigungen darin, daß Kinder mit Sexualität konfrontiert werden, von der sie noch nichts wissen, von der sie keine Kenntnis und keinen Begriff haben.

"... ich meine, ich persönlich, ich finde das im Grunde unmöglich, daß man die Kinder belästigt, also als Mann. Oder als, also als Vater sowieso schon, also ich meine, ich persönlich, ich, ich weiß es nicht, ich kann mir nicht vorstellen, was ich machen würde, aber ich glaube, ich finde es, also ich finde es nicht richtig, weil ich, ich meine, ich war ja auch mal ein Mädchen, und ich weiß nur, daß ich also bis sechzehn, da wußte ich noch nicht einmal wie Kinder entstehen."

Zusammenfassend läßt sich folgendes feststellen: Frau Böhm wird von ihrer Tochter informiert. Sie weiß, daß es einen einmaligen Übergriff gab, der ihre Tochter erschreckt hat. Sie weiß nicht, wie dieser genau aussah. Sie handelt sofort.

Sie schenkt ihrer Tochter Glauben, und sie stellt den Täter zur Rede. Ein klärendes Gespräch ist mit ihm jedoch nicht möglich. Frau Böhm sucht es auch nicht, ebensowenig mit der Tochter.

Auffällig ist, daß Frau Böhm das Sexuelle des Vorfalls nicht sieht bzw. in die Phantasie des Mädchens verweist. Auf diese Weise kann sie die Tochter ernstnehmen, ohne den Mann verurteilen zu müssen. Daß der Übergriff die Tochter verletzt, Gefühle in ihr ausgelöst haben könnte, die über den augenblicklichen Schrecken hinausgehen, sieht sie ebenfalls nicht. Schließlich nimmt sie eigene Gefühle zum Geschehen nicht wahr. Daß diese dagewesen sein müssen, läßt sie daraus schließen, daß nach dem Vorfall die Beziehung zu ihrem Freund zu Ende war. Die verschiedenen Hinweise, die Frau Böhm selber gibt, formen sich jedoch nicht zu einem Bild. Frau Böhm trifft keine Entscheidung darüber, ob ein sexueller Übergriff gegen ihre Tochter stattgefunden hat oder nicht.

Zusammenfassung und Schlußfolgerungen

Die Ausgangsfrage dieses Kapitels war, wie der Aneignungsprozeß für die befragten Frauen aussieht, welchen Schwierigkeiten er unterliegt und ob an der Wurzel dieser Schwierigkeiten ein Tabu sichtbar wird.

Was eine Frau vom sexuellen Mißbrauch in ihrer Familie wahrnehmen kann, hängt zum einen davon ab, ob etwas und was davon sichtbar wird und wie deutlich die Anzeichen sind, zum anderen davon, ob es ihr überhaupt möglich ist, sich auch bei "eigentlich" deutlichen Anzeichen ein Sexual- oder Gewaltverbrechen in ihrer Familie und damit ihren Mann als Vergewaltiger, Gewalttäter vorzustellen.

Um etwas sehen zu können, müßte sie den Blick auf ihre Tochter, das Opfer, und auf ihren Mann/Freund, den Täter, richten. Zu beiden steht sie in einer intimen und vielschichtigen Beziehung. Das, was sie sehen (und tun) wird, wird diese Beziehung verändern, und umgekehrt werden die Beziehungen ihre Wahrnehmung beeinflussen. Schließlich wird ihre Wahrnehmung dadurch geprägt, welche Konzepte sie hinsichtlich der Beziehungen Vater -Tochter, Mutter - Tochter, Mann - Frau einschließlich ihrer sexuellen Aspekte hat.

Das, was sie sehen wird, wird ihre eigene Identität beeinflussen, und umgekehrt wird ihre Identität, verstanden als Sicht von sich selbst, als Frau und als Mutter, ihre Konzepte von Weiblichkeit, Sexualität, Mutterschaft ihre Wahrnehmungen mit prägen. Kriterien der eigenen Identität, die hier von Bedeutung sind, sind sicherlich der Grad von Bewußtheit, Offenheit sich selbst gegenüber, Elastizität und Souveränität, den eine Frau besitzt. Wieviel Verantwortung für sich und ihre Tochter, für die Frau auch gegen den Mann, im Widerstand zu ihrem Mann, kann sie übernehmen?

Zusammenfassend läßt sich zuerst feststellen: Keiner Frau ist es möglich, ihre Tochter vor den sexuellen Übergriffen durch den Vater/Stiefvater zu bewahren.

Außer der Tochter von Frau Böhm ist es keiner möglich, sich an ihre Mutter zu
wenden. Weder Mütter noch Töchter kennen zufriedenstellende Möglichkeiten,
Hilfe zu suchen. (Frau Hofmann und Frau Pape finden sie schließlich aufgrund
ihres Aufenthalts im Frauenhaus.)

Keine der befragten Frauen weiß um die Fakten der sexuellen Übergriffe. Keine
kann sagen, was, wann, wie lange passierte. Alle kennen einige Details, aber keine
besitzt ein vollständiges Bild. Die wenigen Informationen, die die Frauen haben,
stammen entweder von der Tochter oder von Außenstehenden, nie vom Täter
selbst. Der Täter steht in keinem Fall zur Aneignung oder Bewältigung der Tat zur
Verfügung.

Bei allen Frauen gibt es Probleme, über den sexuellen Mißbrauch zu sprechen,
wenn auch bei jeweils unterschiedlichem Gegenüber. Alle Frauen kennen jedoch
Schwierigkeiten im Gespräch mit der Tochter.

Frau Hofmann, Frau Pape und Frau Böhm glauben den Aussagen ihrer Töchter,
Frau Böhm mit der Einschränkung, daß das Sexuelle des Übergriffs lediglich in der
Phantasie des Mädchens existiere. Frau Schaper glaubt ihrer jüngeren Tochter, weil
sie Zeugin der Übergriffe wird. Frau Mahnke verfügt lediglich über Aussagen der
Kripo und ihres Ehemannes. Sie weist ihrer Tochter keine Schuld zu.

Alle Frauen versuchen zumindest einmal mit ihren Töchtern zu sprechen. Allen
Frauen fällt es sehr schwer. Frau Böhm wird von ihrer Tochter selbst informiert.
Frau Lorenz, Frau Schaper (in bezug auf die ältere Tochter), und Frau Mahnke
fragen indirekt bzw. nach bestimmten Aspekten und erhalten unbefriedigende
Antworten. Frau Schaper und Frau Lorenz wissen nicht, wen sie ansprechen sollen:
ein Mädchen, dem Gewalt angetan wurde oder ein Mädchen, das mit dem Mann ihrer Mutter eine Liebesbeziehung eingegangen ist. Frau Hofmann und Frau Pape
fragen direkt nach den sexuellen Übergriffen (Frau Pape berücksichtigt das Alter
des Mädchens).

Eine regelmäßige Kommunikation über das Geschehene mit dem Ziel der Aufarbeitung und Bewältigung findet in keinem der Fälle zwischen Mutter und Tochter statt. Eine Ausnahme stellt Frau Pape dar. Hier gibt es Kommunikation und Zu-
sammenarbeit mit der Frauenhausmitarbeiterin.

Eine ausgesprochen unklare Größe sind die Gefühle der Frauen hinsichtlich des
Geschehenen. Den "Schock", den Schrecken, als sie zum ersten Mal davon erfahren, können Frau Hofmann, Frau Pape, Frau Schaper und Frau Mahnke beschreiben. Frau Böhm empfindet sich als emotional gelassen. Frau Lorenz erfährt, was
sie im Grunde schon wußte.

Daß es bei allen Frauen intensive Gefühle gibt, wird aus den Aussagen deutlich,
nämlich Wut und Hilflosigkeit (Frau Lorenz, Frau Hofmann, Frau Schaper), Fassungslosigkeit (Frau Lorenz, Frau Pape, Frau Schaper), Ekel (Frau Hofmann, Frau
Mahnke), Scham (Frau Schaper), Angst und Verzweiflung (Frau Lorenz,Frau
Pape).[2] Es fällt ihnen jedoch schwer, für diese Gefühle einen Ursprung und einen

---

2   Diese Gefühle entsprechen denen, die betroffene Frauen als Folge von sexueller Ausbeutung
    empfinden.

Adressaten zu finden. So richtet Frau Lorenz beispielsweise ihre Wut gegen ihre Tochter, ihre Hilflosigkeit gegen sich selbst. Frau Hofmanns Ekel verschiebt sich auf die Räume und Gegenstände der Wohnung. Frau Papes Angst äußert sich in Schreckensbildern von Angriffen ihres Ehemannes gegen das Mädchen. Frau Schaper projiziert ihre Aggressionen auf ihre Tochter. Frau Böhm läßt ihre Gefühle, die zum Abbruch ihrer Beziehung zu ihrem Freund führen, nicht in ihr Bewußtsein dringen. Solche Verleugnungen von Gefühlen bzw. die Unfähigkeit oder Unwilligkeit, mit ihnen umzugehen, finden sich bei allen Frauen.

Deutlich wird, daß auf verschiedenen Ebenen "Aneignungsverbote" vorhanden sind. Sie existieren auf der Ebene des Sprechens, sowohl mit dem Täter als auch mit dem betroffenen Mädchen und weiter mit anderen Personen. Sie bestehen in bezug auf die Emotionalität der Mütter selbst. Die auftauchenden Gefühle werden bestenfalls zur Kenntnis genommen, aber nicht zugeordnet. Aneignungsverbote zeigen sich schließlich in den Schwierigkeiten, sich den Mann als Täter vorzustellen und in der Kommunikationsblockade zwischen Mutter und Tochter.

In den Aussagen lassen sich also folgende Verbote auffinden:
- das Verbot, den Mißbrauch bzw. den Verdacht auf Mißbrauch zu veröffentlichen,
- das Verbot, den Mann als Vergewaltiger der Tochter zu sehen,
- das Verbot, mit der Tochter offen zu kommunizieren,
- das Verbot, die eigenen Gefühle wahrzunehmen, zu verstehen, zuzuordnen und auszudrücken.

Meine Schlußfolgerung ist, daß es ein Verbot gibt, die Verletzungen der betroffenen Frauen, der Töchter und der Mütter, wahrzunehmen und zu thematisieren und ein Verbot, die Taten der Männer/Väter wahrzunehmen und zu thematisieren.

Ich gehe davon aus, daß es sich hier um Tabus handelt, die jedoch einen völlig anderen Inhalt haben als der, der im allgemeinen mit "Inzesttabu" verbunden wird. (Man kann sagen, daß die Konstruktion "Inzesttabu" die Tabuisierung der oben thematisierten weiblichen Verletzungen und männlichen Taten fortsetzt.)

In den folgenden Kapiteln beschäftige ich mich mit der Sicht auf den Mann als Täter und der Deutung der Tat, auch der Deutung der Beteiligung des betroffenen Mädchens. Des weiteren betrachte ich die Beziehung der Frauen zu ihrem Ehemann. Ein zweiter Bereich beschäftigt sich mit der Beziehung zwischen Mutter und Tochter, mit mütterlicher Praxis und den Konzepten von Mutterschaft, schließlich mit eigenen Kindheitserfahrungen der befragten Frauen.

Als eine Grundlage zum Verständnis des folgenden können die Konzepte und Erfahrungen weiblicher und männlicher Sexualität angesehen werden, die deshalb als erstes Berücksichtigung finden.

Sexualität

Alle Gesprächspartnerinnen äußern sich unter verschiedenen Aspekten zu dem in dieser Studie zentralen Thema "Sexualität".

Auf den ersten Blick erscheinen die Aussagen der Frauen als Neuauflage des alten Liedes vom sexuellen Elend und der Ausbeutung der Frauen. Es ist möglich, sie als anachronistisch anmutende Einzelfälle aufzufassen oder sogar als Äußerungen einer Handvoll frigider Frauen, die sich nicht wundern müssen, wenn ihre Ehemänner....

Die Bilder und Konzepte, die sichtbar werden, sind teilweise unabhängig von, teilweise angebunden an konkrete Erfahrungen, teilweise stehen sie im Gegensatz dazu. Die Sexualitätskonzepte der Frauen stellen ebenfalls individuelle Verarbeitungen struktureller gesellschaftlicher Bedingungen und gesellschaftlicher Bilder von Sexualität dar (vgl. Brückner, 1983, 1987, Baacke, a.a.O.).

Insofern darin gesellschaftliche Konstruktionen von weiblicher und männlicher Sexualität zum Ausdruck kommen, werfen sie ein Licht auf sexuelle Normalität. Bestandteil dieser Konstruktionen ist es, aus der leiblichen Geschlechterdifferenz sexuelle Verschiedenheiten unmittelbar abzuleiten. Unterschiede im Erleben von Sexualität, in den sexuellen Ausdrucksformen, in der Emotionalität, der gesamten psychischen Ausstattung und den unterschiedlichen Triebschicksalen von Männern und Frauen werden nicht in erster Linie als Resultate der mit dem jeweiligen Geschlecht verbundenen real unterschiedlichen Lebenssituationen und sozialen Zuschreibungen angesehen, sondern als Konsequenz der verschiedenen "Natur" der Geschlechter.

Bestandteil dieser gesellschaftlichen Konstruktionen - und der Normalität - ist es auch, daß sich in der Heterosexualität nicht zwei Subjekte begegnen, sondern ein mit sexuellen Trieben ausgestattetes und diesen Trieben gleichzeitig ausgeliefertes männliches Subjekt und ein auf die Anforderungen des männlichen Subjekts nach bestimmten Regeln antwortendes weibliches Objekt.

Wie weit verbreitet diese Auffassung ist, zeigt beipielsweise eine empirische Untersuchung von Weis über Vergewaltigung (a.a.O.).

Männer müssen gemäß dieser Theorie nicht lernen, Sexualität lustvoll zu leben, der sexuelle Ausdruck erwächst quasi natürlich aus der Triebausstattung. (Frauen müssen es ebenfalls nicht unbedingt lernen. Um Sexualität zu leben, genügt es für sie, den Körper bereitzustellen, ansonsten werden sie an den Lernort "Mann" verwiesen.)

Sexualitätskonstruktionen enthalten gesellschaftlich verbreitete, erlaubte Ausdrucksformen von Sexualität. Sie enthalten erlaubte Ausdrucksformen der Sexualtriebe, phantasiert und real.[1]

---

1   Ich orientiere mich hier an einem psychoanalytischen Triebmodell. Was genau der Trieb sei, hat Freud selbst nicht endgültig geklärt (vgl. Kriz 1985). Für Freud sind Triebe "die Kräfte, die wir hinter den Bedürfnisspannungen des Es annehmen" (ebd., 1972, S.11). Andere Theoretiker, wie Reich (1979), sprachen von meßbarer Triebenergie. "Trieb" kann aufgefaßt wer-

Das folgende Kapitel befaßt sich zunächst mit der Frage, ob die befragten Frauen ihrerseits in ihrer Kindheit oder Jugend sexuelle Gewalt erlebten. Dies erfolgt in der Annahme, ganz allgemein ausgedrückt, daß eigene einschneidende Kindheitserfahrungen die Persönlichkeit und ihren Umgang mit ähnlichen Ereignissen beeinflussen.[2] In einem zweiten Abschnitt werden die Sexualitätskonzepte der Frauen thematisiert. Ich sehe diese Sexualitätskonzepte als Instrumente an, mit deren Hilfe die Frauen den Inzest bewerten und ihr Handeln bestimmen. Der letzte Abschnitt untersucht den Umgang der Frauen mit der eigenen Sexualität, der eigenen Lust. Dies stellt im Gegensatz zu dem eher kognitiven Zugang über die Sexualitätskonzepte einen eher emotionalen Zugang zu der Persönlichkeit der Frauen dar. Meine These ist, daß der Umgang mit der eigenen Sexualität in seinen bewußten und mehr noch in seinen unbewußten Anteilen den Umgang mit der Sexualität der Tochter prägt und die Beurteilung der Tat und die Beurteilung des Inzesttäters beeinflußt.

Sexuelle Verletzungen in der Kindheit

Nur eine der Frauen, Frau Lorenz, berichtet über sexuelle Gewalterlebnisse in ihrer Kindheit. Sie erzählt von insgesamt sieben Situationen, in denen sie als Kind bzw. als Jugendliche meist gewalttätigen sexuellen Übergriffen ausgesetzt war. Einige Erlebnisse fallen ihr erst während des Redens wieder ein, sie hatte sie "vergessen". Bis auf einen Vorfall handelt es sich bei den Tätern um Fremde oder (flüchtige) Bekannte. Es gelingt ihr jedesmal, zu fliehen oder sich zur Wehr zu setzen, und sie beweist dabei erstaunliche Kaltblütigkeit.

"Nerven behalten ist für mich immer so das Wichtigste. Und das ist auch das Normalste."

Ihre erste Erfahrung sexueller Belästigung, von der sie auch als erstes berichtet, macht Frau Lorenz in ihrer Familie.

"Da bin ich noch sehr klein gewesen. Da war ich auch wieder bei meiner Tante. Und da hab ich mit meinem Cousin zusammen im Zimmer geschlafen. Da ist also jetzt nichts weiter passiert. Da hat der noch nichtmal was probiert oder so. Soweit ich mich erinnere, hat er sein Geschlechtsteil an meines gelegt, und damit hatte sich das."

"Nichts weiter passiert" bedeutet, daß kein Geschlechtsverkehr stattfand. Frau Lorenz ist nicht sicher, ob sie dieses Erlebnis als sexuelle Belästigung definieren

den als sexuelle Energie, als Teil der Lebenskraft, "der der gesamte Organismus als Instrument zum Ausdruck ihrer Strebungen zur Verfügung steht" (Teegen, 1988, S.26.). Teegen bezieht sich hier auf Groddeck.

2   Hier sei noch einmal auf die weitverbreitete Auffassung der Inzestliteratur hingewiesen, wonach Mütter sexuell mißbrauchter Mädchen in ihrer Kindheit selbst mißbraucht worden seien.

kann, obwohl sie es als solche empfand. Als Kind erzählt sie niemandem davon. Der erste, dem sie sich anvertraut, ist ihr erster Ehemann, der ihr nicht glaubt und ihre Geschichte an ihre Familie weitergibt.

Alle befragten Frauen kennen jedoch erzwungene sexuelle Kontakte. Frau Pape wird in ihrer Ehe vergewaltigt. Frau Schapers erster sexueller Kontakt ist die Vergewaltigung durch einen Arbeitskollegen, als deren Folge bekommt sie ein Kind. Alle haben die Erfahrung, den Körper widerwillig zur Verfügung zu stellen, z. B. in Erfüllung der "ehelichen Pflichten".

Getrennte Welten - Konzepte weiblicher und männlicher Sexualität

Wer "Sexualität" sagt, geht meist selbstverständlich davon aus, daß verstanden wird, wovon er spricht. Ist dies auf einer allgemeinen Ebene sicher richtig, so zeigt sich doch bei genauerem Hinsehen, daß gerade dieser Begriff mit vielfältigen, sich widersprechenden Bedeutungen angefüllt ist, die jedoch ihrerseits oft als jeweils allgemeingültiger Konsens angesehen werden. Ich fasse hier vorläufig "Sexualität" sehr offen als jedwede in der Geschlechtlichkeit begründete Lebensäußerung.

Wenn die befragten Frauen "Sexualität" sagen, so meinen sie damit in der Regel einen spezifischen, von Dumpfheit und Langeweile gekennzeichneten Handlungsablauf, nämlich den mit wenig Begeisterung und Kenntnis ausgeführten Koitus, möglicher- aber nicht notwendigerweise eingeleitet durch einige immergleiche Handgriffe, genannt "Vorspiel", und beendet mit der Ejakulation.

Für vier Frauen, Frau Hofmann, Frau Schaper, Frau Mahnke und Frau Böhm, unterscheiden sich männliche und weibliche Sexualität ganz grundsätzlich.

Frau Hofmann:"Ja, für viele Männer ist das doch nur körperliches Bedürfnis. Die müssen unbedingt."

Frau Hofmanns Einstellung zu männlicher Sexualität zeigt sich in der Art, wie sie ihre Tochter aufklärt, nachdem das elfjährige Mädchen von ihrem Onkel belästigt worden ist.

"Sag' ich, Renate, ich habe hier Pornobücher, möchtest du sie gerne sehen, sag ich, da kannst du auch sehen, was die Männer mit den Frauen treiben."

Es ging Frau Hofmann dabei nicht darum, der Tochter ein negatives Bild von Sexualität zu vermitteln, sondern ihr Sicherheit zu geben.

"Ich wollte ihr nur, wie soll man das sagen, nicht, daß sie wieder überrascht wird. Also, denn für manche Kinder oder für manche Jugendliche ist ja das Sexuelle auch ein Angstgebiet. Wenn jetzt ein junger Mann kommt und sagt, hier, komm her, ich will das und das mit dir machen, dann wissen die ja manchmal gar nicht, was er meint. Und da drin (in den Pornos, Anm. d. Verf.) sind ja meistens auch so kleine Geschichten dabei, was er nun mit der Frau macht oder die Frau mit dem Mann macht und, daraufhin wollte ich sie vorbereiten, daß sie nicht irgendwie reinstolpert in irgendwas."

I.:"Du wolltest es ihr so drastisch zeigen, daß sie nichts mehr überrascht?"

Frau Hofmann:"Genau, das meinte ich."

Ein sehr anschauliches Bild männlicher Sexualität zeichnet auch Frau Böhm (Thema ist hier Vergewaltigung):

"Es gibt sehr wenige Männer, die sich beherrschen können, die es wollen, also, wenn sie wollen, dann können sie es auch, aber..

Ja, also irgendwo ist dann ein bestimmter Grad überschritten, wenn sie dann nicht mehr anders können. Da ist irgendwie, da hakt es aus bei denen im Gehirn. Dann denken sie nicht mehr, dann sind sie nur noch Gefühl. Der Meinung bin ich, sonst würden sie es nicht tun (eine Frau vergewaltigen, Anm. d. Verf.). Kann ich mir nicht vorstellen, daß die nur, weil sie jetzt ... das glaube ich nicht. Denn ich meine, bis zu einem gewissen Grad benehmen sie sich ja normal. Ja, und ich meine, wenn man als Frau merkt, die wollen was, dann muß man eben das gleich im Keim ersticken , aber nicht das noch fördern, indem man ihn einlädt zu einer Tasse Kaffee oder so. Ich meine, der arbeitet ja schon daraufhin, innerlich und see-lisch und gefühlsmäßig. In der Beziehung müßte man vielleicht die Frauen aufklä-ren, daß die Männer eben anders veranlagt sind als wir. Damit sie eben die Männer nicht herausfordern."

Frau Böhm versucht hier, trotz leidvoller persönlicher Erfahrungen ihr positives Bild von Männern zu retten, indem sie ihre Sexualität vom Rest der Person trennt und männliche sexuelle Brutalität gegenüber Frauen zum Resultat eines quasi na-türlichen Geschlechtsunterschieds erklärt.

Für Frau Lorenz und Frau Pape sind sexuelle Verschiedenheiten in Bedürfnissen und Erleben weniger eine Frage des Geschlechts als der individuellen Persönlich-keit. Beide verfügen nicht über festumrissene Sexualitätskonzepte. Deutlich wird jedoch bei beiden, daß körperliche Befriedigung ihrer Ansicht nach leichter für einen Mann zu erreichen ist als für eine Frau, vor allem unabhängig von der Betei-ligung der Frau. Männliches Bemühen um die Bedürfnisse der Partnerin wird, un-abhängig davon, wie geschickt es erfolgt, von beiden als sehr positiv und unge-wöhnlich eingeschätzt.

Diese Ansichten von Frau Lorenz und Frau Pape sind an persönliche Erfahrun-gen gekoppelt. Beide haben nach weniger guten Erfahrungen eine nach ihrer Wahr-nehmung für beide Beteiligten lustvolle und befriedigende Sexualität erlebt, Frau Lorenz mit ihrem zweiten Ehemann, Frau Pape mit einem Mann, den sie nach ihrer Ehe kennengelernt hat.

Im Gegensatz zu den klaren Vorstellungen von männlicher Sexualität sind die Konzepte weiblicher Sexualität verschwommen. Alle Frauen kennzeichnen die weibliche Sexualität im Gegensatz zur männlichen durch weniger unkontrollierte

Triebhaftigkeit, dafür "mehr Seele". Eine bestimmte seelische Befindlichkeit, eine bestimmte Stimmung wird von allen als Voraussetzung für die körperliche Liebe angesehen, wenn diese als positiv empfunden werden soll. Das Spektrum umfaßt: sich selbstbewußt, unabhängig, animiert fühlen (Frau Lorenz, Frau Böhm), im Beziehungsalltag freundlich und respektvoll miteinander umgehen (Frau Schaper, Frau Mahnke), den Wunsch nach Zärtlichkeit (Frau Hofmann), seelische Liebe und Verbundenheit (Frau Hofmann), die Abwesenheit sexueller Forderungen (Frau Lorenz, Frau Pape).

Die seelische Motivation kann die körperliche übertreffen.

Frau Hofmann:"Das ist mehr seelisch. Also, ich könnte mit keinem Mann schlafen, mit dem ich nicht irgendwie seelisch verbunden bin. Also für mich wäre das unmöglich."

Und an anderer Stelle:

"Ich kann mir nicht vorstellen, daß Frauen einfach nur so zum Vergnügen mit einem Mann schlafen, ohne daß sie dabei was empfinden. Also ich kann es nicht."

"Empfinden" meint seelisches Empfinden. Die Möglichkeit körperlicher Lust erscheint Frau Hofmann gar nicht erwähnenswert. Daß sie sich nicht vorstellen kann, daß Frauen "zum Vergnügen " mit einem Mann schlafen, kann durchaus wörtlich genommen werden: Viel Vergnügen gibt es dabei nicht für Frau Hofmann.

Wie schwer die männliche und die weibliche Liebe zusammenkommen können in der Vorstellung der Frauen, wird sichtbar an Beziehungsphantasien von Frau Hofmann und Frau Schaper. Beide entwerfen das Bild einer Beziehung, bei der der Mann aus bestimmten Gründen auf den Koitus verzichten will/muß.

Frau Hofmann:"Ich meine, das Sexuelle muß auch sein, klar..das gehört dazu. (...) Aber, wie gesagt, falls der Mann jetzt, sagen wir mal, körperlich dazu nicht in der Lage wäre, dann würden mir auch das Vertrauen, die Zärtlichkeit, die Streicheleinheiten usw. vollkommen hinreichen."

Nicht nur, daß "Streicheleinheiten" ihr genügen würden, Frau Hofmann trennt grundsätzlich "Sexualität" von "Verstehen, Verständnis, Vertrauen, Zärtlichkeit".

Warum?

"Naja, Zärtlichkeit und Sex, wie soll man das sagen. Weil ich noch nie Zärtlichkeit beim Sex festgestellt habe, muß ich sagen. Bei meinem ersten Mann nicht und bei meinem zweiten Mann auch nicht."

Und Frau Schaper:"Ich hab schon gesagt, wenn mal ein Älterer so, so um die sechzig käme, so daß man sich mal unterhalten könnte und der auch nicht trinken würde. So daß man da mal hingeht oder da mal, spazieren, wo man ja den ganzen Tag auf der Bude hockt. So zum Unterhalten hätte ich ja nichts gegen. Aber sonst weiter nichts. Mit Heiraten usw. liegt nichts mehr drin."

Frau Schaper würde sich nur auf eine Beziehung einlassen, in der sie keine sexuellen Verpflichtungen, insbesondere Verpflichtungen zum Koitus hätte, wie eine Ehe sie ihrer Ansicht nach mit sich bringt.

Diese Lösung des sexuellen Problems in Liebesbeziehungen, der Verzicht auf den Koitus aus Krankheits- oder Altersgründen, also außerhalb der Verantwortung der Frau, ist für beide Frauen spürbar angenehm, und es ist die einzige, die sie entwickeln.

Kontrolle und Verfügbarkeit

Neben den im letzten Abschnitt thematisierten Versuchen, die Andersartigkeit weiblicher Sexualität aus ihren emotionalen Voraussetzungen heraus zu begreifen, wird eine Verbindungslinie von der weiblichen zur männlichen Sexualität sichtbar, und zwar über die Kriterien der Kontrolle und der Verfügbarkeit. Beide Kriterien sind miteinander verknüpft.

Weiter oben wurde eine Theorie männlicher Sexualität vorgestellt, derzufolge Männer ihr Begehren nur unzulänglich selbst kontrollieren können. Zwei Phänomene sind es vor allem, die aus der Sicht der Frauen den männlichen Trieb in Gang setzen.

Zum einen sind es Signale weiblicher Bereitschaft zu Sexualität. Solche Signale sind z.B. aufreizende Kleidung oder die nächtliche Einladung zu einer Tasse Kaffee.

Frau Schaper: "Ja, mit T-Shirts rannte sie ja nur 'rum. So kurz wie möglich. Und dann stand sie ja immer, als wenn sie sagen will, so, ich bin schon wieder soweit, jetzt kannst du kommen. (...) Denn wie oft habe ich ihr gesagt, warum ziehst du dir kein Kleid oder eine lange Hose an.Ich sage, mußt du jeden Tag mit den kurzen Hosen 'rumrennen?"

Und Frau Böhm: "In dem Moment, wo ich einen Mann mit in die Wohnung nehme, muß ich damit rechnen, daß ich mit dem ins Bett gehen muß. (...) Aber ich meine, wenn ich jetzt so eingekesselt bin als Frau und sage, naja, er will nur eine Tasse Kaffee trinken, warum soll er die nicht kriegen und ich ihn hochnehme und er dann was will... Gut, es kann sein, daß sie sagt, nein, das kommt nicht in Frage, und er macht es trotzdem, dann ist das eine Vergewaltigung. Aber da kann man ihm bestimmt keinen Vorwurf machen."

Zum anderen ist es sexueller Mangel, der die männliche Hemmschwelle herabsetzt. Diese Ansicht teilen Frau Hofmann, Frau Pape, Frau Schaper, Frau Mahnke und Frau Böhm. Frau Lorenz äußert sich dazu nicht explizit.

Die Kontrolle der männlichen Sexualität in beiden Bereichen ist Aufgabe der Frauen. Sie kommen dieser Aufgabe durch sorgfältige Dosierung sexueller Signale und durch angemessene sexuelle Versorgung nach. Hier, bei der sexuellen Versorgung, treffen sich die Kriterien Verfügbarkeit und Kontrolle: Kontrolle durch Verfügbarkeit.

Die Vorstellung, daß Männer von Frauen sexuell versorgt werden müssen oder umgekehrt, daß Frauen sich Männern sexuell zur Verfügung stellen müssen, findet sich in unterschiedlicher Ausformung - Bejahung, Auseinandersetzung, Verweigerung - bei allen befragten Frauen.

So berichtet Frau Böhm von einer Phase in ihrem Leben, wo sie sich, wenn sie eine neue Bekanntschaft mit einem Mann schloß, an einem bestimmten Punkt zum Koitus verpflichtet fühlte, unabhängig von ihrer eigenen Lust.

Frau Lorenz schildert es als einen wichtigen Schritt in ihrer persönlichen Entwicklung zur Selbständigkeit, daß sie lernte, sich sexuellen Erwartungen zu widersetzen, mit diesen Erwartungen zu spielen. Sie genießt es, "daß ich überhaupt sagen konnte, so, mit dir will ich überhaupt nicht schlafen. Das war ja früher überhaupt nicht drin."

Für alle Frauen (außer Frau Böhm, die sich dazu nicht äußert) ist bzw. war klar, daß es zu den Aufgaben einer Ehefrau gehört, ihren Körper zum Koitus zur Verfügung zu stellen. Frau Lorenz und Frau Pape bemühen sich darum, sich von dieser von ihnen inzwischen abgelehnten Einstellung frei zu machen.

Besonders deutlich wird die "Versorgungspflicht" von Frau Mahnke artikuliert. "Wie es sein muß. Also, man sagt ja immer, zweimal in der Woche ist Pflicht."

Zusammenfassend läßt sich feststellen: Die Sexualitätskonzepte der Frauen zeigen männliche Sexualität als eine Art unberechenbare, z.T. gefährliche Naturgewalt, in jedem Fall als unbezweifelbare, sichtbare Realität. Männer erscheinen qua Veranlagung als mit einem exzessiven, nicht an Gefühle von Sympathie, Liebe etc. gebundenen Begehren ausgestattet, das sich an nahezu jedem beliebigen Objekt entzünden kann und das zu kontrollieren Männer selbst nur unzulänglich in der Lage sind. Körperliche Befriedigung, Triebbefriedigung, ist für den Mann leicht zu erreichen, und ein sexueller Kontakt ist auch ohne lustvolle weibliche Beteiligung ganz, erfüllt: entscheidend ist die männliche Befriedigung. Rücksichtnahme auf die Bedürfnisse der Partnerin erscheint so als Geschenk besonders gutwilliger Männer.

In einem merkwürdigen Gegensatz zu diesem Modell des überbordenden Begehrens stehen die eher tristen und einförmigen Schilderungen gelebter Sexualität. Ich gehe davon aus, daß es sich hier auch um eine Wunschproduktion handelt, daß der Wunsch nach leidenschaftlicher, Grenzen auflösender Sexualität für beide Geschlechter seinen Ausdruck in der Vorstellung des unkontrollierten männlichen Triebes findet. (Für diese These spricht die keinem Gegenbeleg zugängliche Zählebigkeit des Modells.) Daß die Wünsche nach Leidenschaft und sexueller Erfüllung in Bilder von Gewalt und Überwältigung münden, in denen den Frauen die Rolle des Opfers zukommt, ist kein Zeichen für die Perversität der (Trieb)-Wünsche, sondern für das Elend der Geschlechterbeziehungen (vgl. Sichtermann, a.a.O.).

Neben der robusten Sichtbarkeit männlicher Sexualität bleiben die Konzepte weiblicher Sexualität verschwommen. Sexualität von Frauen wird in Abhängigkeit von der männlichen gesehen. Sie ist weniger triebhaft, dafür getragen von Emotionalität, ihre Erfüllung ist emotional voraussetzungsreich. Sie dient zur Kontrolle und Versorgung von Männern, zwei nicht eigentlich sexuelle Funktionen. Insgesamt erscheint die weibliche Sexualität in den Sexualitätskonstruktionen der Frauen sehr wenig sexuell zu sein: körperlose Seelenfülle gegen entseelte männliche Körperlichkeit. Für Triebhaftigkeit ist das männliche Geschlecht zuständig.

Der Umgang mit der eigenen Lust oder: Sind Frauen sexuelle Wesen?

Bei allen Frauen ist die Schwierigkeit spürbar, sich ihre eigene Lust anzueignen. Sexualität wird in erster Linie als etwas der Person Äußerliches begriffen, das Männern zur Verfügung gestellt werden muß bzw. verweigert werden kann/muß (z.B. zum Schutz der Jungfräulichkeit vor der Ehe (Frau Lorenz)).

Frau Hofmann, Frau Schaper und Frau Mahnke thematisieren ihre Sexualität fast ausschließlich in Zusammenhang mit den "ehelichen Pflichten".

Frau Hofmann: "Ach naja, ich muß sagen, mir hat es auch Spaß gemacht manchmal, das ist ja ganz klar, aber, wie gesagt, falls der Mann jetzt, sagen wir mal, körperlich dazu nicht in der Lage wäre..."

(Hier sei noch einmal an Frau Hofmanns Aussagen zum Gegensatz von Zärtlichkeit und Sexualität im vorherigen Abschnitt erinnert. In diesem Zusammenhang berichtet sie auch, daß sie noch nie einen Orgasmus erlebt hat.)

Nur an wenigen Stellen wird eine gewisse Faszination - angenehm und abstoßend zugleich - an sexuellen Dingen spürbar. Dann, wenn Frau Hofmann von Gesprächen mit ihrem Mann berichtet - "Wir haben dieses sexuelle Thema offen diskutiert" - oder über Pornographie spricht, mit der sie durch ihren Mann in Kontakt kommt.

Auch Frau Schaper äußert wenig über eigene sexuelle Wünsche. Hinweise finden sich in ihrer Erzählung von der ersten Zeit ihrer zweiten Ehe. Sexualität war in einen freundlichen, unterstützenden Alltag eingebettet.

"Er war ja auch anders als mein erster Mann. Ja, er hatte einen mehr in den Arm genommen und so, dann haben wir uns noch unterhalten und so. Ja, und immer freundlich war er. Sonst hätte ich ihn ja gar nicht genommen."

Ansonsten sagt sie, daß sexuelle Aktivität nie von ihr ausgegangen sei. Dies resultiert wohl zum einen aus ihrer Hemmung, derartige Bedürfnisse offen zu zeigen, zum anderen zeigt es die weitgehende Abwesenheit sexueller Wünsche.

"Ich war ja kaputt und müde. Ich war ja froh, wenn ich meine Ruhe hatte."

Daß Frau Schaper sexuelle Bedürfnisse auch bei Frauen zumindest für denkbar hält, läßt sich aus ihrer Deutung des Verhaltens ihrer Tochter schließen. Ihr unterstellt sie ja, daß sie den sexuellen Kontakt mit ihrem Stiefvater dringend gewünscht habe. Was genau die Tochter ihrer Ansicht nach wünschte, ob es ihr tatsächlich um den sexuellen Kontakt selbst ging oder ob sie Sexualität als Instrument benutzt hat, um ihren Stiefvater für sich zu gewinnen, bleibt unklar. Deutlich ist jedoch, daß für Frau Schaper die Sexualität ihrer Tochter zum einen unzweifelhaft existiert, zum anderen, gerade weil sie sich so offen und direkt äußert, negativ besetzt ist. (Das ganze Ausmaß ihrer Ablehnung wird in Frau Schapers Aussage deutlich, ihre Tochter sei jetzt, soweit sie wisse, mit einem Ausländer zusammen und habe sogar Kinder mit ihm.)

Frau Mahnke empfindet es als unangenehm und absurd, daß ich ihre sexuelle Beziehung zu ihrem Mann überhaupt thematisiere. Als ich sie frage, ob ihr die Sexualität Spaß gemacht habe, von wem die Initiative ausging etc., fragt sie mit einigem Befremden zurück:
"Sie sind nicht verheiratet, oder?"

Bei den drei Frauen ist andererseits eine gewisse, wenn auch mit Entfremdung einhergehende Achtung vor der eigenen Sexualität oder vor dem eigenen Körper zu erkennen, insofern, als er nur dann dem Mann freiwillig zur Verfügung gestellt wird, wenn dieser gewisse Grundvoraussetzungen erfüllt. So verweigern Frau Schaper und Frau Mahnke nach den Übergriffen auf die Töchter die eheliche Sexualität, ebenfalls Frau Hofmann, die sich von ihrem Mann trennt.

Frau Böhm kennt eigene sexuelle Bedürfnisse. Ihr Verhältnis zu ihrem eigenen Begehren ist jedoch ambivalent, soweit es sich in kurzfristigen sexuellen Abenteuern ausdrückt, etwas, das Frau Böhm zwar gelebt hat, aber nicht mit sich in Einklang bringen kann.
"Ja, ich persönlich finde das nicht gut. Ich finde es besser, wenn ich einen Mann gehabt hätte, mich verliebt hätte, und das wäre dann der einzige gewesen."

Sie hat das Gefühl, von ihren jeweiligen Partnern nicht geachtet, sondern nur als "Abenteuer" angesehen und letztendlich ausgenutzt worden zu sein.

Akzeptieren und verteidigen kann sie leidenschaftliche sexuelle Gefühle bei Männern. Sexuelle Übergriffe sieht sie als Ausdruck solcher Gefühle an.
"Begreift, ihr seid doch kein Mann (Frauen, die Vergewaltiger anklagen, Anm.d.Verf.). Ihr seid Frauen, und daher versteht ihr die Männer nicht. Aber ich persönlich, ich habe den Eindruck, daß ich die Männer verstehe. Weil ich selbst sexuelle Gefühle hatte."

Frau Pape und Frau Lorenz schließlich kennen ebenfalls beide ihre eigene Lust und kennen Beziehungen, in denen sie sie leben können. (Für Frau Lorenz ist, das entnehme ich ihren Äußerungen, ihre Möglichkeit, eine zufriedenstellende Sexualität zu leben, an die Beziehung zu ihrem zweiten Ehemann gebunden.)

Bei beiden ging jedoch eine lange und mühsame Entwicklung voraus, die in sexueller Hinsicht als eine Entwicklung vom sexuellen Objekt zu einem Subjekt mit eigenen aktiven und passiven sexuellen Wünschen und der Freiheit, zu wählen aufgefaßt werden kann. Entscheidend dabei war für beide Frauen die Beziehung zu einem Mann, der sie nicht auf ihre Sexualität reduzierte und diese nicht als ein ihm zustehendes Recht einforderte. Nicht als sexuelles Objekt betrachtet zu werden, gab ihnen den nötigen Raum für die Möglichkeit, Subjekt zu werden.

Die Sexualität in ihrer Ehe ist für Frau Pape ein zentrales Thema, das in den Interviews breiten Raum einnimmt. (Zwischen Herrn und Frau Pape ist sie allerdings kein Gesprächsthema.) Die sexuelle Beziehung prägt die eheliche Situation und Frau Papes persönliche Entwicklung. Sie steht in engem Zusammenhang zu ihrem Entschluß, sich von ihrem Mann zu trennen. Nicht zuletzt befähigen sie ihre persönlichen Erfahrungen, die Erfahrungen ihrer Tochter zu begreifen. Als Frau Pape beginnt, ihren Mann sexueller Übergriffe gegen ihre Tochter zu verdächtigen, erinnert sie sich an "die Sachen, die er damals mit mir gemacht hatte."

Als Frau Pape mit fünfzehn ihren Mann kennenlernt, hat sie kaum sexuelle Erfahrungen und ist "kaum aufgeklärt". Die Sexualität mit ihrem Mann ist ihr von Anfang an unangenehm und unbegreiflich.

"Bei meinem Mann war das so, der hat so unheimlich hart zugefaßt immer. Dann hat er so oben ein bißchen rumgefummelt, und dann so ein bißchen an den Haaren, dann mußtest du gleich, Beine breit, dann drauf, mußtest du irgendwie anspringen, daß du das so hinkriegtest wie die im Kino..."

Herr Pape teilt seiner Frau seine sexuellen Wünsche mit Hilfe pornographischer Filme mit.

"Da hat er mich früher ja auch immer mit hingeschleppt ins Kino. Guck dir an, wie die Frauen das machen. So läuft das. Aha."

Frau Pape bemüht sich, ihn zufriedenzustellen. Auf die Frage der Interviewerin, ob sie Lust vorgespielt habe, z.B. einen Orgasmus, sagt sie:

"Ja, ich habe immer, ich wußte ja gar nicht, was ein Orgasmus ist, ich hatte ja keine Ahnung. Ich habe immer so getan, wie ich das im Kino gesehen hatte. Ich habe mehrere Filme gesehen, und da habe ich es mal so gemacht und mal so."

Ziel dieser sexuellen Akrobatik ist die Befriedigung Herrn Papes. Für diese Befriedigung ist ausschließlich seine Frau verantwortlich.

"Bei ihm war das so, wenn das zu lange dauerte, wurde er unheimlich aggressiv und wütend. Wenn er keinen Orgasmus hatte, also, da wurde er wütend! Irgendwas hab ich dann immer falsch gemacht. Dann würgte er mich auch immer und trat mich mit den Füßen, wenn er sauer war, weil das dann nicht geklappt hatte. Du bist ja gar keine Frau, du bist ja ein Stück Holz oder was weiß ich , was ich alles war. Ja, ich sollte mal zur Therapie gehen."

Ihre innere Abwehr steigert sich.

"Dem sahst du das auch schon an. Wenn er von der Arbeit kam, sahst du dem das an den Augen an, was dir heute Abend blühte. So an seinem ganzen Verhalten merkte ich das. Ich hatte so'nen Ekel vor dem."

Frau Pape hat keine Möglichkeit, sich offen zu verweigern. Ihre "Ruhe" hat sie, wenn sie schwanger ist und solange ihre Kinder klein sind und sie nachts brauchen.

"Das kann er nicht. Mit einer schwangeren Frau schlafen, das war bei dem immer vorbei. Da hatte ich immer Ruhe vor meinem Mann. Da war ich immer ganz froh darüber."

Zu diesem Zeitpunkt ist Frau Pape weit davon entfernt, sich selbst als sexuelles Subjekt ernstzunehmen. Sie hat keine Vorstellung davon, wie lustvolle Sexualität für sie aussehen könnte. Zu der Zeit wußte ich ja noch gar nicht, wie das war. Da habe ich gedacht, das ist so."

Auch im Gespräch kann sie das, was ihr nicht gefiel, am besten im Vergleich beschreiben, im Unterschied zu ihrer jetzigen Beziehung, wo alles "ganz anders" ist. Sie spürt von Anfang an, daß irgendetwas "ein bißchen komisch" ist und daß es ihr nicht gefällt, mit ihrem Mann zu schlafen. Sie teilt jedoch mit ihrem Mann die Ansicht, daß es einer "richtigen Frau" mühelos gelänge, einen Mann zu befriedigen und dabei ihrerseits Vergnügen zu empfinden. Sie ist bereit, für das Scheitern der sexuellen Beziehung die Verantwortung zu übernehmen.

"Ja, ich habe zuerst gedacht, daß das an mir liegt."

"Ich hab' ja zuerst gedacht, das liegt an mir. Hab' ich fest geglaubt."

Allerdings hat sie keine Vorstellung davon, wo der Fehler bei ihr liegen könnte. Sexualität bleibt mysteriös, der Betrachtung nicht zugänglich.

"Ja, ich habe gedacht, weil ich das nicht so empfinde, deshalb stimmt etwas bei mir nicht. ..(nach Nachfrage) Weiß ich auch nicht, was da nicht stimmen sollte. Aber irgendetwas stimmte da halt nicht."

Sie erwägt, zum Arzt zu gehen oder in eine Therapie, aber:

"Was hätte ich da sagen sollen?"

Erst nach der Geburt ihres dritten Kindes, als sie innerlich entschlossen ist, sich von ihrem Mann zu trennen und als dessen Gewalttätigkeit eskaliert - er beschimpft, schlägt und tritt sie während des sexuellen Kontakts -, wird ihr klar, "irgendwas kann da ja nicht stimmen". In dieser Zeit verweigert sie sich vermehrt, wenn auch nicht offen. Umgekehrt versucht Herr Pape vermehrt, sich den Zugriff auf ihren Körper zu sichern.

Ein Schock ist es für sie - diese Geschichte erzählt sie viermal -, als ihr Mann sie beim Geschlechtsverkehr so stark würgt, daß sie "in Todesangst" versetzt wird.

"Da hab ich gedacht, du bist tot, als ich wieder wach wurde."

An diesem Punkt wird ihr endgültig klar, daß sie nicht verantwortlich ist für die sexuelle Misere der Beziehung. Es ist der Anfang für sie, mit ihren Erfahrungen nach außen zu gehen, sich Unterstützung zu suchen, sich zu wehren.

Zunächst vertraut sie sich ihrer Mutter an. Von dieser erhält sie, wie später auch von ihrem Freund, die Bestätigung, daß ihre Ablehnung dieser Art von Sexualität durchaus "normal" sei, nicht aber das Verhalten ihres Mannes.

In ihrer neuen Beziehung macht sie andere Erfahrungen. Besonders wichtig ist für sie, daß die Beziehung sich in einem ihr angemessenen Tempo entwickelte - "Da hat er so ein Einfühlungsvermögen gehabt, daß so alles nacheinander kam." -, daß sie genügend Zeit hatte, ihre Wünsche und Fähigkeiten zu entwickeln - "Wenn man das nie gelernt hat, sagt er, dann kann man das auch nicht. Das muß so ganz langsam vonstatten gehen." - und daß die Beziehung sich nicht auf Sexualität reduziert und sie so unter Druck setzt.

"Er will nicht unbedingt mit mir schlafen oder so. Es kann sein, daß wir alles mögliche machen, tanzen gehen und essen und dies und das oder etwas besprechen. Aber so in der Richtung, daß man dann miteinander schläft, davor oder danach, das ist überhaupt nicht."

Wichtig ist schließlich auch, daß Frau Pape ihren neuen Freund nur selten sieht. Diesen Abstand braucht sie. Ein neues Zusammenleben mit einem Mann könnte sie sich schwer vorstellen. Ihre neuen sexuellen Erfahrungen, die mit einer Idealisierung des Partners einhergehen, tragen dazu bei, daß Frau Pape sich insgesamt sicherer und sich ihres Wertes stärker bewußt fühlt.

Auch Frau Lorenz erzählt ihre sexuelle Geschichte ausführlich. Am Beginn steht ein Erlebnis sexuellen Mißbrauchs durch ihren Cousin. Eine entscheidende Bedeutung erhält dieses Erlebnis innerhalb der ersten Ehe Frau Lorenz'. Sie berichtet zweimal davon. Einmal auf meine Frage nach sexuellen Gewalterlebnissen in ihrer Kindheit, einmal, als ich sie nach der sexuellen Beziehung zu ihrem zweiten Ehemann frage. Die vollständige Antwort auf diese Frage beginnt für Frau Lorenz mit der Geschichte ihrer ersten Ehe. Die Bedeutung, die die (sexuelle) Beziehung zu Herrn Lorenz für sie hat, ist für Frau Lorenz nur aus ihren vorherigen Erfahrungen heraus zu begreifen. (Darüber hinaus habe ich den Eindruck, daß ihre sexuelle Geschichte für Frau Lorenz immer noch so bedrängend und schmerzhaft ist, daß sie den Wunsch hat, sie zu erzählen.)

Der erste Mensch, dem sie ihr Erlebnis mit ihrem Cousin anvertraut, ist ihr damaliger Ehemann. Dieser gibt das Erzählte an ihre Eltern weiter.

"Und das hat mir also kein Schwein geglaubt. Keiner. Weil er gesagt hat, nachdem wir das erste Mal miteinander geschlafen hatten, ich wäre nicht mehr unschuldig gewesen. Das stimmt aber nicht. Ich hab' also kämpfen müssen. Ich hab' gesagt, soll ich dir meinen Schlüpfer zeigen, daß da also wirklich Blut drin ist. Eben halt die eindeutigen Beweise, die die Männer ja damals immer haben mußten. Und, das wäre nicht wahr gewesen. Es ist wirklich wahr gewesen, und es hat mir keiner geglaubt."

Die Reaktion ihres Ehemannes verletzt Frau Lorenz zutiefst.

"Und da ist für mich wirklich was zusammengebrochen. Weil ich gesagt habe, also immer, immer von klein auf gesagt habe, der Mann, mit dem du das erste Mal schläfst, den heiratest du auch."

Verletzend ist für sie in erster Linie, daß ihr Mann ihre Keuschheit und ihre Moral anzweifelt und sie damit, ebenso wie durch seine spätere Untreue, als Person entwertet. Die Ungeheuerlichkeit, daß sie sich für ein an ihr begangenes Unrecht rechtfertigen soll, tritt dahinter zurück.

Eheliche Treue sei für sie, so sagt sie, vielleicht aufgrund ihrer "katholischen Erziehung", "etwas Absolutes", "ein Idealbild" gewesen. Die fortgesetzte Untreue des Ehemannes ist deshalb für sie "ein Schock", eine "Entwertung" ihrer Person. Das führt dazu, "daß ich dann auch nicht mehr mit ihm schlafen konnte, weil es mich geekelt hat."

Dazu ist noch wichtig anzumerken, daß Frau Lorenz sich in der Sexualität mit ihrem Mann ausschließlich "als Objekt für seine Bedürfnisse" empfindet.

"Meine Bedürfnisse sind eigentlich gar nicht so zur Geltung gekommen."

Sie berichtet vom ersten Geschlechtsverkehr mit ihrem Mann, der eine "schmerzhafte Erfahrung" für sie war. Sie schläft mit ihm, weil sie Angst hat, ihn sonst zu verlieren.

"Ich war jung, ich war verliebt, und das ist ja das beste Druckmittel."

Als Reaktion auf die Untreue ihres Mannes beschließt Frau Lorenz: "Jetzt machst du genau das Gleiche, was er macht. Suchst dir jetzt auch Typen bis zum Geht - nicht - mehr. Und das habe ich dann auch gemacht."

In dieser Zeit lernt Frau Lorenz vor allem, sich zu verweigern. Das ist es, was sie neben dem Gefühl von Freiheit - "sich ausleben" - am meisten genießt: den "Triumph", Männer, die sie im Gegensatz zu sich selbst als abhängig von Sexualität empfindet, zurückzuweisen. In dieser Verweigerung wird sie in sexueller Hinsicht erstmals Subjekt.

Als sie ihren Mann kennenlernt, gelingt es ihr auch innerhalb einer Beziehung, sich als Subjekt zu fühlen, und zwar auch dadurch, daß ihr Mann sie zunächst nicht sexuell bedrängt.

"Er war ein ganz anderer Typ als die anderen alle."

Er begleitet sie am ersten Abend nach Hause, ohne die Nacht mit ihr verbringen zu wollen. Als sie später einmal nicht nach Hause kann, bietet er ihr an, bei ihm zu übernachten, ohne die Situation, wie sie erwartet hatte, "auszunutzen".

Frau Lorenz betrachtet, was ihre Erfahrungen nahelegen, ihre Sexualität lange Zeit als etwas ihr selbst Äußerliches. Es ist etwas, das Männer von ihr haben wollen und das sie verweigert, später ihrem ersten Mann gibt, weil sie ihn nicht verlieren will. Grundsätzlich glaubt sie, daß ihr Mann, einfach, weil er ihr Mann ist, ein Recht darauf hat, ihren Körper zu besitzen.

Sie hat ein Bewußtsein vom Wert ihrer Sexualität. So betrachtet sie ihre Keuschheit als wertvolles Geschenk an ihren Mann. Sie ist verletzt, als er ihr Geschenk nicht anerkennt. Das ist als Abwertung ihrer Person gemeint, und sie empfindet es auch so. Bemerkenswert ist, daß auch ihr zweiter Mann sie abwertet, indem er ihr vorwirft, ihre Sexualität nicht ausschließlich ihm zur Verfügung zu stellen. Sexualität zu leben, scheint den Wert einer Frau zu mindern, sofern es nicht im Schutz einer institutionalisierten Beziehung geschieht. Später, als sie Beziehungen zu mehreren Männern hat, eignet sich Frau Lorenz ihre Sexualität an, indem sie sie dazu benutzt, durch Geben oder Verweigern Macht auszuüben. Leben kann sie ihre sexuellen Sehnsüchte erstmals in ihrer zweiten Ehe.

Abschließend läßt sich sagen: Keine der Frauen hat zu weiblicher Sexualität im allgemeinen und zu ihrer eigenen Sexualität im besonderen ein klares Verhältnis.

Die beiden Frauen (Frau Lorenz und Frau Pape), die ihre Sexualität zumindest zeitweise in einer Liebesbeziehung auf befriedigende Weise leben können, die sexuelle Bedürfnisse in ihre Persönlichkeit integrieren können, konnten dies erst nach einer langen und schwierigen Entwicklung.

Für drei Frauen erscheint Lust bei Frauen zumindest möglich zu sein, wenn sie von ihnen auch mit gemischten Gefühlen betrachtet wird. Frau Schaper nimmt eine deutlich negative, Frau Böhm eine ambivalente Haltung ein. Für beide, besonders für Frau Schaper, sind gute Frauen im Grunde asexuell, zumindest nicht sexuell aktiv. Frau Hofmann lebt keine aktive Sexualität. Sie spricht davon, sie fühlt sich in gewisser Weise fasziniert, sie hat Phantasien, aber keine Möglichkeit, sie Realität werden zu lassen.

Für Frau Mahnke schließlich erschöpft sich der weibliche Anteil an Sexualität in passiver Teilnahme, Schwanger- und Mutterschaft.

Alle sehen bzw. sahen es als ihre Aufgabe an, ihre Sexualität mit Hilfe von Verfügbarkeit und Kontrolle mit der Sexualität des Mannes in Einklang zu bringen. Auch Frau Pape und Frau Lorenz waren darauf angewiesen, einen Mann zu finden, der es ihnen gewissermaßen erlaubte, ihre Lust und Unlust zu spüren und zu leben. Worum es mir hier geht, ist nicht, daß die Frauen lernen (müssen), lustvolle Sexualität zu leben und daß ihr Lernort die Beziehung zu einem Mann ist. Worauf ich aufmerksam mache, ist, daß es keine männliche Antwort auf die weibliche Lernbereitschaft gibt. Diese Männer müssen offensichtlich nicht lernen, jedenfalls bleibt der Ort, an dem sie es tun, unsichtbar. Der sexuelle Kontakt erscheint so weniger gekennzeichnet durch lebendige und offene Gegenseitigkeit, vielmehr durch die gönnerhafte Geste des Wissenden an die Unwissende.

Freiwilligkeit, Wahlfreiheit, Aktivität, Spüren und Ausleben eigener Wünsche, sexuelle Ansprüche und Forderungen, das sind Möglichkeiten, an die zu denken und die zu leben den Frauen schwerfällt oder unmöglich ist.

Die Deutung des Inzests - Ausbeutung oder Liebe?

Keine der befragten Frauen zweifelt an der sexuellen Beziehung ihres Ehemannes zu ihrer Tochter, und bei allen klingt zumindest an, daß es sich dabei um Übergriffe des Mannes handelte. Wie der Inzest letztendlich bewertet wird, hängt in starkem Maße von den vermuteten Motiven des Mannes und der Beurteilung der Rolle der Tochter ab. Die Tat selbst bietet nur wenige Anhaltspunkte zur Interpretation. Was genau geschehen ist, wissen die Frauen nicht, eine "echte" Vergewaltigung, nämlich Geschlechtsverkehr, fand nach Wissen der Frauen nur in zwei Fällen statt, darüber hinaus fehlen Anzeichen physischer Gewalt und Gegenwehr. Der Inzest läßt sich nur mühsam mit den verbreiteten Bildern sexueller Gewalt in Einklang bringen.

Die Sicht auf den Mann als Inzesttäter

Zwei Frauen sehen ihren Mann als Täter, als Mißbraucher der Tochter, an. Frau Hofmann verurteilt die sexuellen Gewalttaten ihres Ehemannes entschieden. Ein weiterer Kontakt mit ihm erscheint ihr "sinnlos". Seine Erklärungen interessieren sie nicht.

"Was er mir da erzählt, das ist für mich uninteressant. Er hat es gemacht und fertig, aus."

Wie erklärt sie sich seine Handlungsweise?

Wie überhaupt Gewalttätigkeit, empfindet Frau Hofmann sexuelle Gewalt gegen Kinder als Ausdruck von "Feigheit" und Infantilität, als Handlung aus Mangel an anderen Möglichkeiten.

"Der hat Angst vor erwachsenen Frauen. Also, ich sag' ja, er war in vielem wie ein Kind. Also, irgendwie fremdgehen, da hat er viel zuviel Angst vor gehabt."

Aber die eigenen Kinder "haben Angst, sich zu wehren, und, wer glaubt das denn am Anfang?"

Dabei ist es nicht so sehr der Wunsch nach "Sex mit Kindern", den Frau Hofmann verurteilt. Sie wußte schon länger, daß ihr Mann "ein Faible für junge Mädchen und alte Frauen" hatte und auch gerne einmal sexuellen Kontakt zu einer "Verrückten" gehabt hätte.

Beide Motive für den Wunsch nach Sexualität mit Kindern, die Hemmung, sich erwachsenen Frauen zu nähern und die "männliche Gier nach jungen Mädchen", kann Frau Hofmann mit Blick auf Männer im allgemeinen - "Viele Männer wollen ja nur Männlichkeit beweisen" - und ihren Mann im besonderen - "Geistig ist er auf der Stufe eines Fünf- bis Sechsjährigen in manchen Sachen, nicht in allen" - zwar nicht verstehen, aber hinnehmen.

Wo das Begehren aber zum Übergriff auf die eigenen Kinder wird, wird es für sie "nicht normal".

"Ich meine, wieder so gesehen, er ist ein Mann, und das ist eine Frau. Das ist an und für sich normal. Aber es ist doch seine Tochter. Also, es sind doch seine Töchter. Das ist für mich Verrücktheit, sowas. Der gehört hinter Gitter oder in eine Irrenanstalt. Aber für immer."

Es ist für Frau Hofmann nicht entscheidend, daß es sich bei einem der betroffenen Mädchen um die Stieftochter des Täters handelt.

"Nein, das ist kein Unterschied. Denn Renate war sieben Jahre alt, als ich ihn geheiratet habe. Und das ist für mich kein Unterschied."

Sexualität mit den eigenen Kindern ist für Frau Hofmann ein absolutes Tabu. Sie kann dies nicht weiter begründen als mit: "Es sind seine Töchter", es ist ein nicht weiter erklärbares, aber anerkanntes Axiom.

Das eigentliche Hemmnis, das Sexualität mit den eigenen Töchtern entgegensteht, liegt für sie nicht in der Abwesenheit des sexuellen Wunsches beim Mann, die sich aus dem spezifischen väterlichen Kontakt zu seinen Kindern ergibt. Vielmehr postuliert Frau Hofmann eine ethische, dem gesunden moralischen Empfinden entsprechende Hemmung. Ob sich diese Hemmung auf den Wunsch selbst oder nur auf seine Ausführung bezieht, bleibt unklar.

Neben diesen Motiven - Wunsch nach sexuellem Kontakt zu Mädchen, Angst, sich erwachsenen Frauen zu nähern, sexuelle Abnormität - nimmt Frau Hofmann als nicht im engeren Sinne sexuelles Motiv das Besitzdenken ihres Mannes an. Gleich zu Anfang des Gesprächs erwähnt sie sein Mißtrauen und seine "krankhafte Eifersucht" ihr selbst und seinen Töchtern gegenüber. Sie erzählt, daß ihr Mann (nahezu erfolgreich) versucht hat, sie von sozialen Kontakten zu isolieren. Sie nimmt an, daß er seine Besitzansprüche mit Hilfe der sexuellen Inbesitznahme durchsetzen wollte. Das ist ihre erste, spontane Antwort auf meine Frage, ob sie sich Gedanken über die Motive ihres Mannes gemacht habe.

"Ja, erstmal die Eifersucht, daß ein anderer nicht seine Töchter kriegt."

I.:"Also, daß er der erste ist?"

Frau Hofmann:"Quasi das, ja. Und dann, daß sie sich vielleicht nie an andere Jungs 'rantrauen. Nehme ich an. Es wurde ja viel gesagt, daß die Kinder so einen Schock haben, daß sie sich gar nicht mehr für andere interessieren."

I.:"Und du meinst, das hat er einberechnet?"

Frau Hofmann:"Das hat er bestimmt einberechnet."

Auch hier zeigt Frau Hofmann keine Neigung, ihren Mann zu entschuldigen. Sie nimmt nicht an, daß er vielleicht nicht wußte, was er tat, sondern sie geht im Gegenteil davon aus, daß Herr Hofmann das Ausmaß von seelischer Schädigung, das er verursachte, sehr wohl kannte, sogar bezweckte.

Hier sei noch einmal daran erinnert, daß Herr Hofmann danach strebt, seine Familie sozial zu isolieren, durch Verbote und, in bezug auf seine Frau, sexuelle Anspielungen und Verdächtigungen. Die sexuelle Inbesitznahme der Töchter kann als konsequente Fortsetzung dieser Handlungsweise angesehen werden.

Bemerkenswert finde ich die Selbstverständlichkeit und Gelassenheit, mit der Frau Hofmann diese ungeheuerliche Beschuldigung äußert. Nachdem sie einmal um die Übergriffe ihres Mannes weiß, erstaunt sie nichts mehr, schreckt sie vor keiner Wahrnehmung und Erklärung in bezug auf ihn zurück. Die Vermutung liegt nahe, daß schon vorher die Möglichkeit, ihm viele "Untaten" zuzutrauen, ganz dicht neben ihrem Verständnis und ihrer Sympathie für ihn lag.

Es finden sich also folgende Erklärungsmuster:
- Als sexuelles Motiv der Wunsch nach Sexualkontakten, die Abwechslung versprechen, wie z.B. der sexuelle Kontakt zu Kindern.
- Das Fehlen der moralischen Empfindung, daß es einem Vater verboten ist, sich seinen Kindern sexuell zu nähern.
- Die Unmöglichkeit, sich erwachsenen Frauen, die die Wahl haben, sich zu entscheiden, zuzuwenden und deshalb eine Hinwendung zu Abhängigen. Hier kommt das Motiv, Macht auszuüben, zum Tragen (was Frau Hofmann selbst nicht so nennt).
- Der Versuch, sich seinen Besitz zu sichern, indem die Töchter seelisch geschädigt und so daran gehindert werden, Kontakt zu anderen Männern zu suchen. Auch hier das Motiv von Macht.
Das sexuelle Motiv kann sich Frau Hofmann mit der männlichen Natur erklären. Die Verurteilung des Täters basiert auf den anderen ihm unterstellten Beweggründen. Die Tat erscheint erklärbar aus der Persönlichkeit des Mannes, sie wird nicht von der übrigen Persönlichkeit abgetrennt.
Das Verhalten der Töchter wird zur Erklärung oder Entschuldigung der Tat nicht herangezogen. Sie erscheinen ausschließlich als Opfer der Übergriffe.

Ähnliche Erklärungsmuster finden sich bei Frau Pape. Sie sieht ebenfalls ein sexuelles Motiv, "sexuelle Not".
"Was muß der überhaupt in Not sein, daß er sich einfach an einem Kind vergreift."
(Hier sei noch einmal an Frau Papes Aussage erinnert, sie hätte ihrer Tochter die sexuelle Mißhandlung ersparen können, wenn sie sich selbst zur Verfügung gestellt hätte.)
Des weiteren nennt sie seine sexuelle Unzulänglichkeit einerseits
- "Ja, das kam dann alles so mit hoch, daß er im Grunde genommen ja gar nichts mit einer Frau anzufangen weiß (...) Kinder, die sind vielleicht noch so in seinem Stil. Da hat er vielleicht den Überblick" -,
seine Brutalität und Bereitschaft, eigene Bedürfnisse rücksichtslos durchzusetzen, andererseits.
Sie sieht sein Verlangen, Macht auszuüben, als Verschränkung von Hilflosigkeit und Brutalität an. Die Brutalität stellt ihrer Ansicht nach den Versuch dar, die Hilflosigkeit zu verbergen.
Letzteres vor allem ist es, was sie verurteilt, nicht die sexuelle Bedürftigkeit.
"Warum soll der eigentlich immer auf Menschen draufrumhacken? Und sie benutzen für alles?"

Auch Frau Pape betrachtet die Motive für den Inzest, sowohl das sexuelle Motiv als auch das Machtmotiv, als in der Persönlichkeit ihres Ehemannes verankert, und auch sie ist, wie Frau Hofmann, nicht bereit zuzulassen, daß die Wünsche des Mannes auf Kosten der Töchter befriedigt werden.

Bei Frau Lorenz, Frau Schaper, Frau Mahnke und Frau Böhm dagegen finden sich Tendenzen, die Übergriffe zu verharmlosen, zu verleugnen, Erklärungsmuster zu suchen, die die Tat außerhalb der "eigentlichen" Persönlichkeit ansiedeln.

So nennt Frau Mahnke den Inzest einen "Kurzschluß", der dem eigentlichen Charakter ihres Ehemannes nicht entspricht. Sie verweist zusätzlich auf die Harmlosigkeit der Tat im Vergleich zu anderen Fällen von Inzest. Die Übergriffe waren "nicht brutal" und "beschädigten" das Mädchen nicht. Das, was Herr Mahnke tat, entspricht nicht Frau Mahnkes Vorstellungen von sexuellem Mißbrauch.

Frau Böhm neutralisiert den Übergriff, indem sie davon ausgeht, daß der Täter kein sexuelles Motiv hatte und auch nicht annehmen konnte, daß er sein Opfer seelisch verletzt.

Frau Lorenz und Frau Schaper schließlich suchen im Alkoholismus ihrer Ehemänner nach einer Erklärung für den Inzest.

Frau Schaper: "Darum sage ich ja, wenn er nüchtern ist, hat er Ingrid nichts getan. Nur wenn er dann besoffen war."

Und Frau Lorenz, die jedoch betont, daß sie den Inzest nicht mit dem Alkoholismus ihres Ehemannes entschuldigen will:

"Wenn das mit dem Alkohol nicht passiert wäre, wäre vielleicht auch das andere nicht passiert. (...) Der Alkohol, der zerstört doch eine ganze Menge. Und weil es eben halt immer unter Alkoholeinfluß passiert ist."

Diese Erklärungsmuster - Kurzschluß, Unwissenheit, Alkohol - können als "Neutralisierungen" angesehen werden (vgl. Honig, 1986). Bei aller Verschiedenheit haben sie eines gemeinsam: Sie machen es möglich, die Tat zu verurteilen, gleichzeitig aber das Bild des Mannes unbeschädigt zu lassen. Der Mann muß nicht als Vergewaltiger wahrgenommen werden. Der Konflikt, zwischen Mann und Tochter zu stehen, entschärft sich. Die Entscheidung, weiterhin mit dem Mann zusammenzuleben, wird möglicherweise einfacher. Bei der Sichtweise, "Harmlosigkeit der Übergriffe", ist es zusätzlich möglich, auch das Opfer nicht als geschädigt wahrzunehmen.

Die Rolle der betroffenen Mädchen

Die bisher erörterten Bilder des Inzesttäters und des Inzests schließen keine aktive Beteiligung der betroffenen Mädchen ein. Diese werden als Opfer betrachtet. Die Mütter gehen davon aus, daß ihre Töchter keine Wahl hatten, keine Möglichkeit, sich der Sexualität mit dem Vater zu entziehen. Sie nehmen an, daß die Töchter zu jung waren, um sich zu wehren (Frau Pape, Frau Mahnke) oder daß sie Angst hatten (Frau Hofmann, Frau Schaper im Hinblick auf die jüngere Tochter). Zwei Töchter (Töchter von Frau Schaper und Frau Böhm) haben die Mutter um Unterstützung gebeten. Alle Frauen gehen davon aus, daß ihre Töchter die inzestuöse Beziehung als unangenehm empfanden.

Bei zwei Frauen, Frau Lorenz und Frau Schaper (in bezug auf die älteste Tochter), zeigt sich demgegenüber eine deutliche Ambivalenz in der Beurteilung der Rolle des Mädchens.

Frau Schaper bleibt im Gegensatz zu der Heftigkeit, mit der sie ihre Tochter Andrea angreift, in der Beurteilung des Täters eher verhalten. Die "Hauptschuldige" ist Andrea.

I.:"Entschuldigst du das bei ihm?"

Frau Schaper: "Ja, ich weiß es auch nicht. Jedenfalls ist er alt genug, wo er hätte wissen müssen, daß er es nicht darf. Das ist meine Meinung. Denn wir waren ja noch verheiratet, und das war noch ein Kind."

Die Vorsicht des Urteils, die Unsicherheit darüber, ob sie überhaupt das Recht hat, zu urteilen, ist spürbar.

Sein Motiv ist ihrer Ansicht nach in erster Linie ein sexuelles. Zwar hätte er "wissen müssen", daß er erstens seine Frau nicht betrügen darf und zweitens nicht das Recht hat, eine sexuelle Beziehung zu einer Minderjährigen aufzunehmen. Er ist aber nicht alleine verantwortlich, denn Andrea wollte die Beziehung. Sie war die Aktive, die ihn verführte, es war verständlich, daß er nicht ein Kind, sondern eine verführerische Frau in ihr sah.

Auch im Falle der Übergriffe auf Ingrid findet Frau Schaper Erklärungen, die die Verantwortlichkeit ihres Ehemannes für die Tat mindern: seine Alkoholabhängigkeit und die Ermutigung, die er durch die Beziehung zu Andrea erhalten hat.

"Ja, er wollte eben versuchen dranzukommen, genauso wie bei der ersten. Da hat er gedacht, versucht du es bei der zweiten auch. Und das hat er nun nicht geschafft, weil ich dazwischen ging." Die älteste Tochter ist in dieser Sichtweise indirekt auch für den Mißbrauch der jüngsten verantwortlich, ihre provozierende Sexualität erscheint als Gefährdung ihrer Schwester.

Daß er überhaupt den Wunsch hat, "es" zu versuchen, erstaunt Frau Schaper nicht. Auch sie geht nicht davon aus, daß der väterliche Kontakt zu Ingrid, der, wie sie beschreibt, gut war, sexuelles Begehren ausschließt. Was ihn abhalten könnte, ist das Verbot, sich einem Kind zu nähern.

Die Verantwortung dafür, daß das Mädchen vor sexuellen Übergriffen bewahrt wird, übernimmt in erster Linie Frau Schaper. (Diese Lektion hat sie spätestens bei der Gerichtsverhandlung gelernt.) Sie kommt dieser Verantwortung nach, indem sie erstens Mann und Kinder kontrolliert und gegebenenfalls eingreift und zweitens, indem sie ihren Körper zur Verfügung stellt.

Frau Schaper greift bei ihrer Beurteilung der Tat auf die "Triebtheorie männlicher Sexualität" zurück. Im Vordergrund steht das sexuelle Motiv. Da die Kon-

trolle männlicher Sexualität zu den Aufgaben der Frau gehört, ist für die Bewertung des Inzests auch das Verhalten des Mädchens von Bedeutung. Es muß deutlich sein, daß sie vergeblich versucht hat, sich zu wehren.
Eine klare Grenze des für Männer Erlaubten liegt für Frau Schaper bei Vergewaltigung und beim sexuellen Zugriff auf Kinder. Aber hier ist sie sich nicht sicher: War das vierzehnjährige Mädchen in sexueller Hinsicht eine Frau oder ein Kind?

Ähnliche Schwierigkeiten hat Frau Lorenz bei der Beurteilung des Inzests. Sexueller Mißbrauch liegt für sie eindeutig dann vor, wenn "was passiert ist", d.h. wenn Geschlechtsverkehr stattfindet und wenn körperliche Gewalt des Täters und Widerstand des Opfers sichtbar werden. Schwieriger wird die Beurteilung für sie, wenn sie den Täter nicht als brutal ansieht und wenn das Opfer bestimmte Aspekte des Geschehens zu genießen scheint.
Im Mittelpunkt von Frau Lorenz' Überlegungen zur Beurteilung des Inzests steht die Tochter, nicht der Mann. Die Tat wird von ihren vermuteten Gefühlen und ihren Handlungen aus reflektiert. Demzufolge sucht Frau Lorenz das Gespräch mit ihrer Tochter auch, um den eigenen Anteil besser sehen zu können, "wo ist meine Schuld da irgendwo".
Frau Lorenz nimmt an, daß der Beweggrund ihrer Tochter, eine Beziehung einzugehen, die sich ihrer Ansicht nach "unheimlich langsam zwischen den beiden aufgebaut" hat, "kindliche Liebe", "die Liebe zum Vater hin", gewesen sei und daß sie "körperlich, aber auch seelisch gesehen, (..) das so genossen hat irgendwie", insbesondere ihre "Machtstellung". Die Beziehung stellt sich Frau Lorenz von der Seite des Täters aus als liebevoll und zärtlich vor.
Diese Sichtweise ist jedoch nicht durchgängig. An anderer Stelle verurteilt Frau Lorenz die Tat in scharfen Worten. Wiederholt bezeichnet sie Birgit als "die Person, der wehgetan worden ist."
Frau Lorenz reflektiert die Beziehung nicht als Macht- oder gar als Gewaltverhältnis, weder in bezug auf die Generation noch in bezug auf das Geschlecht. Die elterliche Autorität, die sie selbst Birgit gegenüber einfordert, scheint in ihrer Bewertung des Inzests keine Rolle zu spielen. Der sexuelle Mißbrauch der Tochter führt nicht dazu, Herrn Lorenz zu verurteilen oder als Mann unattraktiv erscheinen zu lassen.
Auffällig in der Geschichte des Inzests ist die Unauffälllligkeit des Täters. Er ist "schattenhaft", "passiv", "er hat im Prinzip keine große Rolle dabei gespielt". Der "Kampf" wird zwischen Mutter und Tochter ausgetragen.

Als Ergebnis kann folgendes festgehalten werden: Keine der Frauen nimmt an, daß der väterliche oder stiefväterliche Kontakt zu den Töchtern eine Qualität hat, die sexuelles Begehren ausschließt. Prinzipiell gehen alle von der Möglichkeit sexuellen Verlangens auch eines Vaters gegenüber seiner Tochter aus. Die Frauen nehmen an, daß eine moralische Hemmung existiert oder existieren sollte oder umgekehrt ein moralisches Gebot, auf die Tochter zu verzichten.

Ob es sich bei dem Täter um den Vater oder den Stiefvater des Mädchens handelt, scheint für die Frauen von untergeordneter Bedeutung zu sein. Frau Hofmann betont ausdrücklich, es mache für sie keinen Unterschied. (Es machte im übrigen auch keinen Unterschied für den Täter.) Frau Lorenz sagt aus, sie sei trotz der Versicherungen ihres Mannes mißtrauisch, was die beiden jüngeren leiblichen Töchtern Herrn Lorenz' beträfe. Und Frau Schaper, die einerseits die Verantwortung der Stieftochter Herrn Schapers betont, achtet andererseits genau darauf, daß ihr Ehemann keine Gelegenheit erhält, sich seinen anderen (leiblichen) Töchtern zu nähern.

Außer Frau Böhm, die keinen möglichen Beweggrund nennen kann, nehmen alle Frauen auf der Seite des Täters sexuelle Motive an. Ihrer Ansicht nach geht es den Männern um Triebbefriedigung; aus unterschiedlichen Gründen wird die (Stief-)Tochter zum Objekt der sexuellen Begierde. Frau Hofmann und Frau Pape thematisieren das Motiv der Machtausübung gegenüber Abhängigen bzw. Machtausübung, um sich den Besitz der Töchter zu sichern. Bei vier Frauen sind Tendenzen sichtbar, die Übergriffe zu verharmlosen, zu "neutralisieren". Vier Frauen sehen in ihren Töchtern ausschließlich Opfer von Übergriffen, zwei stellen sich die Frage, ob und wieweit die Tochter (Mit-)Verantwortung an der inzestuösen Beziehung trägt bzw. diese Beziehung für sich angenehm fand.

Bei der Einschätzung des Inzests zeigt sich der größte Gegensatz zwischen Frau Hofmann und Frau Pape auf der einen Seite, für die eindeutig sexueller Mißbrauch vorliegt und der Mann als Täter angesehen wird, und Frau Lorenz und Frau Schaper auf der anderen Seite, die über die Qualität der Beziehung unsicher sind und vorsichtig in der Beurteilung des Täters (wie auch Frau Mahnke und Frau Böhm) . Es erhebt sich die Frage, wie die Frauen zu ihren unterschiedlichen Ansichten kommen.

Die Tatumstände, die Handlungen selbst, das Alter der Mädchen, die Dauer der sexuellen Ausbeutung, der Grad der angewendeten Gewalttätigkeit, erklären die unterschiedlichen Beurteilungsweisen nicht.

Außer der fünfjährigen Tochter Frau Papes sind alle Mädchen, soweit die Mütter darüber Bescheid wissen, am Beginn der Übergriffe elf bis vierzehn Jahre alt. Außer Frau Böhms Tochter vertraut sich keine ihrer Mutter an, die Töchter von Frau Lorenz und Frau Hofmann tun es nach mehreren Jahren. Die inzestuösen Beziehungen dauern von einigen Wochen oder Monaten (Frau Pape, Frau Schaper, Frau Mahnke) bis zu einigen Jahren (Frau Lorenz, Frau Hofmann). Bei Frau Böhm handelt es sich um einen einmaligen Vorfall. Frau Hofmann geht von Einschüchterungsversuchen durch den Mann aus, ebenfalls Frau Schaper im Hinblick auf die jüngere Tochter. Frau Lorenz, Frau Pape, Frau Schaper, Frau Mahnke und Frau Böhm vermuten einen liebevollen Täter - Tochter - Kontakt.

Über die Handlungen selbst wissen die Frauen wenig. Daß es zum Koitus kam, wissen nur Frau Lorenz und Frau Schaper.

Auch die untersuchten Sexualitätskonzepte bieten keine ausreichende Erklärung für die unterschiedliche Beurteilung.

Im folgenden werde ich versuchen, die Ursachen dieser Unterschiede anhand der Beziehungen der Frauen zu ihren Ehemännern und zu ihren Töchtern sowie anhand ihres Umgangs mit sich selbst zu erforschen.

Täter als Väter, Ehemänner und Liebhaber

Für Frau Hofmann und Frau Pape ist der sexuelle Mißbrauch der Tochter der hauptsächliche Grund, den Kontakt zu ihrem Ehemann abzubrechen.

Auch Frau Böhm beendet daraufhin die Beziehung, ohne dies jedoch ausdrücklich mit der Belästigung der Tochter in Zusammenhang zu bringen. "Vielleicht" sagt sie häufig, wenn sie über ihre damaligen Beweggründe nachdenkt und "Das Vertrauen war weg".

Alle drei Frauen haben danach und auch gegenwärtig keinen Kontakt mehr zum Täter. (Bei Frau Böhm hängt dies auch mit der langen Zeitspanne zwischen Tat und Gegenwart zusammen.)

Bei Frau Schaper und Frau Mahnke findet nach den Übergriffen ein "innerer Bruch" statt, der sich zunächst nicht nach außen hin manifestiert. Frau Mahnke setzt die Ehe bis zum Tod ihres Ehemannes fort.

Frau Schaper nimmt die Ehe wieder auf, nachdem ihr Ehemann aus dem Gefängnis entlassen worden ist.

"Mir ging es ja nur um die Kinder. Ich hab' gedacht, Mensch, läßt ihn nicht fallen, versuchst du es nochmal."

Der zweite, endgültige Bruch erfolgt nach den Übergriffen auf die jüngere Tochter Ingrid, die mit Gewalttätigkeit und Alkoholismus Herrn Schapers einhergehen. Frau Schaper hat jedoch heute noch Kontakt zu ihrem geschiedenen Ehemann, da dieser in unregelmäßigen Abständen die Kinder besucht.

Der "innere Bruch" zeigt sich in den Beziehungen insofern, als beide Frauen mehr ohne den Ehemann unternehmen, im Kontakt auf Distanz achten, sich bemühen, die Töchter nicht mit ihrem Vater alleine zu lassen und, zumindest in der ersten Zeit, den sexuellen Kontakt verweigern.

Frau Schaper: "Wie er dann aus dem Knast kam, habe ich auch die erste Zeit, ich habe mich wohl mit ihm unterhalten, aber er war fast ein halbes Jahr nicht an mich drangekommen. Er sagt, ob ich das nicht überwinden könnte. Ich sage, nein, das kann man nicht überwinden."

Im Falle von Frau Lorenz läßt sich der Stellenwert, den der Inzest ihres Ehemannes mit Birgit für ihre Entscheidung, sich von ihm zu trennen, hat, nicht genau bestimmen. In den Interviews ist von drei Trennungen die Rede, wobei jedesmal die Gewalttätigkeit Herrn Lorenz', seine Alkoholabhängigkeit und seine inzestuöse Beziehung zu seiner Stieftochter eine Rolle spielen. In Phasen, in denen ihr Ehemann "trocken" ist, schöpft Frau Lorenz neue Hoffnung und nimmt die Ehe wieder auf. Auch jetzt noch gibt es Zeiten , wo sie sich eine neue Beziehung zu ihm wünscht. Herr Lorenz lebt inzwischen in einer anderen Stadt, besucht aber ab und zu noch seine Kinder, bzw. sind diese zu Besuch bei seinen Eltern. (Frau Lorenz achtet darauf, daß die beiden jüngeren Töchter nicht tagelang mit ihm allein sind.)

Wie sahen diese Beziehungen, die sich durch den Inzest veränderten, vorher aus? Was berichten die Frauen über die erste Zeit des Kennenlernens, über die Zeit vor dem Inzest, bzw. bevor sie etwa darüber wußten? Was gefiel ihnen gerade an diesem Mann, wie fanden sie ihn als Vater, wie als Mann und Liebhaber? Was sehen sie als Gründe für das endgültige Scheitern der Beziehung an?

Läßt sich ein Zusammenhang erkennen zwischen der Qualität der ehelichen Beziehung einerseits, der Deutung des Vater - Tochter - Inzests und den Konsequenzen, die daraus gezogen werden, andererseits? (Könnte man z.B. sagen, einer Frau, die ihren Mann liebt und mit ihm eine gute Ehe führt, fällt es schwerer, in ihm den Inzesttäter zu sehen und entsprechende Konsequenzen zu ziehen? Kann es bei einer guten ehelichen Beziehung überhaupt zu Übergriffen auf die Tochter kommen?)

Welche Art Väter sind die Täter? Lassen sich in den Aussagen der Frauen Hinweise auf Kriterien finden, wie Inzesttäter ihre Vaterschaft leben? Hätten die Frauen im väterlichen Verhalten inzestuöse Tendenzen erkennen können? Wie sehen solche Tendenzen aus?

Ich hatte zunächst die Absicht, in der Darstellung die Liebesbeziehung der Frauen zu ihrem Mann von ihrer Sicht seiner Rolle als Vater zu trennen. Beides erweist sich jedoch als eng miteinander verflochten. Wie der Mann im Familienalltag agiert, wie er seine Vaterschaft lebt, wie seine Liebes- und sexuelle Beziehung zu seiner Frau, das alles fließt zusammen, die einzelnen Bilder beeinflussen sich gegenseitig. Deshalb erscheint es sinnvoller, in der Darstellung "Familienalltag", "Vaterschaft" und "Liebesbeziehung" zusammen zu betrachten.

Frau Hofmann und Frau Pape vermitteln das negativste Bild.

Ob Frau Hofmann am Anfang der Beziehung in ihren Mann verliebt war, ist im Gespräch nicht zu klären. Sie sagt lediglich, das "Jungenhafte" an ihm habe ihr gefallen. In den Interviews äußert sie sich fast ausschließlich negativ über ihren Ehemann. Schon bevor sie von dem Inzest wußte, hat sie mit dem Gedanken an Trennung gespielt.

"Also für mich war meine Ehe schon drei bis vier Jahre nicht mehr allzugut. Ich hab' schon seit drei Jahren ungefähr überlegt, läßt du dich scheiden, oder läßt du dich nicht scheiden."

Im Gegensatz zu der Sprachlosigkeit hinsichtlich ihrer Sympathie für ihn kann sie das, was ihr mißfällt, klarer benennen. Ihr Mann hat weder außerhalb noch innerhalb der häuslichen Umgebung seine "männlichen Pflichten", seinen Anteil an der Familienarbeit übernommen. Darunter versteht Frau Hofmann Erwerbsarbeit, Ämtergänge, bestimmte Arbeiten wie tapezieren etc. Er ließ sich wie ein "Pascha" von ihr bedienen. Er übernahm keine Verantwortung bei Konflikten.

"Ja, er hatte an allem nie Schuld. Immer nur ich oder die Mädchen"

Er war wenig belastbar, bestand aber gleichzeitig auf der ihm aufgrund seines Geschlechts zustehenden Stellung als Familienoberhaupt. Diese Diskrepanz registriert Frau Hofmann mit Spott.

"Er war doch ein Mann. Aber natürlich nur in der Wohnung, draußen nicht."

Zum Bild geworden ist für Frau Hofmann der Mangel an Lebenstüchtigkeit ihres Ehemannes darin, daß er nach einem gewalttätigen Angriff auf sie barfuß aus der Wohnung auf die Straße lief. Diese Tatsache erwähnt sie mehrmals. Insgesamt spricht sie über ihren Mann in einem Tonfall, der dem einer geduldigen, aber zunehmend genervten Mutter ihrem ungeratenen Kind gegenüber ähnelt.

Sie betont jedoch, daß eine gute Beziehung zu ihrem Mann ihren Entschluß, sich aufgrund des Inzests von ihm zu trennen, nicht beeinflußt hätte.

"Nein, überhaupt nicht. Ich habe dir doch gesagt, bei mir kommen die Kinder an erster Stelle. Überhaupt nicht. Dann wäre es vielleicht schwerer für mich geworden, also, das gebe ich ehrlich zu. Ich hätte die Trennung von ihm vielleicht nicht so leicht genommen. Aber das hätte überhaupt nichts geändert."

Wenn sie jetzt an ihren Mann denkt, empfindet sie Erleichterung, die Ehe hinter sich zu haben, Wut und Rachegelüste, mit Spott vermischtes Mitleid und eine gewisse Verbundenheit.

"In dem Moment, wo ich mit den Kindern weggegangen bin von ihm, weiß ich ganz genau, wie weh ich ihm damit getan habe. Ich weiß ganz genau, er sitzt jetzt in seiner Zelle und jammert 'rum. Der arme Mann, von der Frau verlassen und von den Kindern verlassen. Also, einerseits freut es mich, und andererseits tut es mir auch noch etwas weh. Ich muß mich, praktisch gesehen, von dem Mann noch innerlich lösen."

Auch für Herrn Hofmann als Vater findet sie keine positiven Worte. In der Familie gab es eine rigide geschlechtsspezifische Arbeitsteilung. Sich um die Kinder zu kümmern, war die Aufgabe von Frau Hofmann. Herr Hofmann zeichnet sich durch unberechenbares Verhalten aus, das zwischen Verwöhnung (dem Sohn gegenüber) und Härte hin und her schwankt. Letzteres scheint überwogen zu haben.

Frau Papes Gefühle ihrem Mann gegenüber sind von Anfang an widersprüchlich, die Chancen der Beziehung beurteilt sie skeptisch.

"Das war ja das Kuddelmuddel auch immer. Einerseits war ich sehr verliebt in ihn, andererseits paßten wir überhaupt nicht zusammen. Der hauptsächliche Grund war ja für mich, ich hab' aus Angst geheiratet, weil sie mir gedroht haben, mir das Kind wegzunehmen. Und eben auch aus Liebe, klar, aber wir paßten nicht zusammen. Das wußte ich zu der Zeit auch, daß das wohl nicht klappt."

I.:"Warum meintest du, ihr paßt nicht zusammen?"

Frau Pape: "Ja, mein Mann, der war eigentlich sehr grob. Der hatte wenig Einfühlungsvermögen gehabt. Und irgendwo, nach seinem, nach seinem Kopf mußte alles so gehen."

Die Ehe verläuft von Anfang an unbefriedigend, mit der Zeit wird sie unerträglich. Frau Pape sieht lange Zeit keine Möglichkeit, etwas zu verändern.

"Ja, ich war sehr eingeschüchtert. Auf Jahre."

Eines der schwierigsten Themen ihrer Ehe, der Ort, wo sich ihre Unterwerfung und ihr Kampf um Selbständigkeit abspielen, ist die Sexualität. Herr Pape erscheint in ihrer Darstellung ihres ehelichen Lebens über weite Strecken als Gegner.

Ihr Bild von ihm als Vater ist widersprüchlich. Wie in der Familie Hofmann ist auch hier in erster Linie Frau Pape für die Bewältigung des Alltags mit den Kin-

dern und für die Aufrechterhaltung emotionaler Kontinuität zuständig (was möglicherweise auch mit Herrn Papes Tätigkeit als Fernfahrer zusammenhängt.) Wie
Herr Hofmann scheint sich auch Herr Pape durch einen unberechenbaren Wechsel
von Zuwendung, Verwöhnung und Ablehnung, Bestrafung ausgezeichnet zu haben.
Insgesamt schildert Frau Pape die Vater - Töchter - Beziehung als emotional positiv - "Die haben ihren Vater ja auch unheimlich gern" -, insbesondere die Beziehung zum Opfer der Übergriffe, Herrn Papes "Lieblingstochter."

Frau Mahnke beschreibt ihre Ehe als "Vernunftsache". Herr Mahnke suchte eine
Mutter für seine Kinder aus erster Ehe, und Frau Mahnke suchte einen Ehemann
und einen Vater für ihr (nichteheliches) Kind.
"Wir sind so ins Gespräch gekommen, und er hat gesagt, er sucht eine Frau. Und
da hat er mich dann gefragt, ob ich einverstanden wäre, mit ihm zusammenzuleben,
und er hat aber auch noch mehrere Kinder, kleinere, zu versorgen. Und ich sage, ja,
warum nicht." Ungefähr eineinhalb Jahre, nachdem sie sich kennengelernt haben,
heiraten sie.
Herr Mahnke wird von seiner Frau als guter Ehemann und Vater angesehen, was
in erster Linie bedeutet, daß er die Familie materiell versorgt. (Daß es auch einen
emotionalen Kontakt zwischen Vater und Töchtern gab, könnte man aus Frau
Mahnkes Äußerung schließen, die Töchter seien mit ihren Problemen immer zu ihrem Vater gegangen.) Seine Rolle als Versorger bestimmt ihr Verhältnis zu ihm.
Ob es noch andere Verbindungen gab und welcher Art diese waren, läßt sich aus
den Aussagen Frau Mahnkes nicht entnehmen.
"Ja, ein sehr guter Vater war er also, kann man sagen."
I.:"Und zu ihnen? Wie war ihre Beziehung?"
Frau Mahnke: "Auch sehr gut. Denn, ich meine, er hat gesorgt für die Kinder.
Für uns gesorgt."

Frau Böhm beschreibt ihr Verhältnis zu ihrem Freund, der verheiratet ist und
mit seiner Familie zusammenlebt, als "Freundschaft".
"Es war der einzige Mann, wo ich sagen kann, das war eine sehr harmonische
Freundschaft."
Liebe und Sexualität spielen zwischen ihnen keine entscheidende Rolle. Sie haben zwar eine sexuelle Beziehung,
"aber das war zweitrangig so von meiner Seite her. Und von seiner beurteile ich
das auch so".
Auch die beiden Töchter von Frau Böhm verstehen sich gut mit ihm.
"Das war auch der einzige Mann, den die Kinder gemocht haben. Weil er eben
auch nicht aufgetreten ist als Liebhaber von mir, sondern als Freund des Hauses."

Frau Lorenz und Frau Schaper schildern ihre Beziehung zu ihren Ehemännern in
den Anfangszeiten als "große Liebe", bei Frau Lorenz wird dies noch deutlicher als
bei Frau Schaper. Beide betonen auch, daß ihre Ehemänner fürsorgliche und zärtli-

che Väter waren, die sich für ihre Kinder auch in bezug auf die Bewältigung des Alltags (mit-)verantwortlich fühlten.

Wenn Frau Lorenz von ihren glücklichen Zeiten mit ihrem Mann erzählt, wird sie lebhaft, lacht, wirkt sehr berührt. Sie erinnert sich noch an viele Einzelheiten, skizziert eine Idylle, ihre ideale Partnerschaft: Ihr Mann bringt einen freieren Lebensstil in ihren Alltag, es gibt viele Zukunftspläne, er ist zärtlich, verständnisvoll, sie fühlt sich gleichberechtigt.

"Er ist unheimlich lieb. Ich meine, das kann man nicht abstreiten."

Er ist der erste Mann, mit dem sie sexuell glücklich ist.

Er kümmert sich liebevoll um die Kinder, unternimmt etwas mit ihnen, badet sie abends, hat Zeit, sich ihre Pobleme anzuhören. "Es war für mich, ja, das war vielleicht wirklich Liebe oder so."

Herr Lorenz hat allerdings auch andere Seiten.

"Ich meine, der hat mich verprügelt bis zum Geht - nicht - Mehr. Da hab ich wahnsinnige Angst vor gehabt. Und das ist wohl auch sein Druckmittel gewesen. Er wußte auch, daß ich diese Angst hatte."

(Einen Anlaß für seine meist nächtlichen Attacken bietet Herrn Lorenz bemerkenswerterweise der Vorwurf, seine Frau habe ihn betrogen.)

Wie erklärt sie sich, daß jemand gleichzeitig so lieb und so gewalttätig ist?

"Ich weiß nicht. Ich hab' ja gesagt, vielleicht ist er schizophren oder was."

Heute fühlt sich Frau Lorenz unabhängiger von ihrem Mann. Sie kann ihm aggressiv gegenübertreten, in Konflikten bei ihrer Meinung bleiben etc. Wesentlich schwieriger ist es für sie, ihn nicht mehr als Adressaten ihrer Sehnsüchte zu betrachten. Er ist für sie noch immer die Verkörperung einer nicht formulierbaren Verheißung.

Auch Frau Schaper schildert die erste Zeit der Beziehung als sehr positiv. Ihr Mann hat sie finanziell, in ihrer Erwerbsarbeit und in ihrer Arbeit mit ihren Kindern unterstützt.

"Und er hat mir auch damals sehr viel geholfen. Auch was das Geld angeht, hat er uns sehr unterstützt."

Sie setzt diese positiven Erfahrungen in bezug zu den schlechten, die sie mit ihrem ersten Mann machte, der "alles versoffen" hat.

Auch ihre ganz persönliche Beziehung zu ihm empfindet sie zunächst als schön. Sie schildert sie als freundlich und liebevoll.

Ihr zweiter Ehemann war ein fürsorglicher Vater.

"Er hatte die Kinder ja immer alle um sich. Da habe ich mich ja gefreut. Entweder hatte er 'nen Ball da, oder er hat auch dem Gerd das Laufen beigebracht.(..) Auch Nachbarn haben mir das immer gesagt, daß er sich sehr mit den Kindern beschäftigt."

Für das Scheitern der Beziehung, den Bruch, hat sie zwei verschiedene, sich widersprechende Erklärungen.

Die erste findet den Grund für das Scheitern der Beziehung im Inzest des Ehemannes mit der Tochter Andrea. Danach ist die Basis des Zusammenlebens zerstört. Die Ehe wird nur noch aufrechterhalten, um für die anderen Kinder eine Familie zu erhalten.

Neben und im Gegensatz zu dieser Erklärung steht eine andere. Danach ist die
Ehe bis zu einem schweren Unfall Frau Schapers "gutgegangen".

(Dieser Unfall bildet einen entscheidenden Einschnit in Frau Schapers Leben. Sie
erzählt davon in großer Ausführlichkeit und nimmt immer wieder darauf Bezug.

Bei einem Grillpicknick erleidet sie lebensgefährliche Verbrennungen. Einige
Wochen lang ist sie in Lebensgefahr, bis zu ihrer völligen Gesundung dauert es
zwei Jahre. Sie ist heute durch die Narben gezeichnet. Obwohl dieser Unfall, sie
nennt ihn ihre "Verbrennung", fast zehn Jahre zurückliegt, erinnert sie sich an viele
Einzelheiten, vor allem auch an Einzelheiten ihrer Rückkehr nach Hause. Es
scheint, daß es sich bei dieser "Verbrennung" in ihrem persönlichen Leben um eine
Art Tod und Wiedergeburt handelt. Sie erkämpft sich ihr Leben neu, und im Gegensatz zu ihrer Kindheit hat sie diesmal Verbündete. Sie erzählt von den Bemühungen der Ärzte und Schwestern um sie und von der Achtung, die ihr für ihre
Tapferkeit und ihren Lebenswillen entgegengebracht wurden.)

Frau Schaper: "Bis eben, bis zu der Verbrennung hin. Da ging es an und für
sich. Sogar sehr gut."

Und auf meinen Hinweis, daß sich der Unfall Jahre nach dem Inzest mit Andrea
ereignete:

"Aber ich meine, nachher auch, wie die weg war."

Hier sieht Frau Schaper einen direkten Zusammenhang zwischen ihrem Unfall
und dem steigenden Alkoholkonsum ihres Ehemannes und diesen wiederum als
Ursache für das Scheitern der Ehe.

"Das Trinken hat er ja erst nach Jahren angefangen. Er hat ja noch nie getrunken
gehabt, soviel jedenfalls nicht. (...) Das fing erst an, kann man sagen, nach meiner
Verbrennung. Da ging das erst richtig los."

"Ich sag' ja, bis zur Verbrennung ging es noch, aber nachher, wo ich die Verbrennung hatte und wieder aus dem Krankenhaus kam, wurde es ganz schlimm."

Es gibt Hinweise im Interview, daß die Deutung Frau Schapers, der Alkoholismus ihres Ehemannes sei als direkte Konsequenz ihres Unfalls aufgetreten, nicht
zutrifft. Es trifft auch nicht zu, daß die Ehe bis zu diesem Unfall durchgehend positiv war.

Für Frau Schaper handelt es sich um zwei verschiedene Geschichten. Wenn sie
von der Beziehung ihres Ehemannes zu Andrea spricht und die Folgen, die daraus
für sie entstanden, entsteht das erste Bild.

Bei der Rekonstruktion ihrer ehelichen Beziehung dagegen bleibt die Beziehung
zu Andrea völlig ausgeklammert. Diese Notwendigkeit zur Verdrängung läßt das
Ausmaß der Katastrophe, die diese Geschehnisse für Frau Schaper bedeuteten,
erahnen. Es gelingt ihr auf diese Weise, sich ein bedeutsames Kapitel ihrer Ge-

schichte, ihre Ehe, zu erhalten. Sie behält eine bestimmte Wichtigkeit in der Beziehung. Sie ist nicht einfach wegen ihrer Tochter verlassen worden.

Obwohl Frau Schaper heute kein Interesse mehr an einer Beziehung zu ihrem geschiedenen Mann hat, ist es sehr wichtig für sie, daß er seinerseits sich noch um sie bemüht. Das erwähnt sie mehrmals. Es ist ihre Entscheidung, die Beziehung nicht mehr aufzunehmen, prinzipiell hätte sie die Möglichkeit dazu.

Anfangs wurde die Frage gestellt, ob die Beurteilung des Inzests und die diesbezügliche Handlungsweise der Frauen mit der Art ihrer Beziehung zu ihren Ehemännern, wie sie vor dem Inzest bestanden in Zusammenhang gebracht werden können.

Es zeigt sich, daß die beiden Frauen, Frau Hofmann und Frau Pape, die ihren Mann entschieden als Inzesttäter verurteilen, bereits vorher keine gute Beziehung zu ihm hatten, vorher schon den Gedanken an Trennung hatten bzw. in Trennung lebten.

Frau Hofmann betont jedoch, das eine habe mit dem anderen nichts zu tun, der desolate Zustand ihrer Ehe habe ihren Entschluß zur Trennung lediglich erleichtert.

Frau Pape greift zur Bewertung des Inzests auf ihre Vorstellungen von weiblicher und kindlicher Selbstbestimmung, auch in der Sexualität, zurück. Sie bezieht zwar ihre persönlichen Erfahrungen mit ihrem Mann mit ein, die die Vorstellung sexueller Übergriffe möglich erscheinen lassen. Eine einfache Ursache - Wirkung - Gleichung in dem Sinne: Negative eheliche Beziehung führt zur Verurteilung als Inzesttäter, läßt sich jedoch nicht erkennen.

Festzuhalten bleibt lediglich die Parallelität der Sicht auf den Mann als Inzesttäter und die gestörte Beziehung zu ihm.

Ebenfalls gibt es eine Parallelität bei Frau Lorenz und Frau Schaper, den beiden Frauen, die über die Qualität der Vater - Tochter - Beziehung unsicher sind. Beide schildern die Anfangszeit mit ihrem Mann als Liebesbeziehung, in die sie viele Hoffnungen und Sehnsüchte legten, die zunächst lebbar schienen, später aber bitter enttäuscht wurden.

Für Frau Lorenz hängt die Enttäuschung mit der Alkoholabhängigkeit ihres Ehemannes und den daraus folgenden Problemen, seiner Gewalttätigkeit und dem Inzest zusammen. Bei Frau Schaper gibt es zwei verschiedene Bilder. Die gute Ehe erscheint einmal durch den Inzest als zerstört, einmal durch Frau Schapers Unfall. Am Schluß steht das letzte traurige Kapitel der Ehe, das durch Gewalt, Alkoholismus und sexuelle Belästigung der Ehefrau und der Tochter gekennzeichnet ist.

Es ist möglich, eine Zerstörung der Beziehung durch den Inzest anzunehmen, anzunehmen, daß der Inzesttäter durch seine Beziehung zur Tochter die zur Mutter zerstörte oder umgekehrt anzunehmen, daß die Tochter der Mutter den Mann wegnahm. Es ist ebenfalls möglich, zu vermuten, daß die Ehe bereits vor der inzestuösen Beziehung nicht mehr zufriedenstellend war. Schließlich kann man annehmen, daß das eine mit dem anderen nichts zu tun hat, jedenfalls nicht im Sinne von Ursache und Wirkung. Die Frauen selbst sind sich über die richtige Deutung unsicher.

Es gibt hier eine auffällige Gleichzeitigkeit, die jedoch nicht zwingend einen in-haltlichen Zusammenhang darstellt.

Bei Frau Mahnke und Frau Böhm bleibt die Rolle des Inzests so unklar wie die gesamte Beziehung. "Etwas" wurde zerstört, was, bleibt undeutlich, am ehesten läßt sich sagen, das "Vertrauen".

Die zweite Frage bezog sich darauf, wie die Frauen ihre Ehemänner als Väter sehen und ob sie bestimmte Signale, die auf Inzest hindeuteten, im Verhalten der Männer hätten wahrnehmen können.

Frau Lorenz, Frau Schaper, Frau Mahnke und Frau Böhm sprechen von einem guten Verhältnis der Männer zu ihren Kindern. Frau Lorenz und Frau Schaper be-tonen die Fürsorglichkeit der Väter auch den kleinen Kindern gegenüber und ihre Beteiligung an der Alltagsarbeit. Gerade die liebevolle Vater - Tochter - Beziehung macht es Frau Lorenz schwer, bestimmte Anzeichen, die sie mißtrauisch machen, zu beurteilen. Frau Pape zeichnet ein Vaterbild, das sowohl positive als auch ne-gative Anteile enthält. Es gibt einen emotionalen Kontakt zwischen Vater und Töchtern, aber keine kontinuierliche Verantwortlichkeit für deren Befinden. Väter-liche Unberechenbarkeit beschreibt auch Frau Hofmann. Sie thematisiert als ein-zige, daß sie das Verhalten ihres Ehemannes, seine Eifersucht nämlich, hätte miß-trauisch machen können. Dies wird ihr aber erst im Nachhinein klar. Hier taucht wie auch bei Frau Lorenz die Frage nach dem "normalen" väterlichen Verhalten auf. Der väterliche Blick auf das Mädchen als Geschlechtswesen, die Ermutigung ihrer sexuellen Ausstrahlung dem Vater gegenüber, väterliche Eifersucht, all das sind ja durchaus Aspekte der normalen Vater - Tochter - Beziehung. Die Grenzen zu sexuellen Übergriffen sind fließend.

Mutterschaft und Mutter - Tochter - Beziehung

Thema dieses Kapitels ist das komplizierte Gebilde "Mutterschaft" in denjenigen Aspekten, die mit dem Inzest in Zusammenhang stehen. Es ist ein dunkles Kapitel der Beziehung zwischen Mutter und Tochter, das sich hier zeigt. Die Bindung erscheint als in hohem Maße irritierbar durch den Mann. Deutlich wird, wie sehr die erwachsene Frau von seiner Bewertung und ebenfalls von der Bewertung der Tochter abhängig ist. Die Tochter soll den Wert der Mutter legitimieren, und zwar durch den Verzicht auf eigene Gefühle und Ausdrucksformen - wobei der Bereich der Sexualität eine wichtige Rolle spielt - und durch kindliche Hinwendung zur Mutter. Beides wird auch und gerade in ihrer verzweifelten Lage der Ausbeutung durch den Vater von ihr erwartet. Besondere Brisanz erhalten die Erwartungen an die Tochter dadurch, daß sie nicht offen formuliert und deshalb auch nicht offen diskutierbar sind, sondern zugedeckt vom Mantel mütterlicher Liebe und Fürsorge. Für Mutter und Tochter bleiben diese Prozesse teilweise unbewußt. Das bedeutet für die Tochter, daß sie weder die Anforderungen und den Verzicht spüren und thematisieren darf, noch die Konsequenzen, die auf Verstöße folgen, begreifen kann. In gewisser Weise schützt, bestätigt, versorgt die Tochter ihre Mutter, ist sie Mutter ihrer Mutter (vgl. Eichenbaum/Orbach, a.a.O.). Die Begriffe "Mutter" und "Tochter" mit ihren selbstverständlichen kulturellen Zuschreibungen verschwimmen bei näherer Betrachtung miteinander: sie erscheinen verknüpft, verstrickt und austauschbar - zusammenzufügen zu dem zwielichtigen Konstrukt "Frau".

Zwei zentrale Begriffe, die für das Verständnis meiner Deutung der Mutter - Tochter - Beziehung wichtig sind, sollen hier eingeführt werden, nämlich "Identifikation" und "mütterliche Praxis".

Den vielschichtigen Begriff der "Identifkation" skizziere ich hier in denjenigen Merkmalen, die im Zusammenhang mit der Mutter - Tochter - Beziehung notwendig sind. Der Prozeß der Identifikation wird meist vom Kind ausgehend beschrieben, es finden sich jedoch auch Hinweise auf seine Übertragbarkeit auf die erwachsene Persönlichkeit (vgl. Balint, 1976, Brandstätter et al., 1977, Eichenbaum/Orbach, a.a.O.).

Die Mutter - Tochter - Beziehung läßt sich mit den Kategorien Brückners (1985) als Beziehung zwischen "identifikatorischer Nähe" und "mißtrauischer Distanz" auffassen. (ebd., S.93). Gegenseitige Liebe scheint an vollkomene Übereinstimmung gebunden, Verschiedenheiten wirken irritierend. Eine Möglichkeit, der bedrohlichen Spannung der Unterschiedlichkeit und Fremdheit zu entfliehen, bietet die Identifikation, ein weitgehend unbewußter Prozeß, bei dem das Subjekt entweder Aspekte seiner Gegenüber in sich hinneinnimmt, verinnerlicht oder umgekehrt sich selbst in andere "hineinversetzt".

Alice Balint (1976) beschreibt die Identifizierung, wie sie sie nennt, ausgehend von der kindlichen Entwicklung als "ein Einverleiben, Assimilieren oder umgekehrt eine Ausdehnung des Ichs" (ebd., S. 85) und weiter als "libidinöse Grundlage des Erkennens und Verstehens im allgemeinen" (ebd., S. 87). Die Basis der frühesten Identifizierungen ist triebhaft, ist "die Art und Weise, auf welche das betreffende Objekt mit den Trieben des Kindes in Verbindung tritt" (ebd., S. 84) .

Die Identifizierung steht "im Dienste des Lustprinzips: einerseits hebt sie die Spannung zwischen Ich und Außenwelt auf, andererseits finden wir in ihrem Mechanismus die Erinnerung an jenes Glück, das wir in unserer Säuglingszeit genossen haben" (ebd., S. 90).

Eingeleitet wird der Identifizierungsprozeß nach Balint in erster Linie dann, wenn einem unangenehmen Eindruck anders nicht begegnet werden kann, wenn Flucht oder Widerstand unmöglich sind. Durch Identifikation mit den Verboten, Geboten oder denen, die sie repräsentieren, einerseits und durch die Projektion der unangenehm gewordenen Teile des Ichs andererseits werden unerlaubte Wünsche oder Gefühle "beseitigt". An der "Wurzel" der Identifikation findet sich also ein feindseliger Impuls, sie ist "die Auflösung eines aggressiven, aufrührerischen Gefühls" (ebd., S. 97).

Von der Identifizierung führt der Weg zur Liebe über die Abgrenzung. "Das Liebhaben selbst ist freilich nicht einfach gleichbedeutend mit Identifizierung, sondern ist einerseits Folge der unmittelbaren Triebbefriedigung, andererseits setzt sie einen Grad des Wirklichkeitssinns voraus, der uns ermöglicht, das Ich von der Außenwelt zu unterscheiden." Dieser Prozeß der Trennung von Ich und Nicht - Ich verläuft auch über die schmerzliche Erfahrung des Mangels, z.B. der Abwesenheit der ersehnten Lustquelle. Die Liebe entsteht durch die Erinnerung an die Befriedigung. "Das Liebhaben ist demnach in seinem Wesen Dankbarkeit, d.h. das Aufrechterhalten der liebevollen Gefühle auch während jener Zeit , da die unmittelbare Befriedigung aussetzt." (ebd., S. 88)

Die Identifizierung, könnte man abschließend sagen, hebt die Spannung zwischen Ich und Außenwelt auf, die die Liebe aushält.

Identifikation hat, in dieser Weise betrachtet, eine widerspruchsvolle Funktion in Beziehungen. Einerseits ist sie eine Grundlage von Verstehen und Liebe, andererseits steht sie in Verbindung mit feindseligen Impulsen, mit der Verdrängung ungeliebter Anteile in sich selbst und anderen, mit der Projektion unannehmbarer Anteile, mit dem Versuch, die eigene Person in anderen wiederzufinden und Unterschiedlichkeiten zu leugnen.

"Zusammenfassend können wir nun sagen, daß die 'Identifizierung' sich nie als direkter Abkömmling des Narzißmus verleugnet." (ebd., S. 109)

Der zweite hier zu klärende Begriff ist der der "mütterlichen Praxis".[1] Ausgehend von Vorstellungen über Mutterschaft, die dem "Irrgarten der Säuglingsphantasien" zu entstammen scheinen, richtet Hagemann - White (1987) den Blick auf "die Versorgungsbeziehung von der Mutter her." "Was bedeutet die Erfahrung, für das Gedeihen und Wachsen eines Menschenkindes verantwortlich zu sein, sich diesem Kind wesentlich und innig verbunden zu fühlen und zugleich an der Gesell-

---

1   Hagemann - White entwickelt diesen Begriff im Anschluß an die Arbeit Ruddicks (1983).

schaft wissend und verstehend teilzuhaben. Welches Modell mütterlicher Macht können wir aus den Erfahrungen, Bedürfnissen und Interessen von Müttern gewinnen? Als Frauen von der Mutter her zu denken, verlangt von uns, die Versorgung von Kindern als eine gesellschaftliche Praxis zu sehen, als einen Teil des wirklichen und kooperativen Handelns, mit dem die Menschen ihr Leben und das der nachfolgenden Generation reproduzieren." (ebd., S. 26). Dieses Handeln und diese Erfahrung nennt Hagemann - White "mütterliche Praxis". Das bedeutet jedoch nicht, "daß sie notwendig dem weiblichen Geschlecht zugeordnet oder der physiologischen Geburt verbunden sein muß" (ebd., S. 26).

Der "mütterlichen Praxis" entspricht "eine spezifische Sicht der Welt, eine von dieser Praxis bestimmte Art zu denken und auch eine moralische Haltung" (ebd., S. 26). Ebenfalls entspricht ihr ein bestimmtes "Erkenntnisprinzip", das Hagemann - White als "Prinzip Bindung" kennzeichnet: "In ihrem Rahmen ist es nicht denkbar, daß Beziehungen erst infolge von Überlegungen und Entscheidungen gebildet und bei Unzufriedenheit wieder gelöst werden können, sondern es gibt eine notwendige Verbundenheit der Menschen miteinander, aus der vielmehr die Frage erwächst, wie damit umgegangen wird." (ebd., S. 28)

Dem realen Leben von Müttern mit Kindern gegenüber und entgegen steht eine "Ideologie von Mutterschaft", ein Sammelbecken der schon erwähnten Säuglingsphantasien mütterlicher Macht und Erfahrungen kindlicher Frustration, die der bösen Absicht der Mutter zugeschrieben werden, ein Wust von Zuschreibungen, Anforderungen, Erwartungen an die "Mutter", die als Person mit eigenen Wünschen und Grenzen verschwindet und zu verschwinden hat.

Dieser "Ideologie von Mutterschaft", die Müttern Eigenschaften wie Selbstlosigkeit und Aufgehen in der Sorge für andere zuordnet und ihnen die volle Verantwortlichkeit für die Entwicklung der Persönlichkeit ihrer Kinder zuweist, sind auch die befragten Frauen teilweise verhaftet.

In ihren Aussagen über sich selbst als Mütter, über ihr Leben mit ihren Kindern und die Beziehung zu ihnen, über ihre Vorstellungen von einer "guten Mutter", über die Aufgaben, die eine Mutter zu erfüllen hat, vermischen sich beide Bereiche: sie sind gleichzeitig Ergebnis der "mütterlichen Praxis" und der verinnerlichten "Ideologie von Mutterschaft". (Beide Bereiche beeinflussen einander sicherlich auch in der Realität.) Anzumerken ist noch, daß die Aussagen der Frauen manchmal den Eindruck nahelegen, "Mutter" und "gute Mutter" seien Synonyme, oder umgekehrt ausgedrückt, eine Frau, die nicht die Aufgaben erfüllt, die einer Mutter zugeschrieben werden, kann den Titel "Mutter" nicht für sich beanspruchen. Das Bündel von Aufgaben und Eigenschaften, das die befragten Frauen jeweils mit "Muttersein" verbinden, nenne ich im folgenden "Mutterrolle".

Das Kapitel ist folgendermaßen aufgebaut: Am Anfang stehen die Konzepte von Erziehung und Mutterschaft, wie sie die Frauen u.a. aus der Reflexion ihrer eigenen Kindheit heraus entwickelt haben und die Bedeutungen von Mutterschaft und mütterlicher Praxis in ihrem Leben.

Das Kernstück bildet die Mutter - Tochter - Beziehung. Was geschieht in dieser Beziehung durch den Inzest bzw. das Wissen darum? Wie ist der Blick der Mutter auf die Tochter? Verändert sich die Beziehung und wenn ja, wie? Welche Elemente der Beziehung sind hilfreich bei der Bewältigung des Geschehenen, welche sind störend, gefährdend? Welches ist, insgesamt betrachtet, die Qualität dieser Beziehung? Welche Bedeutung hat sie bzw. hat ihre Störung durch den Inzest für die Identität der Mutter?

Aus den Gesprächen, aus der Erinnerungsarbeit der Frauen, läßt sich nicht exakt analysieren, wie die Qualität der Mutter - Tochter - Beziehung vor, während und nach dem Inzest aussah. Ich untersuche die Bedeutung des Inzests für die Beziehung an dem Schnittpunkt, wo das Wissen darum plötzlich vorhanden ist, ohne genau den Hintergrund dieses Einschnitts bestimmen zu können. Wo immer möglich, wird jedoch versucht, die verschiedenen Zeitabschnitte zu berücksichtigen.

"Kindheitsmuster" oder: " Meine Kinder sollen es einmal besser haben"

An bestimmten Punkten des Gesprächs nehmen alle Frauen Bezug auf die Erfahrungen ihrer eigenen Kindheit. Bis auf Frau Mahnke führen sie das Thema selbst ein. Die emotionale Verbindung hierzu, die lebendige Gegenwärtigkeit von Erlebnissen, Stimmungen, der Atmosphäre des Zuhauses, werden bei allen spürbar.

Sichtbar ist weiterhin die Wirksamkeit von Strukturen der Kindheit im Erleben und in der Persönlichkeit der erwachsenen Frauen. Vier Frauen thematisieren das ausdrücklich, sie ziehen eine Verbindungslinie von früheren zu gegenwärtigen Erfahrungen und Eigenschaften. Sie gehen davon aus, daß sie als erwachsene Personen von den Einflüssen der Kindheit geprägt sind, im Positiven wie, und das überwiegt, im Negativen.

So antwortet Frau Lorenz auf meine Frage, wie die Beziehung zu ihren Kindern gewesen sei, als diese kleiner waren, ob sie "liebevoll" gewesen sei:
"Ja, liebevoll, ich weiß nicht, liebevoll. Liebevoll kann ich eigentlich erst heute sein.Damals konnte ich das, glaube ich, überhaupt nicht. Da war das also mehr kameradschaftlich. Liebevoll, ich weiß nicht, ich konnte das glaube ich früher überhaupt nicht, also auch so von zu Hause aus nicht. Liebe gab es eigentlich bei uns zu Hause auch nicht. Und wenn du das nicht gelernt hast, dann kannst du das auch nicht weitergeben."
I:"Du meinst jetzt auch, körperlich zärtlich sein und so?"
Frau Lorenz: "Ja. Ja, genau. Das kann ich auch heute erst mit den beiden Kleinen. Ich meine, ich kann Birgit heute auch anfassen und sie in den Arm nehmen und weinen mit ihr und lachen mit ihr. Das konnte ich früher nicht. Da war ich nicht fähig zu. (...) Und ich muß auch sagen, ich bedaure das heute, daß ich das

damals nicht konnte, aber ich konnte es einfach nicht. Aber ich kann mit den Kindern heute darüber reden. Das ist mir sehr wichtig, daß ich das kann."

Oder Frau Hofmann: "Ich meine, was bei mir ein bißchen besser werden könnte, ist vielleicht ein bißchen mehr Selbstvertrauen und Selbstbewußtsein. Also, das weiß ich, daß ich das noch nicht genug habe. Aber das wird wohl kommen mit der Zeit."

I:"Hast du eine Idee, womit das zusammenhängt?"

Frau Hofmann:"Ja, sicher, mit meiner Kindheit. Das ist meine Kindheit, ist das.Und wo sollte ich da Selbstbewußtsein oder Selbstvertrauen aufbauen, wenn ich, wie soll man sagen, praktisch gesehen von allen Seiten unterdrückt worden bin? Wie soll man denn da was aufbauen? Jetzt in meiner Ehe, in meiner zweiten Ehe, war es genauso, daß ich unterdrückt worden bin. Da kann man doch irgendwie kein Selbstvertrauen aufbauen. Das geht doch nicht."

Insgesamt scheint allen befragten Frauen das Wissen um die Wichtigkeit der Kindheit, insbesondere der Erziehung, für die Entwicklung der erwachsenen Persönlichkeit selbstverständlich zu sein. Es ist fester Bestandteil des Nachdenkens der Frauen über sich selbst, über ihre Biographie und, das wird sehr deutlich, über ihr Verhalten den eigenen Kindern gegenüber.

Vier Frauen formulieren den Vorsatz, die Fehler der eigenen Eltern nicht zu wiederholen, den Kindern bestimmte Erfahrungen zu ersparen. Die Kinder sollen es besser haben als ihre Mütter, auch im Hinblick auf ihr späteres Leben als Erwachsene. Die Themen Sexualität und Aufklärung spielen dabei eine Rolle.

So antwortet Frau Hofmann auf die Frage, ob sie mit sexuellen Fragen zu ihrer Mutter gehen konnte:

"Das weiß ich nicht mehr. An und für sich ist meine Mutter in solchen Sachen sehr verklemmt. Ich bin sehr verklemmt großgezogen worden. Wenn im Fernsehen eine Frau angefangen hat, sich den obersten Knopf von der Bluse aufzumachen, dann hat sie schon dunkel gestellt. Das durften wir nicht sehen. Und deswegen habe ich mir auch geschworen, daß meine Töchter freier, daß sie nicht so verklemmt großgezogen werden."

Frau Pape erzählt im Gespräch über ihre Kindheit, daß sie als Folge der häuslichen Situation in der Schule isoliert war. Dann sagt sie:

"Also da paß' ich auf, daß meinen Kindern sowas nicht passiert. Weil, ich kann mich da genau 'reinversetzen. Auch wenn du leistungsmäßig gut in der Schule bist, nützt es dir nichts, wenn du so dem Druck ausgesetzt bist, vom Elternhaus her oder von den Freunden her oder wenn du gar keine hast."

Und in bezug auf Sexualität:

"Ich weiß nicht, ich möchte auch, daß die sexuell total aufgeklärt sind, daß die auch sagen, das möchte ich, und das möchte ich nicht. Und daß es bei ihnen nicht soweit kommt, daß sie sich seelisch unter Druck setzen."

- Wie es bei mir war, könnte man ergänzen. -
Bei Frau Pape ist das Nachdenken über die Erziehung der Töchter im engen Zusammenhang mit eigenen Erfahrungen am ausgeprägtesten. Sie hat sich selbst als
"unselbständig", "doof", "ungebildet" erlebt und formuliert deshalb als Ziel für ihre
drei Töchter eine möglichst umfassende "Bildung", die Fähigkeit, "sich zu wehren,
sprachlich, auch streiten, diskutieren, überzeugen und dies und das.
Aber ich hab' eigentlich auch gemerkt jetzt, mit der Scheidung, das Leben ist eigentlich so ein einziger Kampf. Und ich habe eigentlich dieses Ziel vor Augen, daß
meine Kinder, wenn sie so alt sind wie ich, quasi total auf das Leben vorbereitet
sind."

Frau Schapers erste Liebesbeziehung, die sie im Rückblick als ihre schönste ansieht, scheiterte ihrer Ansicht nach an ihrer Armut. Deshalb versucht sie, ihre Kinder materiell zu versorgen. Sie hat Geld angelegt, über dessen Verwendung sie ge-
naue Vorstellungen hat. Offensichtlich denkt sie dabei vor allem an ihre Töchter.
"Und wer bis dahin (zum Fälligkeitsdatum des Geldes, Anm.d.Verf.) heiraten
sollte oder was oder eine Wohnung hat und möchte sich einrichten, dafür wird das
Geld hingelegt. Und, also keiner kriegt das in die Hände, um das dem Kerl da in
die Hand zu drücken, und dann sitzen sie da und haben nichts, und ich habe auch
nichts. Denn es ist ja mein Geld, wenn man es richtig nimmt. Ich habe es den Kindern zuliebe getan, damit die nicht dasitzen, genau wie ich, und haben kein Bett
und nichts. Ich habe die ersten Jahre auf Stohmatratzen schlafen müssen. Apfelsi-
nenkisten habe ich gehabt als Tisch. Ich weiß, wie es gewesen ist. Drei Jahre, wo
wir nichts hatten. Das sollen unsere Kinder nicht erleben."

In diesen formulierbaren, formulierten und in Teilen auch lebbaren Zielsetzun-
gen drücken sich die erlebten Mängel und Schwierigkeiten der eigenen Kindheit
aus. Ebenso deutlich spürbar werden diese Mängel, vor allem aber die Sehnsüchte
der Kindheit in Bildern mit idyllischen Zügen, die die Frauen entwerfen und die
Wünsche und Sehnsüchte ebenso beinhalten wie reales Erleben. Die "Modelle vom
glücklichen Familienleben" werden z.T. in vielen Einzelheiten ausgemalt, z.T. finden sie sich in Bruchstücken über die Gespräche verstreut.
Frau Lorenz schildert die Anfangszeit ihrer zweiten Ehe als ländliche Idylle mit
einem freien, wenn auch etwas chaotischen Lebensstil. Diese Zeit - es sind nur einige Monate - erscheint ihr heute noch als der Inbegriff glücklichen Lebens, " 'ne
richtig tolle Familie".
"Und dann hatten wir ja unseren Hund, und dann sind wir morgens manchmal
ganz früh aufgestanden und mit dem Hund durch den Park gelaufen, haben den
Sonnenaufgang beobachtet mit den Kindern zusammen. Es war richtig toll irgendwo, so unheimlich viel zusammen gemacht."
Frau Hofmann, aus deren Kindheitsschilderungen das Bild eines einsamen, mit
wenig Liebe aufgewachsenen Kindes entsteht, spricht über ihr Verhältnis zu ihren
Kindern, über das, was sie für eine gute Beziehung hält und zu leben versucht.

"Also, ich habe gesagt, Kinder sind für mich das Schönste und Kostbarste, was es gibt auf der der Welt. Naja, und da zeige ich ihnen meine Liebe und Zärtlichkeit. Wem soll ich sie sonst im Moment zeigen? Also, ich bedauere die Kinder immer, wo die Mütter sie nicht in den Arm nehmen, nicht streicheln usw. Denn ich finde, sowas brauchen die Kinder sehr viel."
- Und ich auch, könnte man hinzufügen. -
Später sagt sie zu der Frage, wann jemand eine gute Mutter ist: "Die Beziehung muß gut sein. Also, wenn auch die anderen Leute diese Strömung zwischen Mutter und Kind merken, dann muß das eigentlich eine gute Mutter sein."
Und Frau Schaper erwidert auf die Frage, was sie ihren Kindern -sie denkt wieder vor allem an ihre Töchter - für die Zukunft wünscht:

Frau Schaper:"Ja, daß sie eben einen guten Mann mitkriegen wie die Astrid auch. (Astrid ist die älteste Tochter Frau Schapers, Anm.d.Verf.) Daß sie mal ein gutes Familienleben haben. Und wenn eben nicht, dann habe ich Pech gehabt."
(Ein "gutes Familienleben" beinhaltet für Frau Schaper einen Mann, der nicht trinkt, materielle Sicherheit, keine Streitereien, einen freundlichen Umgangston, alles das, was Frau Schaper selbst nie hatte.)
Frau Schapers letzter Satz, "wenn nicht, dann habe ich eben Pech gehabt", weist auf etwas hin, das sich auch bei den anderen Frauen erkennen läßt: Die "Familienbilder", ob erwünscht oder gelebt, werden nicht nur für die Kinder entworfen. Die Frauen versuchen hier auch, sich selbst etwas von dem zu schaffen, was für sie Glück ist und was sie in ihrer eigenen Kindheit vermißten. Die Identifikation mit den Kindern spielt dabei eine große Rolle.
Emotionale Nähe zu den Kindern oder zumindest das Bemühen darum gibt es bei allen befragten Frauen, ebenfalls Vorstellungen einer guten Mutter - Kind - Beziehung. In allen Gesprächen taucht in diesem Zusammenhang die Qualität "Vertrauen" auf.

Bei den befragten Frauen handelt es sich, das lassen die Gespräche deutlich werden, weder um gleichgültige noch um unwissende Mütter. Es sind Frauen, die von der Wichtigkeit der ersten Lebensphase überzeugt sind, die ihre Kindheitserfahrungen in das Nachdenken über sich selbst einbeziehen und daraus Ziele für ihre eigene Mutterschaft entwickeln. Bei allen ist der Wunsch vorhanden, ihren Kindern eine möglichst gute Kindheit und Jugend zu ermöglichen. (Hier sei dahingestellt, inwieweit es den Frauen gelingt, ihre Konzepte in die Tat umzusetzen.)
Alle Frauen verfügen ebenfalls über eine emotionale Verbindung zu ihrer Kindheit. Sie erinnern sich nicht nur kognitiv, sondern auch emotional und ihre Gefühle fließen in die Vorstellungen einer guten Mutter - Kind - Beziehung und eines guten Familienlebens ein. Nähe, Zuneigung und Vertrauen sind dabei die für wünschenswert erachteten Qualitäten, wobei nicht alle Frauen sich in der Lage sehen, diesen Qualitäten vollständig gerecht zu werden.

Trotz ihres Wissens, ihrer Bemühungen und ihrer Liebe gelingt es den Frauen nicht, die sexuellen Übergriffe gegen ihre Töchter zu verhindern bzw. ihnen adäquat zu begegnen.

Mutterschaft und mütterliche Praxis als Lebensinhalt

Trotz der Verschiedenheit der konkreten Lebensumstände nimmt die mütterliche Praxis breiten Raum im Leben der befragten Frauen ein und ist die Tatsache, daß sie praktizierende Mütter sind, zentraler Bestandteil ihrer Identität. (Auf dieser allgemeinen Ebene scheint das Geschlecht der Kinder von untergeordneter Bedeutung zu sein.)

In besonderem Maße gilt dies für Frau Hofmann. Daß die Mutter mit ihren Kindern und für diese lebt, bestimmt in vielfältiger Weise ihr konkretes Leben und ihre Identität.

I:"Also die Kinder sind die Personen, die dir in deinem Leben am nächsten stehen?"

Frau Hofmann: "Ja, sicher." (...)

"Bei mir kommen die Kinder zuerst."

I: "Warum?"

Frau Hofmann: "Ja, es sind meine Kinder! Ist das denn nicht normal?"

Daß die Kinder zuerst kommen, das Wichtigste sind, ist eines ihrer Lebensgesetze und daher nicht weiter begründbar. Es ist "normal", gültig, selbstverständlich.

Eine gute Mutter zu sein ist etwas, wofür Frau Hofmann sich selbst anerkennt, wofür sie Anerkennung bekommen möchte und bekommt.

Beim Thema "Selbstvertrauen" und "Interesse an ihrer Person" fällt ihr als erstes ein:

"Worüber ich mich freue, wenn jemand sagt, ich wäre eine gute Mutter oder ich könnte gut kochen."

Auch die Präsentation ihrer Handlungsweise, nachdem sie von dem Inzest erfahren hat, die Geschichte, die sie bei der Kripo, beim Jugendamt, beim Gynäkologen und im Frauenhaus wahrscheinlich in ähnlicher Weise erzählt hat, ist angelegt, sie in erster Linie als Mutter auszuweisen und zwar als verantwortungsbewußte und tatkräftige Mutter.

In ihrem Muttersein grenzt sie sich gegen andere Frauen und gegen eine spezifische Art von "Weiblichkeit" ab:

"Na, er wußte ganz genau, daß bei mir die Kinder vorgehen. Ich bin nicht so wie andere Frauen, die Angst haben, daß sie dann alleine sind und daß der Mann weggeht."

Und an anderer Stelle:

"Deswegen, ich habe ja auch gesagt, ich bin nicht die typische Mutter, die du sonst so hast wahrscheinlich. (...) Also, die Angst jetzt, den Mann zu verlieren oder zu sagen erstmal, die Mädchen spinnen 'rum, sowas gibt es gar nicht. Und ich habe dir ja gesagt, ich habe ein gutes Verhältnis zu meinen Kindern. Und wenn meine Kinder mir sagen, ja, das ist so und so, auch wenn ich den Brief nicht gefunden hätte, und Renate wäre gekommen und hätte gesagt, hör mal, Mama, so und so, hätte ich meiner Tochter geglaubt, sofort."

Die Abgrenzung bezieht sich hier auf eine bestimmte Art der Abhängigkeit vom Mann, die sich in der Angst vor dem Verlassenwerden ausdrückt oder darin, den Mann den Kindern vorzuziehen. Daneben zeigt sich noch eine andere Art von Abgrenzung:

"Also, ich bin nicht unbedingt so, daß ich sage: Ich bin eine Frau! Dafür kann ich nichts, ich hätte auch als Mann geboren werden können. Das ist eine Laune der Natur. Also ich bin nicht unbedingt so wie viele Frauen, so mit den Haaren und muß unbedingt geschminkt werden und muß alles schön angezogen sein nach der neuesten Mode, so bin ich gar nicht. Ich bin nun mal so wie ich bin und fertig, aus."

(Der Kontext ist hier, daß Frau Hofmann begründet, daß sie sich durch den sexuellen Zugriff ihres Mannes auf ihre Töchter als Mutter, nicht als Frau verletzt fühlt.)

Für Frau Hofmann ist ihre Rolle als Mutter eine Möglichkeit, sich gegen andere Frauen und gegen Aspekte der Zumutung "Weiblichkeit" abzugrenzen: Abhängigkeit von Männern, Präsentation als Sexualobjekt. Die Mutterrolle dient damit auch zur Abgrenzung von ihrem Ehemann, von Männern.

(In den Gesprächen finden sich auch Anzeichen für Sehnsüchte nach einer Liebesbeziehung mit einem Mann und danach, sich mit Hilfe der eigentlich abgelehnten Hilfsmittel Frisur und Kleidung als attraktive Frau zu präsentieren, aber es gibt stärker diesbezügliche Abwehr, Ängste und ein Gefühl von Unzulänglichkeit.)

Diejenigen Eigenschaften und Aufgaben, die Frau Hofmann mit ihrer Mutterschaft verbindet, ihre Mutterrolle, bestimmen nicht nur Frau Hofmanns Leben mit ihren Kindern.

Auch im Umgang mit anderen Personen und im Umgang mit sich selbst präsentiert sie sich als eine Person mit mütterlichen Qualitäten: Fürsorge für andere, besonders für Kinder, Hilfsbereitschaft, Genügsamkeit, das Prinzip, eigene Sorgen mit sich selbst ins Reine zu bringen, aber für die Probleme anderer da zu sein.

Sie erhält dafür (manchmal) Anerkennung und Sympathie und eine bestimmte Unsichtbarkeit, Unauffälligkeit als Person. Es ist auch zu vermuten, daß sie ihr eigenes Bedürfnis, Liebe zu bekommen, im Liebegeben lebt.

Hinweise über die Wurzeln ihres Lebenskonzepts finden sich in ihrer Geschichte.

Es gibt noch eine andere Seite ihres Mutterseins: Hier ist der Ort, wo sie ihre Lebendigkeit, ihren Wunsch nach liebevoller Nähe und nach Kontakt leben kann.

Zusammenfassend läßt sich sagen: Mutterschaft ist für Frau Hofmann ein zentraler, wahrscheinlich der wichtigste Bereich ihres Lebens.

Mutterschaft meint für sie ein Leben mit ihren Kindern und für diese, es ist ihr Raum für Lebendigkeit, Emotionalität und Selbstvertrauen und ein Ort, an dem sie Identität gewinnt. Daneben ermöglicht ihr das Muttersein eine Abgrenzung von bestimmten Aspekten von Weiblichkeit. Aus ihrer mütterlichen Praxis erhält sie Wertvorstellungen und klare Handlungsanleitungen, eine Art Leitfaden, der sich auch im Umgang mit dem Inzest bewährt.

Frau Böhm, Frau Mahnke und Frau Schaper betrachten und leben ihre Mutterrolle in der traditionellen Art des Versorgens und Für - die - Kinder - da - Seins.
    Frau Schaper hat zehn Kinder geboren. Zwei sterben im Säuglingsalter, die anderen zieht sie unter ausgesprochen schwierigen materiellen und persönlichen Bedingungen groß. Ob sie sich soviele Kinder gewünscht hat, ob sie sich diese Frage überhaupt gestellt hat, läßt sich aufgrund unserer Gespräche nicht entscheiden. Die Kinder nehmen jedoch den größten Raum in ihrem Leben ein und dies nicht nur, weil die Aufgabe, sie zu versorgen, sie naheliegenderweise sehr beansprucht.
    Frau Schaper hat eine intensive emotionale Bindung an ihre Kinder. Im Gespräch werden insbesondere ihre enge Beziehung zu ihrer ältesten und zu ihrer jüngsten Tochter deutlich. Mit beiden verbringt sie viel Zeit, auf ihre Unterstützung ist sie angewiesen, und sie genießt es, ihre eigenen Wünsche bei den Töchtern erfüllt zu wissen.
    Frau Schaper nimmt ihre "Pflichten" sehr ernst, insbesondere ihre Pflichten als Mutter. Das beinhaltet für sie die Versorgung der Kinder, es heißt, Zeit für sie zu haben und sie nach Möglichkeit vor Gewalttätigkeit zu schützen.
    Aus Geldmangel war sie gezwungen, ihre älteste Tochter eine Zeitlang ins Heim zu bringen. Diese Situation bezeichnet sie als "verrückt".
    "Guck mal, das war ja mit der Astrid auch. Die hatte ich auch schon weggegeben. Weil die unehelich geboren ist. Ich hatte kein Geld für das Mädel. Ja, und was habe ich gemacht? Ich habe sie schneller wiedergeholt, wie einer gucken konnte."
    Dieser Punkt ist für sie sehr wichtig. Die Trennung von ihrer Tochter geschah nur aus ihrer Not heraus. Eine Mutter, die sich freiwillig von ihren Kindern trennt, ist für sie eine "Rabenmutter".
    Solange sie in der Landwirtschaft arbeitet, hat sie wenig Zeit. Trotzdem bemüht sie sich, Gemeinsamkeit herzustellen.
    "Ich war ja, die Kinder sind ja auch fast alleine aufgewachsen. Ich habe mich ja abends, wenn einer von ihnen was auf dem Herzen hatte, habe ich mich mit denen ja immer unterhalten. Jeden Abend. Die Zeit habe ich mir meist noch genommen, denn die Maschinen liefen ja alleine. Dann habe ich mich vorne auf die Treppe gesetzt da im Kuhstall, und wenn einer was wollte oder mit den Hausaufgaben nicht klar kam, da war immer einer, der den Kindern geholfen hat. Eben auch so unterhalten, was den anderen Tag los ist, damit die wußten, wo sie dran waren."
    (Man kann sich vorstellen, daß es hier zwar Raum gab für Alltagssorgen, alltäglichen Austausch, aber keine Gelegenheit für intime Gespräche, wie Andrea sie gebraucht hätte und auch wenig Möglichkeiten für Frau Schaper, Veränderungen an

ihrer Tochter wahrzunehmen. Das übersieht Frau Schaper, wenn sie - als Vorwurf an Andrea- sagt:

"Ich hab' ja immer zu den Kindern gesagt, wenn sie irgend etwas auf dem Herzen haben, sollen sie zu mir kommen, sollen sie mir sagen, was los ist."
     Frau Lorenz und Frau Pape betonen die emanzipatorischen Aspekte ihrer Mutterschaft.
     Für Frau Lorenz ist es wichtig, ihre Mutterrolle erfolgreich auszufüllen. Sie hat klare Vorstellungen von einer positiven mütterlichen Praxis, und sie ist stolz darauf, ihre vier Kinder mehr oder weniger alleine ernährt und aufgezogen zu haben. Für ihr viertes, außereheliches Kind ohne "offiziellen" Vater alleine verantwortlich zu sein, ist für sie ein emanzipatorischer Akt.

     Frau Papes Leben, ihre Befindlichkeit und die Rück- und Fortschritte ihrer persönlichen Entwicklung sind eng mit dem Leben ihrer Töchter verknüpft. Seit der Geburt ihres ersten Kindes hat sie ausschließlich als Mutter und Hausfrau gearbeitet. Die Geburten ihrer Kinder markieren jeweils Veränderungen in ihrem Leben. Für sie selbst verkörpern sie quasi den Anfangs- und den Endpunkt ihrer Ehe.
     Ihre erste Schwangerschaft im Alter von fünfzehn Jahren stellt für Frau Pape den hauptsächlichen Grund für ihre Heirat dar. Sie hat Angst, daß sie ihr Kind sonst nicht behalten kann. Die Entscheidung zu heiraten ist gleichzeitig eine Entscheidung für die Tochter.
     Die zweite Schwangerschaft bricht gleich einer Naturkatastrophe mitten in eine Phase der Zukunftspläne ein. Frau Pape plant eine eigenständige Existenz, Schule, Berufsausbildung und Trennung von ihrem Ehemann.
     "Dann auf einmal war ich mit meinem zweiten Kind schwanger. Das war so ungewollt." Sie fühlt sich "mutlos".
     "Jetzt bist du für dein ganzes Leben beschissen worden, habe ich gedacht. Das Kind wollte ich auch nicht haben zuerst. Wollte es nicht haben, aber wegmachen lassen konnte ich es auch nicht. Naja, hab' total resigniert, jahrelang. Einfach alles ausgehalten, auch mit dem Kind. Und irgendwann konnte ich es auch nicht mehr ertragen."
     (Möglicherweise gab es unbewußte Momente, die Frau Pape einer Schwangerschaft den Ängsten einer ungewissen Zukunft den Vorzug geben ließen.)
     Frau Pape wird schwer krank und während ihrer Krankheit erneut schwanger.
     "Und dieses Kind hat mich wieder stark gemacht. Das war ganz eigenartig. Das eine Kind hat mich resignieren lassen jahrelang, und dieses Kind hat mich total stark gemacht. Das willst du haben."
     Im Gegensatz dazu möchte ihr Mann das Kind aus finanziellen Gründen nicht. Als sie sich bei der sehr schwierigen Geburt im Krankenhaus von ihm im Stich gelassen fühlt - "er ist nämlich der Mann, wenn Ärzte etwas sagen, dann haben die recht" -, er sich gegen sie stellt, wird die Geburt für sie der Anfang der Trennung von ihrem Mann.

Die Qualität der Mutter - Tochter - Beziehung

Alle befragten Frauen berichten von einem guten Verhältnis zwischen ihnen und ihren Töchtern, von einer insgesamt positiven Mutter - Tochter - Beziehung. Frau Hofmann, Frau Pape, Frau Schaper (in bezug auf ihre Tochter Ingrid), Frau Mahnke und Frau Böhm empfinden keine ernsthafte Veränderung, keinen Bruch in der Beziehung als Folge des Inzests. Frau Lorenz und Frau Schaper (in bezug auf Andrea) sprechen von einer dauerhaften Störung.

Was läßt sich über die Qualität der Mutter - Tochter - Beziehung aus der Sicht der Mutter aussagen? Welche Erwartungen gibt es von der Mutter an die Tochter, welche Forderungen, welche Gefühle? In welcher Weise lebt die Mutter ihre Bindung an die Tochter?

Bei Frau Hofmann, Frau Pape und Frau Böhm ist die positive Färbung der Beziehung durchgängig spürbar, sowohl in den Aussagen über das konkrete Alltagsleben als auch in den Beziehungsbildern der Frauen. Alle drei genießen den Umgang mit ihren Töchtern, für alle sind ihre Kinder die wichtigsten Menschen in ihrem Leben.

Bei Frau Hofmann entsteht die positive Qualität der Beziehung aus dem Mutter - Kind - Verhältnis. Die Weiblichkeit der Töchter tritt demgegenüber in den Hintergrund. Die Sexualität der älteren Tochter existiert in der Wahrnehmung der Mutter, seit diese als Elfjährige von ihrem Onkel sexuell belästigt wurde. Daraufhin übernimmt die Mutter die Pflicht der Aufklärung "auf Teufel komm raus". Sexualität erscheint als etwas, das von außen an das Mädchen herangetragen, ihr zugemutet wird, nichts, das zu ihr gehört.

Frau Hofmann geht mit der Weiblichkeit ihrer Töchter ebenso um wie mit ihrer eigenen. Sie betrachtet sie als eine Art notwendiges Übel, eine "Laune der Natur", die irgendwie berücksichtigt werden muß.

Soweit es in den Gesprächen deutlich wird, haben die Töchter bislang Frau Hofmanns Definition der Beziehung und ihrem Umgang mit Weiblichkeit und Sexualität nichts entgegengesetzt. Beide erkennen die Mutter als Mutter an. Das Vertrauensverhältnis ist unangetastet.

Frau Hofmann bemüht sich darum, ihre Töchter als eigenständige Personen wahrzunehmen. Bisher dürfte jedoch identifikatorische Nähe das Verhältnis mehr bestimmen als die Abgegrenztheit eigenständiger Frauen.

Ähnlich scheint es im Verhältnis von Frau Böhm zu ihrer Tochter Martina zu sein. Es gibt Hinweise darauf, daß es Frau Böhm leichter fällt, mit sexuellen Verletzungen der Tochter umzugehen - so erhält Martina nach einer Vergewaltigung die vorbehaltlose emotionale Unterstützung ihrer Mutter - als mit den autonomen, anspruchsvollen Anteilen ihrer Weiblichkeit: daß ihre Tochter ohne sichtbaren Anlaß ihren Freund verlassen hat, ist für Frau Böhm ein Im - Stich - Lassen. Ihr

Mitgefühl ist bei dem verlassenen Mann, nicht bei der kapriziös erscheinenden Tochter.

Die erwachsenen Töchter wünscht sich Frau Böhm als Vertraute. Sie legt Wert auf ihre Unterstützung, aber auch darauf, daß die Töchter ihrerseits ihren mütterlichen Rat einholen.

Bei Frau Pape gibt es sowohl den Blick auf die Töchter als eigenständige Personen als auch die identifikatorische Nähe zu ihnen als Kinder und als Frauen. Formulierbar ist die Ähnlichkeit für Frau Pape im Hinblick auf ihre älteste Tochter.

Frau Pape "Die fängt jetzt erst an, seitdem wir von meinem Mann weg sind und dieser Frust weg ist und alles, jetzt erst fängt sie an so richtig aufzuleben."

I: "Wie du."

Frau Pape: "Ja, ganau wie ich so ein bißchen aufzuleben. In Anna sehe ich auch das Kind, das ich früher war. So vom Gefühl her. Vom schnell Unter - Druck - setzen - Lassen oder vom falschen Mitleid, das sie empfindet."

Ganz deutlich wird die Identifikation in der Situation der sexuellen Übergriffe. Frau Pape fühlt sich in die Situation der Töchter ein, indem sie auf ihre eigenen Erfahrungen Bezug nimmt.

Insgesamt ist, wie bereits angedeutet, Frau Papes Leben eng mit dem ihrer Kinder verknüpft. Schwangerschaft und Geburt der Töchter markieren Krisen in ihrem Leben und gleichzeitig die Konzentration auf die eigene Stärke und Durchsetzungskraft. Schließlich bedeuten Schwangerschaft und die Versorgung der kleinen Kinder, die sie auch nachts in Anspruch nimmt, für Frau Pape Schutz vor sexuellen Kontakten mit ihrem Mann.

Heute ist es Frau Papes Anliegen für sich, sich aus materieller und persönlicher Abhängigkeit zu befreien und zu Selbstbestimmung, Integrität und Würde zu finden. Dasselbe wünscht sie für ihre Töchter. Persönliche Ziele und Ziele für die Töchter sind miteinander verwoben. Es scheint, als könnte Frau Pape, indem sie etwas für ihre Töchter erreicht, sich selbst gewinnen und umgekehrt mit zunehmender Selbstbewußtheit auch die Eigenständigkeit der Kinder ertragen. (Dies wird deutlich, wenn sie über ihr früheres Erziehungsverhalten reflektiert, wo sie aus Unsicherheit heraus dazu neigte, ihre Töchter als Gegnerinnen anzusehen - "Die wollen dich nur ärgern" -, während es ihr heute eher gelingt, auch bei Konflikten auf die Qualität der Beziehung zu vertrauen.)

Wie bei Frau Hofmann und Frau Böhm nehmen auch Frau Papes Töchter ihre Mutter in ihren mütterlichen Aufgaben an. Alle drei Mütter werden von ihren Töchtern als Mütter bestätigt und wenden sich umgekehrt ihren Töchtern in positiver Weise zu. Die Grenzen dieses Verhältnisses wurden bisher nicht "getestet", auch nicht durch den Einbruch der sexuellen Gewalt.

Anders stellt es sich bei Frau Mahnke dar. Frau Mahnke hat, entsprechend ihrer Beziehung zu ihrer eigenen Mutter, ein genaues Bild einer positiven vertrauensvollen Mutter - Tochter - Beziehung, in der bestimmte Themen, "Frauensachen",

ihren Platz haben sollen, wie Schwangerschaft, Abtreibung, Menstruation. Ihre eigenen Töchter, einschließlich Lisa, wenden sich jedoch eher dem Vater zu.
    "Sie (Lisa) hatte ein gutes Verhältnis zu ihrem Vater. Wenn was war, ist sie im-
mer nur zum Vater gegangen. Also, an und für sich, alle Mädchen sind zum Vater
gegangen, wenn sie ein Problem hatten. Also, zu mir sind nur die Jungs gekommen. Ich weiß auch nicht, wie das kam, daß die zum Vater mehr Verständnis hatten
als zur Mutter."
    I: "Hat Sie das gekränkt?"
    Frau Mahnke: "Ein bißchen, ja. Aber man muß ja damit fertig werden."
    Frau Mahnke hat klare Vorstellungen über das Vertrauensverhältnis Mutter -
Tochter, und sie fühlt, das wird deutlich, Sympathie für ihre Kinder. Deutlich wird
auch , daß sie ihre Tochter akzeptiert und es gut mit ihr meint. Diese Prinzipien
und Gefühle werden jedoch nicht in einen lebendigen, direkten Kontakt zu Lisa
umgesetzt. Es gibt keine Hinweise auf eine gelebte vertrauensvolle oder auch kon-
fliktvolle Beziehung, auf eine intensive Beziehung überhaupt zwischen Mutter und
Tochter. Über deren Gefühle und Gedanken kann Frau Mahnke nichts sagen.
    Frau Mahnke wünscht sich von ihrer Tochter Belege von Zuneigung und Kon-
takt, die sie selbst jedoch nicht geben kann. Ihr Mutter -Tochter - Modell erscheint
als formale Struktur, die nicht mit Leben gefüllt wird.
    Auch hier gibt es eine Parallelität zum Umgang mit der eigenen Person. Frau
Mahnke hat bemerkenswert wenig Ausdrucksmöglichkeiten für ihre Gefühle und
wenig Beziehung zu sich selbst. Ihre Gefühle erscheinen ihr im Grunde bedeu-
tungslos gegenüber der Wichtigkeit der Prinzipien, die die Aufrechterhaltung der
Familie erfordern.

    Bei Frau Lorenz und Frau Schaper ist die Gleichzeitigkeit von identifikatori-
scher Nähe und mißtrauischer Distanz deutlich sichtbar. Frau Schaper verteilt die
Gefühle von Nähe und Distanz auf drei Töchter, Frau Lorenz lebt beides in der Beziehung zu ihrer Tochter Birgit.
    Über die Zeit vor dem Inzest sagt Frau Schaper in bezug auf Andrea wenig, nur
daß das Verhältnis "normal" und "gut" gewesen sei und sich nicht von dem zu den
übrigen Kindern unterschied. Aus Frau Schapers heutiger Sicht erscheint Andrea
als Verkörperung negativer Weiblichkeitsaspekte: offen ausgedrückte provozierende Sexualität, Verrat an der Mutter, emotionale und sexuelle Hinwendung zum
Vater. In einer engen Bindung, in der Identifikation mit den Töchtern eine große
Rolle spielt, lebt Frau Schaper dagegen mit zwei anderen Töchtern, der ältesten
und der jüngsten. Die älteste lebt das Familienleben, das Frau Schaper sich für sich
immer gewünscht, aber nie gefunden hat. Die jüngere Tochter wird von Frau Schaper versorgt, beschützt, verwöhnt. Frau Schaper lebt jetzt nur noch mit zwei Kindern, sie hat endlich Zeit, sich intensiv um sie zu kümmern. Aus Frau Schapers eigener Geschichte heraus könnte man annehmen, daß sie hier auch eigene Wünsche
nach Fürsorge, Schutz und Verwöhnung auslebt, die ihr weder als Kind noch als
Erwachsene erfüllt wurden.

Beide Töchter anerkennen Frau Schaper als Mutter und in ihrer Definition von "Weiblichkeit". Beide verurteilen die Handlungsweise von Andrea. Die älteste Tochter lebt das von der Mutter als richtig empfundene Frauenleben, die jüngste präsentiert sich als "Kind" in der Augen der Mutter, indem sie keinerlei Interesse an Männern, Discos etc. bezeugt. (Frau Schaper hat ihr angeboten, sie zur Diskothek zu begleiten und außen, in sicherer Nähe auf sie zu warten.) Es ist spürbar, wie wichtig die enge Mutter - Töchter - Bindung für Frau Schapers Leben ist.

Frau Lorenz sieht in ihrer Tochter das Kind, die Konkurrentin, die solidarische Freundin und die Verräterin der Solidarität. Alle drei Beziehungsmuster und die damit verbundenen Selbstbilder als Mutter, Geliebte und Frau sind mit Herrn Lorenz verknüpft: in der Gefährdung durch ihn, im Kampf um ihn, im Bündnis gegen ihn. Er erhält eine Schlüsselrolle in der Mutter - Tochter - Beziehung und in der Konstruktion des Selbstbildes von Frau Lorenz. (Ein wirkungsvolles Instrument der Einflußnahme, das ihm zur Verfügung steht, ist der sexuelle Zugriff auf die Tochter.)

Als Beispiel stelle ich hier die Situation nach einer Trennung von Herrn Lorenz dar. Frau Lorenz erlebt diese Situation als sehr schwierig. Sie sieht sich vor zahlreiche materielle und seelische Probleme gestellt. Sie entwickelt eine Art "Familienmodell" für sich und ihre Kinder, bei dem "Typen total außen vor sind" , eine Vorgabe, an die zwar sie selbst sich hält, nicht aber Birgit, die weiterhin Männerbeziehungen lebt.

Insbesondere dient das "Familienmodell ohne Mann" als Schutz gegen Herrn Lorenz. Als Birgit wieder Kontakt zu ihm hat, empfindet Frau Lorenz das als Verrat.

"Da hatte ich das Gefühl, daß sie mich irgendwie verrät. Daß ich gesagt habe, so, wir sind jetzt im Frauenhaus gewesen. Wir sind jetzt eine Familie. (...) Ich bin jetzt da und schütze euch alle. Aber ihr müßt mithelfen. Ohne eure Hilfe kann ich euch nicht schützen, und ihr könnt mich nicht schützen. So ein Familienverband, wo wir wirklich echt zusammenhalten gegen einen Mann,der also alle möglichen Terrorarten versucht. Und sie bricht da auf einmal wieder aus."

Frau Lorenz fordert hier die "Gemeinschaft der Frauen" gegen einen Mann ein, dem sie große Macht zuschreibt.

Die Erwartung an die Solidarität der Tochter wird noch an anderer Stelle sichtbar.

"Sie hat also gesehen, daß ich also regelmäßig verprügelt worden bin. Und (...) hat da irgendwo nichts dagegen getan."

Was hätte sie tun sollen?

Frau Lorenz verweist darauf, daß Birgit auch nach der Trennung "nichts dagegen getan" habe, d.h., daß sie wieder Kontakt zu ihrem Stiefvater aufnahm.

Insgesamt bereitet Birgits ambivalentes Verhältnis zu ihrem Stiefvater Frau Lorenz große Schwierigkeiten.Sie sucht weiterhin den Kontakt zu ihm, obwohl sie

weiß - und ihre Mutter sie warnt -, daß sie neuen Belästigungen ausgesetzt sein
würde.

"Sie ist ja immer wieder hingegangen. Da kam so 'ne Verständnislosigkeit auf."

"Und irgendwie paßt das auch alles nicht zusammen. (Hier beschreibt Frau Lorenz noch einmal ausführlich Birgits Rivalität zu ihr, ihre enge Beziehung zu ihrem
Vater. Anm. d. Verf.) Und auf der anderen Seite, wenn ich dann gesagt habe, ich
kann nicht mehr, ich will nicht mehr, dann hat sie trotzdem immer gesagt, gut, ich
komme mit."

Bemerkenswerterweise übersieht Frau Lorenz hier, daß sie umgekehrt selbst
nach genau dem gleichen Muster lebt: Auch sie versucht, eine gute Beziehung zu
ihrer Tochter aufrechtzuerhalten, auch sie spürt gleichzeitig Abwehr und Anziehung gegenüber Herrn Lorenz, und sie bemüht sich, dies alles zu integrieren. (Mit
ähnlichen Schwierigkeiten wie ihre Tochter.)

Als Konsequenz aus vielen Erfahrungen gegenseitiger Verletzung und Konkurrenz versucht Frau Lorenz heute, sich von ihrer Tochter abzugrenzen, sich einen
unabhängigen "eigenen Lebensbereich" zu schaffen.

"Daß da irgendwo so eine Grenze geschaffen ist. Daß also jeder weiß, wie weit
er zu gehen hat und den anderen also respektiert."

Vor allem ist es für Frau Lorenz auch heute noch nur mühsam auszuhalten, daß
ihre Tochter zwar "mit allen möglichen Leuten" über ihre Geschichte spricht,aber
nicht mit der Mutter. Birgit wirft ihrer Mutter zwar vor, die Schuld an dem Geschehenen zu tragen, entzieht sich aber im übrigen der Kommunikation mit ihr und
lehnt alle diesbezüglichen Vorschläge Frau Lorenz' - Gespräche, eine gemeinsame
Therapie - ab.

"Irgendwo hat sich da etwas verkapselt bei ihr."

Frau Lorenz versucht auch hier, sich selbst zu mehr Gleichgültigkeit zu erziehen
-"Es interessiert mich immer weniger" - und die Ablehnung der Tochter ihrer müt-
terlichen Hilfe gegenüber zu ertragen. Es ist jedoch spürbar, wie schwer ihr dieses
Bemühen um innere und äußere Distanz und das Eingeständnis ihrer Grenzen als
Mutter falle.

Der Einbruch des Inzests in die Mutter - Tochter - Beziehung

Frau Hofmann zieht aus ihrem Wissen um den Inzest sofort Konsequenzen. Die für
sie persönlich schwerwiegendste ist sicherlich ihre Entscheidung, sich scheiden zu
lassen. Sie sieht dies als bewußte Entscheidung für ihre Kinder an. Ihr Wissen
macht sie nicht handlungsunfähig. Ihre Beurteilung der Tat ist klar. Sie selbst fühlt
sich von der Handlungsweise ihres Mannes vor allem als Mutter betroffen.

"Ich fühl' mich nicht als Frau, ich fühl' mich als Mutter verletzt. Daß er sowas
mit meinen Kindern macht."

Hier zeigt sich zum einen eine Nähe zu den Töchtern, die, negativ betrachtet, durchaus als Enge und Besitzanspruch gefaßt werden könnte. Worauf es mir hier jedoch ankommt, ist die Perspektive, von der aus Frau Hofmann denkt, fühlt und handelt. Sie fühlt sich selbst in erster Linie als Mutter angesprochen. Umgekehrt ist ihr Blick auf die Töchter der einer Mutter auf ihre Kinder, die ihren Schutz und ihre Solidarität benötigen. Diese Haltung Frau Hofmanns zieht sich einheitlich und klar durch die Gespräche. Weder das Alter des betroffenen Mädchens (sie ist sechzehn) noch deren sexuelle Neugierde, die sie zunächst mit der Annäherung ihres Stiefvaters einverstanden sein ließ, noch ihr jahrelanges Zögern, ehe sie sich an ihre Mutter wandte, noch die Tatsache, daß sie nicht die leibliche Tochter des Täters ist, ändern etwas daran. Frau Hofmann zweifelt die Geschichte ihrer Tochter als die eines Mädchens, deren Unwissenheit, Neugierde, Angst und Abhängigkeit ausgenutzt wurden, nicht an. Dasselbe gilt für die jüngere leibliche Tochter von Herrn Hofmann.

Die Teilhabe an Sexualität mit ihrem Ehemann verändert die Zuneigung Frau Hofmanns zu ihren Töchtern nicht. Sie erahnt jedoch die Gefährdung der Beziehung, die darin liegen könnte. Sich in die Lage ihrer Töchter versetzend, glaubt sie, daß beide Angst haben, ihre Mutter durch zu deutliche Aussagen zu verletzen, eine Ansicht, der Frau Hofmann selbst nahesteht. Sie selbst empfindet bei der Vorstellung von Sexualität zwischen ihrem Mann und ihren Töchtern starken Ekel. Sie fürchtet - auch hier ist es mehr eine Ahnung als eine formulierte Überzeugung -, derartige Bilder könnten sich zwischen sie und ihre Kinder schieben, gerade auch in die zärtliche körperliche Beziehung, wenn sie ihnen zuviel Raum gibt. Frau Hofmann achtet die Distanz, die alle drei Beteiligten benötigen, wenn sie ihre Liebe zueinander nicht irritieren wollen.

Der schwierigste Punkt für sie ist, daß ihre Tochter solange gezögert hat, ihre Hilfe zu suchen.

"Ich habe gesagt, warum bist du nicht zu mir gekommen? Oder, warum seid ihr nicht zu mir gekommen? Sag' ich, ich bin jetzt wirklich böse auf euch und traurig. Mensch, habt ihr kein Vertrauen zu Mama oder was? Ich hab' die Kinder nicht wegen dieser sexuellen Betätigungen mit meinem Mann ausgeschimpft, sondern weil sie nicht zu mir gekommen sind. Also, ich bin auch heute noch sauer auf meine Kinder, daß sie das nicht gemacht haben. Ich bin irgendwie traurig."

Sie hat für sich jedoch eine Erklärung für dieses Verhalten in der Scham der Kinder und in ihrer Angst vor ihrem Vater gefunden.

"Die haben ja eine riesengroße Angst vor meinem Mann."

Eine Angst, die Frau Hofmann versteht und teilt.

Frau Pape vertraut ebenfalls den Informationen ihrer Tochter und ihrer eigenen Intuition. Auch sie hat ein klares Ziel, nämlich, dem Ehemann die Gesellschaft ihrer Tochter zu entziehen und so den Inzest zu stoppen, und sie handelt umsichtig und entschlossen. Die persönlichen Konsequenzen ihres Handelns, ihrer Flucht ins

Frauenhaus und der Veröffentlichung des Inzests während des Sorgerechtsverfahrens, nimmt sie in Kauf.

Wie bei Frau Hofmann und mit fast denselben Worten ausgedrückt, gibt es auch hier das Motiv, als Mutter die Kinder zu schützen.

"Also mich hat es stark gemacht, ich hatte ein Ziel vor Augen, daß ich sagen konnte, also, das machst du nicht mit meinen Kindern."

Sie fährt fort:

" Was du jahrelang mit mir gemacht hast und mir eingeredet hast, was ich ja auch geglaubt habe, daß ich verrückt bin in diesen Sachen. In sexuellen Sachen so und daß es in Wirklichkeit ja nur er war. Er sieht so harmlos aus, treu und was weiß ich."

Und weiter:

"Daß er diese Spiele mit meinen Kindern nicht machen kann. Das hat mich so stark gemacht. Das war eigentlich mein Ziel auch, daß ich meinen Kindern das ersparen wollte. Ich meine, Psychoterror kann man ja mit Kindern noch mehr machen."

Frau Pape geht davon aus, daß ihr Mann körperliche und seelische Macht ausübt, und zwar die Macht eines Vaters über seine Tochter und die Macht eines Mannes über eine Frau. Die Ähnlichkeit, die sie zwischen sich selbst und ihren Töchtern wahrnimmt, bezieht sich sowohl auf deren Kind - Sein (an einigen Stellen bezieht sie sich ausdrücklich auf sich selbst als Kind) als auch auf ihr Geschlecht, ihr Weiblich - Sein (so bejaht sie ausdrücklich meine Frage, ob sie ihre sexuellen Erfahrungen mit ihrem Mann und die ihrer Tochter gleichsetze).Wenn Frau Pape ihre Kinder unterstützt, so unterstützt sie einerseits als Mutter ihre Kinder, andererseits als Frau andere Frauen.

Ihre Mittel dazu sind, sie ernstzunehmen, sie als glaubwürdig zu betrachten und sie dem Einfluß des Täters zu entziehen, sie "aufzuklären", auch über die eigenen Rechte, ihnen zu Bildung zu verhelfen, damit sie in der Lage sind, sich zu artikulieren und zu wehren. In allen Aussagen schimmert der Wunsch durch, sich selbst und ihre Töchter sich zu selbstbestimmten und ihrer Rechte bewußten Persönlichkeiten entwickeln zu lassen.

(Kein Zufall ist es sicher, daß sich in der Zeit der Trennung von ihrem Mann auch Frau Papes Beziehung zu ihrer eigenen Mutter verändert.

"Und da hatte ich dann, entwickelte sich dann auch 'ne gute Beziehung zu meiner Mutter."

Diese kommt auf Frau Papes Initiative zustande, die das Gespräch mit ihrer Mutter sucht.

"Daß mich alles so niederdrückte, was er machte. Daß ich zum erstenmal was erzählt habe, überhaupt mal was erzählt hab.'"

Von ihrer Mutter braucht und erhält sie die Bestätigung, daß ihre Gefühle berechtigt sind.)

Soweit es in den Aussagen deutlich wird, verändert sich die liebevolle Beziehung zwischen Frau Pape und ihrer Tochter durch den Inzest nicht. Frau Pape hat von der Fünfjährigen keinen Widerstand gegen ihren Vater erwartet. Sie ist im Gegenteil erstaunt darüber, wie früh das Mädchen über ihre Erlebnisse zu sprechen beginnt.

Auch für Frau Mahnke und Frau Böhm resultiert nach ihren Aussagen aus dem Vorgefallenen keine Verschlechterung in ihrer Beziehung zu ihren Töchtern. Frau Böhm nimmt den Vorfall nicht wichtig. Ihre Gefühle richten sich gegen den Mann. Die Tochter wird von ihr als Kind angesehen, die, gerade, weil sie noch ein Kind ist,den Vorfall nicht einzuschätzen weiß und ihm eine nicht vorhandene sexuelle Bedeutung gibt. Als Kind erhält sie insofern Unterstützung, als Frau Böhm ihren Freund zur Rede stellt und ihm vorwirft, das Mädchen "erschreckt" zu haben. Danach ist das Ganze für Frau Böhm erledigt. Es ist kein Thema mehr zwischen Mutter und Tochter.

Für Frau Mahnke ist klar, daß ihre Tochter ein Kind ist, das die Sexualität mit dem Vater nicht gesucht hat und sie als "unangenehm" empfand. Sie sieht keinen Grund für Vorwürfe oder negative Gefühle gegen die Tochter aufgrund deren sexueller Beziehung zu ihrem Vater.

"Nein, gar nicht. Weshalb sollte ich sie denn zurückstoßen oder was. Nein, das habe ich nicht gemacht."

Was Frau Mahnke trifft, ist, daß ihre Tochter sie nicht ins Vertrauen gezogen hat und auch weiterhin nicht mit ihr über den Inzest spricht. "Sie hat mir ja nichts davon gesagt", wiederholt sie gleich einer Beschwörungsformel immer wieder während des Gesprächs.Es ist ihre erste Reaktion auf die Tochter, als sie von dem Inzest erfährt -

"Und als sie dann wiederkam , da hab ich gesagt, hör mal, sag' ich, weshalb hast du mir nichts davon erzählt?" -, und es ist das, womit sie sich bis heute beschäftigt.

Frau Mahnkes Betonung dieses Punktes weist auf ihre Kränkung als Mutter hin. Sich der Mutter anzuvertrauen, ist für Frau Mahnke sozusagen die erste töchterliche Pflicht, es ist untrennbar mit ihrer Vorstellung einer guten Mutter - Tochter - Beziehung verbunden.

"Dann hätte sie es mir doch sagen können, dann hätte ich mit ihr darüber gesprochen."

Und auf meine Frage, ob sie sich nicht vorstellen könne, daß Lisa, die sehr an ihrem Vater hing, sich in einem Konflikt befand, der die Elfjährige überforderte, antwortet sie:

"Naja, das auch. Aber das hätte sie doch trotzdem sagen können. Denn ich meine, mit sowas kommt man ja zur Mutter."

Hier läßt sie keinen Einwand gelten. Sie stellt sich auch nicht die Frage, ob die Qualität ihrer Beziehung zu Lisa ihre hohen Erwartungen erfüllen kann. Sie hat keine weitere Begründung. Es handelt sich sozusagen um eine Grundregel der Mutter - Tochter -Beziehung: Mit "sowas" geht die Tochter zu ihrer Mutter und macht es dieser dadurch möglich, ihre Mutterrolle auszufüllen. Die Forderung nach einem Vertrauensverhältnis dient hier in erster Linie den Interessen der Mutter, nicht denen der Tochter.

Für Frau Lorenz und Frau Schaper (im Hinblick auf die Tochter Andrea) verändert sich durch die Sexualität zwischen Mann und Tochter bzw. durch ihr Wissen darum die Mutter - Tochter - Beziehung in dramatischer Weise. Für Frau Schaper steht am Ende die bis in die Gegenwart reichende Trennung von ihrer Tochter. Frau Lorenz und Birgit können ihre Beziehung nur unter erheblichen Schwierigkeiten und dem Bemühen um Distanz fortsetzen.

Frau Lorenz und Frau Schaper sind Frauen, die einerseits ihre Töchter unterstützen und sich mit ihnen solidarisch zeigen, die sie andererseits aber auch alleine lassen, beschuldigen, verraten. Bei Frau Lorenz geschieht beides in jeweils verschiedenen Phasen ihrer Beziehung zu ihrer Tochter Birgit, bei Frau Schaper gibt es eine Teilung: Während die ältere Tochter als Schuldige bzw. Mitschuldige an dem Inzest bezeichnet wird und alleine bleibt, erhält die jüngste Tochter die Hilfe ihrer Mutter. Das liebevolle Verhältnis zwischen beiden bleibt bestehen.
Wie sind diese Unterschiede zu erklären? Und wie erklären sich die Ähnlichkeiten der beiden Frauen in diesem Bereich, die ansonsten verschiedene Konzepte von Mutterschaft haben und Mutterschaft in anderen Bereichen anders leben?
Zunächst zu Frau Lorenz. Hier sei noch einmal daran erinnert, daß Frau Lorenz mehrere Jahre lang kein sicheres Wissen über die Existenz der inzestuösen Beziehung hat und nur unzureichende Möglichkeiten, sich dieses Wissen zu verschaffen. Sichtbar werden für sie zum einen das veränderte Verhalten ihrer Tochter ihr gegenüber, ihre Aggresivität und ihr Rückzug aus der vorher bestehenden Vertrautheit, ihre Hinwendung zum Vater und zum zweiten die in Frau Lorenz' Wahrnehmung liebevolle Vater - Tochter - Beziehung. Diese Beziehung empfindet sie als Bündnis gegen sich.
"Die haben also beide gegen mich gekämpft. Beide im Verbund, praktisch."
Ebenso betrachtet sie das Verhalten ihrer Tochter als Angriff gegen sich und ihre Stellung in der Familie.
"Sie reagierte eigentlich auch gar nicht wie ein Kind. (...) Wie ein Erwachsener, daß ich eigentlich zum Kind runtergestuft wurde."
Vor allem fühlt Frau Lorenz sich ausgeschlossen und hat Verlustängste.
"Ja, die nahmen mir jetzt beide etwas weg oder so. Also praktisch jetzt: sie geht aus meiner Zuneigung und er eigentlich auch. (...) Die nehmen mir einfach die Zuneigung, die ich zu beiden hatte. (...) Ja, eigentlich, die brauchen sie nicht mehr, weil sie es gegenseitig haben können."
I.:"Die brauchen dich nicht mehr."
Frau Lorenz:"Genau."
Die Tochter wird mächtig, weil sie den Mann als Mann und als Vater auf ihrer Seite hat. Sie erscheint fast durchgängig als die Aktive, diejenige, von der die Rivalität ausgeht. Frau Lorenz verliert ihren Stellenwert in der Familie. Sie wird entwertet als erwachsene Frau in der Familie, als Geliebte und nicht zuletzt als Mutter.

Zusammenfassende Betrachtung

In dieser Studie bin ich der Frage nachgegangen, in welcher Weise sich Frauen die Realität der inzestuösen Beziehung zwischen ihrem Ehemann und ihrer Tochter aneignen (können), wie sie sie bewerten, wie sie handeln. Dies ist auch die Frage nach den vorhandenen kulturellen Vorstellungen zur Definition und Bewertung von Inzest als Form einer sexuellen Beziehung zwischen einem Erwachsenen und einem Kind, in diesem Fall einem Mann und einem Mädchen, einem Vater und seiner (Stief-)Tochter.

Deutlich wurden die enormen Probleme des Aneignungsprozesses und des Handelns, die in ihrer Schärfe den Charakter von "Aneignungsverboten" aufweisen. Diese zeigten sich in den Schwierigkeiten der Frauen, Irritationen hinsichtlich der Vater - Tochter - Beziehung bzw. hinsichtlich des Verhaltens von Mann und Tochter zu deuten. Sexuelle Ausbeutung des Mädchens durch den Vater kam für sie als Deutungsmöglichkeit nicht oder spät - erst bei nicht anders interpretierbaren Zeichen - in Betracht. Den befragten Frauen fiel es schwer oder war es nicht möglich, das Gespräch mit der Tochter zu suchen (und umgekehrt), weder zur Klärung ihres Verdachts noch zur Bewältigung ihres Wissens um den Inzest. Es war ihnen auch nicht möglich, bei anderen Personen Unterstützung zu suchen, dies überhaupt in Erwägung zu ziehen. Die eigenen Gefühle hinsichtlich des Inzests blieben ihnen ebenfalls nur schwer zugänglich. Es gibt Hinweise für tiefe und intensive Gefühle, die aber nicht zugeordnet und integriert werden konnten. Ebenso schwierig stellte sich der Zugang zur Emotionalität der Tochter dar. Schließlich zeigten sich die Schwierigkeiten des Aneignungsprozesses in den Problemen der Frauen, ihre Männer als Gewalttäter anzusehen, überhaupt das Gewaltförmige der Beziehung wahrzunehmen. Die Täter selbst standen als Gegenüber für eine Auseinandersetzung nicht zur Verfügung.

Als gemeinsame Wurzeln der Schwierigkeiten können die Verbote, die sexuelle Gewalttätigkeit des Vaters/Ehemannes und die Verletzungen der Tochter/Frau, die (sexuelle) Entsubjektivierung der Frau durch den Mann, die Verletzung ihrer Identität wahrzunehmen und zu thematisieren, angesehen werden. Diese Verbote haben Tabucharakter. Der Inhalt dieser Tabus steht im Gegensatz zum "Inzesttabu", dessen Grundlage die Entsubjektivierung der Frauen darstellt.

Als Konsequenz der Schwierigkeiten des Aneignungsprozesses war es für keine Frau möglich, ein vollständiges Bild des Inzests zu erhalten, weder eine Kenntnis der Fakten noch eine Kenntnis der psychischen Folgen für ihre Töchter und für sich selbst. (Auch die "Täterseite" blieb für sie unzugänglich, hier waren sie auf ihre eigenen Spekulationen über Motive und Gefühle angewiesen.) Eine solche Kenntnis wäre die Voraussetzung einer wirklichen Klärung der Beziehung zur Tochter und zum Ehemann und die Vorraussetzung einer Klärung der Auswirkungen auf die eigene Person, die eigene Identität. Nur als Folge dieser Klärung könnten die Frauen Möglichkeiten eigener Verarbeitung und Unterstützung ihrer Töchter entwickeln.

Die Sexualitätskonzepte der Frauen waren von der Vorstellung eines Subjekt - Objekt - Verhältnisses zwischen Mann und Frau gekennzeichnet. Männer erscheinen als Repräsentanten sexueller Energie. Mit Hilfe ihrer sexuellen Triebhaftigkeit dominieren sie die sexuelle Interaktion; gleichzeitig sind sie ihren Trieben ausgeliefert. Daß ihr sexuelles Begehren sich auch auf die Tochter bzw. Stieftochter richten kann, liegt für die Frauen innerhalb des Normalbereichs männlicher Natur. Gemäß dieser Muster vermuteten die Frauen vor allem sexuelle Motive bei den Tätern. Diese sexuellen Motive bieten Ansatzpunkte für Verharmlosung, Neutralisierung der Übergriffe.

Die Aufgabe von Frauen ist es, männliche Sexualität zu kontrollieren, wobei es zur Männlichkeit gehört, sich nie vollständig kontrollieren zu lassen. Ein wichtiger Bestandteil der Kontrolle besteht in der sexuellen Versorgung. Über die Ausrichtung auf die männliche Sexualität hinaus fiel es den Frauen schwer, etwas über weibliche Sexualität zu sagen. Ihre Konzepte und ihre Erfahrungen schränken die Möglichkeiten sexueller Entwicklung ein. Sich die eigene Sexualität anzueignen, eigene Wünsche und Forderungen, Begehren, eigene Lust und Unlust, eigene Ausdrucksformen, all dies ist für die befragten Frauen ein schwieriger oder sogar ein verbotener Prozeß.

Aus den Angaben der Frauen lassen sich keine Bilder eines "typischen" Täters oder einer "typischen" ehelichen Beziehung oder Vater - Tochter - Beziehung erkennen. (Allerdings gibt es Anhaltspunkte für die geläufigen Stereotype der Inzestliteratur: das Stereotyp von der Parallelität von Unterstützung der Tochter und negativer ehelicher Beziehung und umgekehrt Beschuldigung der Tochter bei einer emotionalen Bindung der Ehefrau an den Täter, die Vorstellung vom Zusammenhang von Alkohol und Übergriffen auf die Tochter, von Gewalttätigkeit und sexueller Ausbeutung, von unbefriedigender ehelicher Sexualität und Zugriff auf die Tochter.)

Ebensowenig läßt sich eine einheitliche oder besondere Mutter - Tochter - Beziehung feststellen. Die Frauen erscheinen weder als gleichgültige oder lieblose Mütter noch als ungewöhnlich besitzergreifend oder ausbeuterisch. Für alle ist die Beziehung zu ihrer Tochter wichtig. Spürbar wird, daß die Frauen große - z.T. unbewußte und unerfüllbare - emotionale Erwartungen an die Töchter in die Beziehung hineintragen - und entsprechend bittere Entäuschung fühlen, wenn sie nicht erfüllt werden. Die Mütter benötigen die Liebe, Anerkennung, Unterstützung, Solidarität und die Ähnlichkeit der Töchter. (Ähnliches dürfte auf der Seite der Töchter zu finden sein.)

Soweit sich das in den Gesprächen feststellen ließ, ist die Sexualität - als Wunsch, als sinnliche Erfahrung, als Ort sozialer Wertsetzung - ein schwieriger, bedrohlicher und deshalb tendenziell vermiedener, ein sprachloser Bereich in der Mutter - Tochter - Beziehung.

Die sichtbare Sexualität der Tochter und ihre Anziehungskraft für den Vater, der sexuelle Zugriff des Mannes auf die Tochter, irritierte in hohem Maße die Mutter -

Tochter - Beziehung und das Selbstbild der Mutter. Die Frauen fühlten Verunsicherung, Entwertung, Versagen als Frau und als Mutter.

Den Frauen standen Konzepte zur Verfügung, mit Hilfe derer die sexuelle Beziehung zwischen einem Vater/Mann und (s)einem Kind betrachtet werden konnte. Sie wurde als Übergriff angesehen, als unberechtigt, wenn auch erklärbar aus der sexuellen "Natur" des Mannes heraus, und die Frauen leiteten aus ihrer Kenntnis die mütterliche Pflicht ab, ihrem Kind zu helfen.

Jedoch versagten diese Konzepte, wenn das Geschlecht der Tochter in den Mittelpunkt der Überlegungen rückte. Wenn die Tochter als Frau angesehen wurde, als Person mit weiblicher Identität und Sexualität - auch im von der Frau imaginierten Auge des männlichen Betrachters -, verwischten sich die Beurteilungsmaßstäbe. In den vorfindbaren Bildern von Weiblichkeit und Männlichkeit, weiblicher und männlicher Sexualität, von den (Liebes-)Beziehungen zwischen den Geschlechtern und von der Beziehung zwischen Mutter und Tochter fanden die Frauen keine Kriterien zur Beurteilung der inzestuösen Beziehung, die es ihnen möglich gemacht hätte, ihre Tochter als schützenswerte oder der Hilfe bedürftige Person zu betrachten. Vielmehr legten die Bilder Deutungen nahe, den Inzest zu verharmlosen, den Täter zu entschuldigen bzw. die Tochter zu beschuldigen.

Es ließ sich keine klare Trennlinie zwischen "normalen" und gewaltförmigen sexuellen Beziehungen zwischen den Geschlechtern ziehen, zwischen "normaler" und gewaltförmiger männlicher Sexualität und "normaler" und unterworfener weiblicher Sexualität. Weibliche Sexualität, die eigene wie die töchterliche, die gelebte wie die phantasierte, die richtige wie die falsche, die, die in Beziehungen zu Männern eingebracht wird oder werden darf, die, die eine Frau als Frau ausweist oder dies nicht tut, erwies sich insgesamt als komplizierter und instabiler Bereich, in dem sich die Frauen mit großer Unsicherheit bewegten. Gleichzeitig erscheint die Sexualität als exklusiver Ort der Mann - Frau - Beziehung, an dem diese Beziehung sich verwirklicht und an dem die Frau durch den Mann ihren Wert als Frau erhält.

Sichtbar wurde, daß die Frauen Beeinträchtigungen im Zusammenhang mit der weiblichen Geschlechtlichkeit für normal halten und daß sie dieser Normalität wenige überzeugenden Konzepte und/oder Erfahrungen anderer Art entgegenzusetzen haben. Angreifbarkeit oder Verletzbarkeit im Zusammenhang mit Sexualität scheint Teil der Konstruktion "Frau"zu sein; die geschlechtliche Identität der Frauen scheint mit "Verletzung" verbunden zu sein.

Töchter und Mütter werden - wenn auch auf unterschiedliche Weise und in unterschiedlichem Ausmaß - durch den sexuellen Zugriff des Ehemannes/Vaters auf die Tochter verletzt. Das bedeutet nicht, daß ihre Bedürfnisse und Schwierigkeiten sich decken. Ebenso wichtig wie die Wahrnehmung ihrer Ähnlichkeit dürfte es für Mütter und Töchter sein, sich als verschiedene Frauen mit verschiedenem Leben wahrzunehmen und zu respektieren, ihre negativen Gefühle gegeneinander und ihre Distanz zueinander zuzulassen.

Beide benötigen jedoch bei der Bewältigung ihrer individuellen und gemeinsamen Schwierigkeiten Hilfe von außen. Unterstützung bedeutet alles, was die Wahrnehmung, die Autonomie, das Selbstbewußtsein, das Selbstgefühl von Frauen stärkt, ihre Würde und ihre Wut. Unterstützung bedeutet die öffentliche Wahrnehmung und Verurteilung sexueller Ausbeutung.

All dies ist allerdings nur sinnvoll mit dem Ziel der Veränderung eines Geschlechterverhältnisses, das die (sexuelle) Ausbeutung von Frauen zur Grundlage hat.

Eine befremdete Schlußbemerkung zum männlichen Geschlechtscharakter

"Überall dort, wo sich soziale Beziehungen innerhalb eines Machtgefüges abspielen, laufen ganz bestimmte, von der Persönlichkeit der Individuen bis zu einem gewissen Grade unabhängige psychische Prozesse ab.
Auf der Seite der Machthaber kommt es tendenziell zu einer Explosion des Narzißmus. Im Anschluß an Eissler (1971) stellte ich die These auf, daß am Ort der Herrschaft Narzißmus, Ambivalenz und Aggression - Elemente, die jedes für sich lebenserhaltend und -fördernd sind - eine hochexplosive Mischung eingehen: Dem Narzißmus sind kaum Grenzen gesetzt, die Ambivalenz ist durch den Zerfall menschlicher Beziehungen, die sich dort nur an der Macht orientieren, unkontrollierbar geworden, und beide können so die Aggression auf die Spitze treiben." (Erdheim, 1984,S.351)

In dieser Studie ging es um Frauen. Trotzdem taucht immer auch die Frage nach den Tätern auf: Warum tun sie es?

Die Frauen, die hier zu Wort kamen, nähern sich dieser Frage nur vorsichtig. Die mühsamen Versuche, die sie unternehmen, um ihre Männerbilder, ihre Väterbilder, ihre Beziehungen zu retten, spiegeln ihre Fassungslosigkeit angesichts der Männertaten wider - eine Fassungslosigkeit, die die Täter schützt: die Frauen wollen nicht glauben, daß sie wirklich so sind, wie es scheint, so egoistisch, so brutal, so skrupellos, so arrogant, so erbärmlich.

Der Fassungslosigkeit, den Fragen begegne ich immer wieder, ich stelle sie mir selbst. Wie ertragen sie das sichtbare Elend ihrer Töchter? Welches Vergnügen finden sie? Wie können sie das, was sie erleben, für Befriedigung, welcher Art auch immer, halten? Warum tun sie es?

Die befragten Frauen erhalten von ihren Männern nur kümmerliche Antworten auf diese Frage.

Herr Lorenz hat den Eindruck, daß sich seine Tochter mit ihm durchaus wohlgefühlt hat. Im übrigen verweist er auf Kulturen, in denen der Inzest normal ist - der Horizont seiner Frau ist da etwas beschränkt. Herr Hofmann weist alle Vorwürfe zurück und beschuldigt seinerseits seine älteste Tochter, vorsätzlich und mutwillig seine Ehe zerstört zu haben. Herr Pape findet, daß seine Frau schon immer hysterisch war. Herr Schaper schweigt über seine Beziehungen zu seiner älteren Tochter. Die Versuche seiner Frau, den Inzest mit der jüngsten Tochter zu verhindern, deutet er als sexuelle Eifersucht ihrerseits (als Angst, daß für sie nicht genug übrig bliebe, wenn er seine Kräfte zwischen zwei Frauen aufteilen müßte). Herr Mahnke weint, schweigt und geht früher als sonst zur Arbeit. Herr Kaltenbach sagt, daß jeder Mensch Streicheleinheiten brauche und er die ganze Aufregung nicht recht verstehe.

Aussagen dieser Art finden sich in vielen Veröffentlichungen über die Inzestproblematik, sie sind keine Ausnahmen. Die gleichen Muster kenne ich aus Veranstaltungen zum Thema, sie bestimmen die Reaktionen von Männern. Das erste ist

Abgrenzung gegen Männer, die sexuelle Gewalt ausüben und die deshalb völlig anders sind als die anderen Männer. Zu finden sind die therapeutische Variante - narzißtische Störung aufgrund unerledigter Mutterbindung - und die eher drastische Variante (Die Typen gehören doch kastriert). Das zweite Muster besteht in der Verschiebung der Verantwortung, der Suche nach anderen Beteiligten oder Schuldigen. Auch hier erscheinen wieder die vorsichtig-therapeutische Variante - Hat vielleicht die Ehefrau oder die Tochter selbst, natürlich unbewußt, einen Anlaß gegeben, und wie war überhaupt das Familiensystem der Herkunftsfamilie? - und die Variante des gesunden Männerverstandes, der immer schon wußte, daß alle doch nur das eine wollen und vor allem die Frauen, oder? Immer taucht auch als drittes das Selbstmitleid des verunsicherten Mannes auf. Er bekennt gereizt und beleidigt, wie sehr er sich als Vater und Mann irritiert fühlt (ich traue mich überhaupt nicht mehr, meine kleine Tochter zu baden) und wirft den Frauen, die öffentlich über Inzest sprechen vor, Männerhaß zu schüren und Zwietracht zwischen den Geschlechtern zu säen. (War es wirklich das, was ihr erreichen wolltet?)

Wieso haben sie das nötig, fragt sich frau irritiert, wofür diese aufwendigen Strategien, wieso diese Ausbrüche von Haß und Aggression? Und warum treffe ich sowenige Männer, die wirklich berührt sind von dem, was Frauen angetan wird? Warum gibt es sowenige Männer, die sich für die Taten ihrer Geschlechtsgenossen schämen? Warum gibt es sowenige, die sich mit ihrer Männlichkeit wirklich auseinandersetzen wollen?

Vielleicht deshalb, weil bereits die Auseinandersetzung damit eine Gefährdung dieser Männlichkeit bedeuten würde.

Was die männliche Geschlechtsidentität auszumachen scheint, ist die tief verwurzelte Überzeugung, daß die eigene, männliche Menschlichkeit die gültige oder überhaupt die einzige sei, jedenfalls die einzige, auf die es ankommt. Diese Haltung bestimmt den Haß des Mannes, aber auch seine Liebe. Wieso sollte das Objekt seiner Begierden nicht auf dieselbe Art glücklich werden wie er selbst? Seine Wünsche sind die einzigen Wünsche, seine Gefühle sind die einzigen Gefühle, seine Sexualität ist die Sexualität insgesamt, seine Werte sind die gültigen Werte. Noch die erbärmlichste Emotionalität und Sexualität kann so mit Herrschergestus ihr Recht fordern. Das stumpfe Beharrungsvermögen auf dieser Perspektive wird unterstützt von der männlichen Kontaktlosigkeit, die autistische Züge aufweist. Da er nichts wahrnimmt außer bestimmten Bereichen von sich selbst, irritiert ihn nichts außer Angriffen auf seine Position als Wertsetzer und damit auf seine Identität.

Diese Identität repräsentieren nicht nur Inzesttäter, sondern sie wird auch verteidigt von den "anderen" Männern mit ihren komplizierten Inszenierungen ihrer Auffassung der Geschlechterwirklichkeit.

Die Anklagen von Frauen, ihre Wut, die Aufzählungen männlicher Gewalttaten und weiblicher Verletzungen gefährden diese Inszenierungen und eine Identität, die das "andere Geschlecht" in vielen Funktionen braucht, aber als sichtbare Subjekte, als Menschen nicht neben oder gegen sich ertragen kann.

Man könnte sagen, der männliche Geschlechtscharakter zeichnet sich durch einen eklatanten Mangel an Souveränität aus. Auch das macht es bislang für Männer so nötig, sich auf Herrschaft zu verlassen.

Außerdem: Wenn über Inzest gesprochen wird, werden auch die Verhältnisse thematisiert, die ihn entstehen lassen und dulden. In den männlichen Reaktionen schwingt das Wissen mit, daß es auch um die Geschlechterverhältnisse gehen könnte, die sich in den sexuellen Beziehungen ausdrücken, aber nicht nur dort. Und da haben Männer allemal etwas zu verlieren: ihre Macht.

Literaturverzeichnis

Abels, Heinz, Heinze, Thomas, Horstkemper, Marianne, Klusemann, Hans - W.: Lebensweltanalyse von Fernstudenten. Qualitative Inhaltsanalyse - theoretische und methodologische Überlegungen. Werkstattbericht Fernuniversität Hagen 1977

Albrecht - Desirat, Karin, Pacharzina, Klaus (Hrsg.): Sexualität und Gewalt. Bensheim 1979

Arbeitsgruppe Bielefelder Soziologen (Hrsg.): Alltagswissen, Interaktion und gesellschaftliche Wirklichkeit. Bd.1: Symbolischer Interaktionismus und Ethnomethodologie. Reinbek bei Hamburg 1976

Arbeitskreis "Sexuelle Gewalt" beim Komitee für Grundrechte und Demokratie (Hrsg.): Gewaltverhältnisse. Eine Streitschrift für die Kampagne gegen sexuelle Gewalt. Sensbachtal 1987

Armstrong, Louise: Kiss Daddy Goodnight. Aussprache über Inzest. Frankfurt 1985

Baacke, Dieter: Lebensweltanalyse von Fernstudenten. Zum Problem "Lebensweltverstehen". Zu Theorie und Praxis qualitativ - narrativer Inteviews. Werkstattbericht Fernuniversität Hagen 1978

Backe, Lone, Leick, Nini, Merrick, Joav, Michelsen, Niels (Hrsg.): Sexueller Mißbrauch von Kindern in Familien. Köln 1986

Bahrdt, Hans Paul: Schlüsselbegriffe der Soziologie. Eine Einführung mit Lehrbeispielen. München 1987

Balint, Alice: Psychoanalyse der frühen Lebensjahre. München 1966

Baurmann. Michael: Sexualität, Gewalt und die Folgen für das Opfer. Zusammengefaßte Ergebnisse aus einer Längsschnittuntersuchung bei Opfern von angezeigten Sexualkontakten. BKA Forschungsreihe Wiesbaden 1984

Becker - Schmidt, Regina: Probleme einer feministischen Theorie und Empirie in den Sozialwissenschaften. In: Feministische Studien 1985, S. 93 - 104

Benard, Cheryl, Schlaffer Edit: Zur Logik des Sexismus: Männer - die besseren Masochisten. In: Albrecht - Desirat, K., Pacharzina, K. (Hrsg.), 1979, S. 63 - 71

Benard, Cheryl, Schlaffer Edit: Männerdiskurs und Frauentratsch: Zum Doppelstandard in der Soziologie. In: Soziale Welt, 1, 1981, S. 119 - 136

Benard, Cheryl, Schlaffer Edit: Der Mann auf der Straße. Über das merkwürdige Verhalten von Männern in ganz alltäglichen Situationen. Reinbek bei Hamburg 1987

Benjamin, Jessica: Die Fesseln der Liebe: Zur Bedeutung der Unterwerfung in erotischen Beziehungen. In: Feministische Studien, 1985, S. 10 - 33

Bergold, Jarg B., Flick, Uwe (Hrsg.): Ein-Sichten. Zugänge zur Sicht des Subjekts mittels qualitativer Forschung. Tübingen 1987

Bischof, Norbert: Das Rätsel Ödipus. Die biologischen Wurzeln des Urkonflikts von Intimität und Autonomie. München 1985

Blumer, Herbert: Der methodologische Standort des Symbolischen Interaktionismus. In: Arbeitsgruppe Bielefelder Soziologen (Hrsg.), 1976, S. 80 - 146

Bonß, Wolfgang, Hartmann, Heinz (Hrsg.): Entzauberte Wissenschaft. Zur Relativität und Geltung soziologischer Forschung. Soziale Welt, Sonderheft 3, 1985

Bornemann, Ernest: das Geschlechtsleben des Kindes. Beiträge zur Kinderanalyse und Sexualpädologie. München, Wien, Baltimore 1985

Brandstätter, Hermann, Schuler, Heinz, Stocker - Kreichgauer, Gisela: Psychologie der Person. Stuttgart, Berlin, Köln, Mainz 1974

Brauckmann, Jutta: Die vergessene Wirklichkeit. Männer und Frauen im weiblichen Leben. Münster 1984

Breitenbach, Eva: Vergewaltigung: Subjektive Rekonstruktion und Hilfserwartungen. Braunschweiger Arbeiten. 1983/6

Brownmiller, Susan: Gegen unseren Willen. Vergewaltigung und Männerherrschaft. Frankfurt 1980

Brückner, Margrit: Die Liebe der Frauen. Über Weiblichkeit und Mißhandlung. Frankfurt 1983
Brückner, Margrit: Weibliche Verstrickung in Liebesbeziehungen - Am Beispiel mißhandelter
    Frauen. In: Sektion Frauenforschung in den Sozialwissenschaften (Hrsg.), 1985, S. 90 - 103
Brückner, Margrit: Die janusköpfige Frau. Lebensstärken und Beziehungsschwächen. Frankfurt
    1987
Burgard, Roswitha: Mißhandelte Frauen. Verstrickung und Befreiung. Weinheim 1985
Chowdorow, Nancy: Das Erbe der Mütter. Psychoanalyse und Soziologie der Geschlechter. Mün-
    chen 1985
Chowdorow, Nancy, Contratto, Susan: The phantasy of the perfect Mother. In: Thorne, Barrie, Ya-
    lon, Marylin (Hrsg.), 1982, S. 54 - 75
Christmann, Fred (Hrsg.): Heterosexualität. Ein Leitfaden für Therapeuten. Berlin, Heidelberg 1988
Conze, Werner (Hrsg.): Sozialgeschichte der Familie in der Neuzeit Europas. Stuttgart 1976
Dane, Eva: Wie weibliche Freiheit entsteht - Psychologische und körperliche Aspekte.
    (unveröffentlichter Vortrag gehalten auf einer Tagung der Evangelischen Akademie Mülheim
    Ruhr am 2.9.1989)
Dinnerstein, Dorothy: Das Arrangement der Geschlechter. Stuttgart 1979
Dunde, Siegfried Rudolf (Hrsg.): Wenn ich nicht lieben darf, dürfen es andere auch nicht. Vom
    Umgang der Männer mit sich und anderen. Reinbek bei Hamburg 1987
Eichenbaum, Luise, Orbach, Susie: Feministische Psychotherapie. Auf der Suche nach einem neuen
    Selbstverständnis der Frau. München 1984
Erdheim, Mario: Thesen zum Mythos und zur Unbewußtheit im Verhältnis zwischen den Ge-
    schlechtern. In: Schaeffer - Hegel, Barbara, Wartmann, Brigitte (Hrsg.), 1984, S.351 - 353
Fegert, Jörg Michael: Sexueller Mißbrauch von Mädchen und Jungen. In: Arbeitskreis "Sexuelle
    Gewalt" beim Komitee für Grundrechte und Demokratie (Hrsg.), 1987, S. 43 - 60
Feministische Studien, Jg. 4, 1985, 2
Ferenczi, Sandor: Sprachverwirrung zwischen den Erwachsenen und dem Kind. In: Masson, Jeffrey
    M., 1986, S. 317 - 330
Fey, Elisabeth: Ursachen und Hintergründe sexuellen Mißbrauchs. In: "Sexueller Mißbrauch von
    Mädchen". Dokumentation eines Hearings vom 24.6.1988 in Dortmund, S. 17 - 25
Finkelhor, David: Sexually victimized children. New York 1979
Finkelhor, David: Child sexual Abuse. New Theory and research. New York 1984
Finkelhor, David, Browne, Angela: "The Traumatic Impact Of Child Sexual Abuse: A Conceptuali-
    zation. In: American Journal of Orthopsychiatry, 55(4), 1985, S.530 - 541
Forward, Susan, Buck, Craig: Betrayal of Innocence: Incest and Its Devastation. Harmondsworth
    1981
Freud, Sigmund: Abriß der Psychoanalyse. Frankfurt 1972
Freud, Sigmund: Totem und Tabu. Ges. Werke Bd. 9, Frankfurt 1961
Freud, Sigmund: Über die weibliche Sexualität. In: Hagemann - White, Carol, 1986, S. - 126
Frühmann, Renate (Hrsg.): Frauen und Therapie. Paderborn 1987
Gambaroff, Marina: Utopie der Treue. Reinbek bei Hamburg 1984
Giesen, Bernard: Funktionalismus und Systemtheorie. In: Reimann et al., 1975, S. 146 - 174
Gilligan, Carol: Die andere Stimme. Lebenskonflikte und Moral der Frau. München 1988
Gindorf, Rolf, Haeberle Erwin J. (Hrsg.): Sexualität als sozialer Tatbestand. Theoretische und empi-
    rische Beiträge zu einer Soziologie der Sexualitäten. Schriftenreihe sozialwissensschaftliche
    Sexualforschung 1. Berlin, New York 1986
Glaser, Barney G., Strauss, Anselm L.: Die Entdeckung gegenstandsbezogener Theorie: eine
    Grundstrategie qualitativer Sozialforschung. In: Hopf, Christel, Weingarten, Elmar (Hrsg.),
    1979, S. 91 - 111
Göttner - Abendroth, Heide: Das Matriarchat I. Geschichte seiner Erforschung. Berlin, Köln, Mainz
    1988
Goode, William J.: Soziologie der Familie. München 1976

Gröning, Katharina: Sexualität mit Kindern. Vom Wandel einer Diskussion. In: np 3/89, S. 195 - 204

Hagemann - White, Carol: Sozialisation: Weiblich - männlich? Alltag und Biographie von Mädchen 1. Opladen 1984

Hagemann - White, Carol: Wandel der politischen Kultur durch Gleichstellung von Mann und Frau. (Vortrag am Bundesdelegiertentag der Frauenvereinigung der CDU in Bonn im Sept. 1985)

Hagemann - White, Carol: Frauenbewegung und Psychoanalyse. Frankfurt, Basel 1986

Hagemann - White, Carol: Macht und Ohnmacht der Mutter. In: Rommelsbacher, Birgit (Hrsg.), 1987, S. 15 - 30

Hagemann - White, Carol: Wir werden nicht zweigeschlechtlich geboren... In: Hagemann - White, Carol, Rerrich, Maria S. (Hrsg.), 1988, S. 224 - 235

Hagemann - White, Carol.: Was heißt weiblich denken? Feministische Entwürfe einer anderen Vernunft. Osnabrück 1989

Hagemann - White, Carol, Rerrich, Maria S. (Hrsg): FrauenMännerBilder. Männer und Männlichkeit in der feministischen Diskussion. Bielefeld 1988

Hagemann - White, Carol, Hermesmeyer - Kühler, Astrid: Mädchen zwischen Autonomie und Abhängigkeit. Zu den strukturellen Bedingungen weiblicher Sozialisation. In: Schlappeit - Beck, Dagmar (Hrsg.), 1987, S. 13 - 30

Hausen, Karin: Die Polarisierung der "Geschlechtscharaktere" - Eine Spiegelung der Dissoziation von Erwerbs- und Familienleben. In: Conze, Werner (Hrsg.), 1976, S. 363 - 393

Heinsen, Elke: Wie groß ist das Ausmaß von Gewalt gegen Kinder? Probleme mit Zählungen und Schätzungen zur Kindesmißhandlung. In: Honig, Michael - Sebastian (Hrsg.), 1982, S. 95 - 126

Helle, Horst Jürgen: Verstehende Soziologie und Theorie der Symbolischen Interaktion. Stuttgart 1977

Herman, Judith: Father - Daughter - Incest. Cambridge 1981

Herman, Judith, Hirschman Lisa: Families at risk for Father - Daughter - Incest. In: American Journal of Psychiatry, 138(7), 1981, S. 967 - 970

Hildebrand, Eva: Therapie erwachsener Frauen, die in ihrer Kindheit inzestuösen Vergehen ausgesetzt waren. In: Backe et al. (Hrsg.), 1986, S. 52 - 68

Hirsch, Matthias: Realer Inzest. Berlin, Heidelberg 1987

Hirschauer, Stefan: Die interaktive Konstruktion von Geschlechterzugehörigkeit. In: Zeitschrift für Soziologie, 18 (2), 1989, S. 100 - 118

Hite, Shere: Frauen und Liebe. München 1988

Honig, Michael - Sebastian (Hrsg.): Kindesmißhandlung. München 1982

Honig, Michael - Sebastian: Verhäuslichte Gewalt. Sozialer Konflikt, wissenschaftliche Konstrukte, Alltagswissen, Handlungssituationen. Eine Explorativstudie über Gewalthandeln in Familien. Frankfurt 1986

Honig, Michael - Sebastia: Zum Entwicklungsstand qualitativer Forschungsmethoden - ein Plädoyer für eine wissenschaftssoziologische Debatte. In: Sozialwissenschaftliche Literatur Rundschau, 12, 1986b

Hopf, Christel: Die pseudo - Exploration. Überlegungen zur Technik qualitativer Interviews in der Sozialforschung. Zeitschrift für Soziologie, Jg. 7, 1978, 2, S. 97 - 115

Hopf, Christel, Weingarten, Elmar (Hrsg.): Qualitative Sozialforschung. Stuttgart 1979

Hurrelmann, Klaus, Ulich, Dieter (Hrsg.): Handbuch der Sozialisationsforschung. Weinheim, Basel 1980

Jonker, Ineke: Täter, Mutter, Kind. (Vortrag gehalten auf dem ersten internationalen Kongreß über Inzest in Zürich 1987)

Justice, Blair, Justice Rita: The broken Taboo: Sex in the Family. New York 1979

Kavemann, Barbara, Lohstöter, Ingrid: Väter als Täter. Sexuelle Gewalt gegen Mädchen. Reinbek bei Hamburg 1984

Kavemann, Barbara, Lohstöter, Ingrid: Plädoyer für das Recht von Mädchen auf sexuelle Selbstbestimmung. In: Kavemann et al., 1985, S. 10 - 94

Kavemann, Barbara, Lohstöter, Ingrid, Pagenstecher, Lising, Jäckel, Monika, Brauckmann, Jutta, Haarbusch, Elke, Jochens, Karin: Sexualität - Unterdrückung statt Entfaltung. Alltag und Biographie von Mädchen 9. Opladen 1985

Kerscher, Ignatz: Sexualtabus.: Gesellschaftliche Perspektiven in Vergangenheit und Gegenwart. In: Gindorf, Rolf, Haeberle Erwin J. (Hrsg.), 1986, S. 107 - 127

Kleining, Gerhard: Umriss zu einer Methodologie qualitativer Sozialforschung. In: KZfSS, Jg. 34, 1982, S. 224 - 253

Köckeis, Eva: Methoden der Sozialisationsforschung. In: Hurrelmann, Klaus, Ulich, Dieter (Hrsg.), 1980, S. 321 - 370

König, Rene (Hrsg.): Lexikon Soziologie. Frankfurt 1974

König, Rene: Die Familie der Gegenwart. München 1978

Kohli, Martin: "Offenes" und "geschlossenes Interview. Neue Argumente zu einer alten Kontroverse. In: Soziale Welt, Jg. 29, 1978, S. 1 - 25

Krappmann, Lothar:Soziologische Dimensionen der Identität. Strukturelle Bedingungen für die Teilnahme an Interaktionsprozessen. Stuttgart 1982.

Kriz, Jürgen: Grundkonzepte der Psychotherapie. München, Wien, Baltimore 1985.

Krüger, Heinz-Hermann (Hrsg.): Handbuch der Jugendforschung. Opladen 1988

Krüll, Marianne: Freud und sein Vater. Die Entstehung der Psychoanalyse und Freuds ungelöste Vaterbindung. München 1979

Lagache, Daniel: Psychoanalyse. München 1971

Larson, Noel R.: Familientherapie mit Inzestfamilien. In: Backe et al. (Hrsg.), 1986, S. 104 - 117

Lechmann, Claus: Sexueller Mißbrauch im Kindes- und Jugendalter - ein Überblick. In: Christmann, Fred (Hrsg.), 1988, S. 202 - 229

Levi - Strauss, Claude: Die elementaren Strukturen der Verwandtschaft. Frankfurt 1981

Lüders, Christian, Reichertz, Jo: Wissenschaftliche Praxis ist, wenn alles funktioniert und keiner weiß, warum - Bemerkungen zur Entwicklung qualitativer Sozialforschung. In: Sozialwissenschaftliche Literatur Rundschau, 12, 1986, S. 90 - 102

Mahler Margaret, Die psychische Geburt des Menschen. Frankfurt 1978

Maisch, Herbert.: Inzest. Reinbek bei Hamburg 1968

Masson, Jeffrey M.: Was hat man dir, du armes Kind, getan? Sigmund Freuds Unterdrückung der Verführungstheorie. Reinbek bei Hamburg 1986.

Messelken, Karlheinz: Inzesttabu und Heiratschancen. Ein Versuch über archaische Institutionenbildung. Stuttgart 1974.

Meiselman, Karin C.: Incest. San Francisco 1978

Miller, Alice: Du sollst nicht merken. Variationen über das Paradies - Thema. Frankfurt 1981

Millett, Kate: Sexus und Herrschaft. Die Tyrannei des Mannes in unserer Gesellschaft. München 1974

Nadig, Maja: Ethnopsychoanalyse und Feminismus - Grenzen und Möglichkeiten. In: Feministische Studien, 1985, S. 105 - 118

Nöllecke, Brigitte: In alle Richtungen zugleich. Denkstrukturen von Frauen. München 1985

Oppitz, Michael: Notwendige Beziehungen. Abriß der strukturalen Anthropologie. Frankfurt 1975

Pagenstecher, Lising: Die halbierte Sexualität, oder: Männer machen (Sexual-)Geschichte. Ein feministischer Blick auf die Sexualwisenschaft. In: Dunde, Siegfried Rudolf (Hrsg.) 1987, S. 90 - 96

Pagenstecher, Lising: Jugend und Sexualität. In: Krüger, Heinz-Hermann (Hrsg.), 1988, S. 327 - 342.

Prengel, Annedore: Schulversagerinnen. Versuch über diskursive, sozialhistorische und pädagogische Ausgrenzungen des Weiblichen. Gießen 1984

Prengel, Annedore: "Raum schaffen, in dem weibliche Imagination entstehen kann". Gestalttherapie als Mikropolitik der Frauen. In: Frühmann, Renate (Hrsg.), 1987, S. 103 - 122

Reimann, Horst, Giesen, Bernard, Goetze, Dieter, Schmid, Michael: Basale Soziologie: Theoretische Modelle. München 1975.

Richardson, Stephen A., Dohrenwend, Barbara, Klein, David: Die "Suggestivfrage". Erwartungen und Unterstellungen im Interview. In: Hopf, C., Weingarten, E. (Hrsg.), 1979, S. 205 - 231.

Rijnaarts, Josephine: Lots Töchter. Über den Vater - Tochter - Inzest. Düsseldorf 1988

Rommelsbacher, Birgit (Hrsg.): Weibliche Beziehungsmuster. Psychologie und Therapie von Frauen. Frankfurt, New York 1987

Ruddick, Sara: Maternal Thinking. in: Treblicot Joyce (Hrsg.), 1983, S. 213 - 230

Rush, Florence: Das bestgehütete Geheimnis: Sexueller Kindesmißbrauch. Berlin 1984

Russell, Diana E.H.: The Secret Trauma. Incest in the lives of Girls and Women. New York 1986.

Rust, Gisela: Sexueller Mißbrauch - ein Dunkelfeld in der Bundesrepublik Deutschland. Aufklärung, Beratung und Forschung tun not. In: Backe et al. (Hrsg.), 1986, S. 7 - 20

Schaeffer - Hegel, Barbara, Wartmann, Brigitte (Hrsg.): Mythos Frau. Projektionen und Inszenierungen im Patriarchat. Berlin 1984

Schlapeit - Beck, Dagmar (Hrsg.): Mädchenräume: Initiativen, Projekte, Lebensperspektiven. Hamburg 1987

Schlesier, Renate: Die totgesagte Vagina. Zum Verhältnis von Psychoanalyse und Feminismus. Eine Trauerarbeit. In: Wartmann, Brigitte (Hrsg.), 1980, S. 111 - 130

Sektion Frauenforschung in den Sozialwissenschaften (Hrsg.): Frauenforschung. Beiträge zum 2. Deutschen Soziologentag in Dortmund 1984. Frankfurt, New York 1985

Sichtermann, Barbara Weiblichkeit. Zur Politik des Privaten. Berlin 1986

Sommer, Jörg: Dialogische Forschungsmethoden. Eine Einführung in die dialogische Hermeneutik, Phänomenologie und Dialektik. München, Weinheim 1987

Sozialwissenschaftliche Forschung und Praxis für Frauen e.V. (Hrsg.): Frauenforschung oder feministische Forschung. beiträge zur feministischen Theorie und Praxis 11, 1984

Sozialwissenschaftliche Forschung und Praxis für Frauen e.V. (Hrsg.): Neue Heimat Therapie. beiträge zur feministischen Theorie und Praxis 17, 1986

Sozialwissenschaftliche Forschung und Praxis für Frauen e.V. (Hrsg.): Der neue Charme der sexuellen Unterwerfung. beiträge zur feministischen Theorie und Praxis 20, 1987

Steinhage. Rosemarie: Sexueller Mißbrauch an Mädchen in der Familie. Die Situation der Mütter betroffener Mädchen. (Referat ohne Jahresangabe)

Stoller, Robert J.: Perversion: die erotische Form von Haß. Reinbek bei Hamburg 1979

Südmersen, Ilse: Hilfe, ich ersticke in Texten. Eine Anleitung zur Aufarbeitung narrativer Interviews. In: neue praxis, Jg. 13, 1983, S. 294 - 306

Teegen, Frauke: Ganzheitliche Gesundheit. Der sanfte Umgang mit uns selbst. Reinbek bei Hamburg 1988

Terhart, Ewald: Intuition - Interpretation - Argumentation. Zum Problem der Geltungsbegründung von Interpretationen. In: Zeitschrift für Pädagogik, Jg. 27, 1981, 5. S. 769 - 793

Thorne, Barrie, Yalon, Marylin (Hrsg.): Rethinking the Family. Some feminist questions. New York 1982

Thürmer - Rohr, Christina: Frauen in Gewaltverhältnissen. (Vortrag gehalten auf dem Kongress über "sexuelle Gewalt" vom 13.- 15. 3. 1987 in Köln)

Treblicot Joyce (Hrsg.): Mothering. Essays in Feminist Theory. Totowa 1983

Trube - Becker, Elisabeth: Gewalt gegen das Kind. Heidelberg 1982

Vivelo, Frank Robert: Handbuch der Kulturanthropologie. Eine grundlegende Einführung. Stuttgart 1981.

Volmerg, Ute: Validität im interpretativen Paradigma. Dargestellt an der Konstruktion qualitativer Erhebungsverfahren. In: Zedler, Peter, Moser, Heinz (Hrsg.), 1983, S. 124 - 143

Wahl, Klaus, Honig, Michael - Sebastian, Gravenhorst, Lerke: Plurale Wirklichkeiten als Herausforderung. Methodologische und forschungspraktische Überlegungen am Beispiel von "Gewalt in Familien". In: Bonß, Wolfgang, Hartmann, Heinz (Hrsg.), 1985, S. 391 - 412

Wartmann, Brigitte (Hrsg.): Weiblich - Männlich. Kulturgeschichtliche Spuren einer verdrängten Weiblichkeit. Berlin 1980

Weiler, Gerda: Der enteignete Mythos. Eine notwendige Revision der Archetypenlehre C.G. Jungs und E. Neumanns. München 1985

Weis, Kurt: Die Vergewaltigung und ihre Opfer. Eine viktimologische Untersuchung zur gesellschaftlichen Bewertung und individuellen Betroffenheit. Stuttgart 1982

Wilson, Thomas P.: Theorien der Interaktion und Modelle soziologischer Erklärung. In: Arbeitsgruppe Bielefelder Soziologen (Hrsg.), 1976, S. 54 - 79

Wirtz, Ursula: Seelenmord. Inzest und Therapie. Zürich 1989

Zedler, Peter, Moser, Heinz (Hrsg.): Aspekte qualitativer Sozialforschung. Studien zu Aktionsforschung, empirischer Hermeneutik und reflexiver Sozialtechnologie. Opladen 1983